Etudes Françaises
Découvertes, Cours intensif 1

von

Gérard Alamargot, Reutlingen; Manfred Durchholz, Garching; Laurent Jouvet,
Berg; Dr. Hans-Ludwig Krechel, Bonn; Inge Mühlmann, Recklinghausen;
Andreas Nieweler, Detmold

Weitere Mitarbeit:

Barbara Exner, Lohmar-Agger; Dr. Regina Gerber, Cottbus; Dr. Gerhard Heinzle, Innsbruck/Österreich;
Nicole Krüger, Voreppe/Frankreich
Vokabular: Christine Séguret, Ludwigsburg

Tonmaterialien zu diesem Band

- 1 Kassette für Schüler und Lehrer mit sämtlichen Lektionstexten des Schülerbuchs, Klettnummer 530714.
- 1 CD für Schüler und Lehrer (identisch mit der Kassette für Schüler und Lehrer), Klettnummer 530718.
  Lieferung über den Buchhandel oder, wo dies auf Schwierigkeiten stößt, zuzüglich Portokosten per Nachnahme vom Verlag.

- 1 Kassette für Lehrer mit Hörverstehenstexten, Versprachlichung der Bildgeschichten, Ausspracheübungen, Gedichten und Liedern, Klettnummer 530715.
- 1 CD für Lehrer (identisch mit der Kassette für Lehrer), Klettnummer 530719.
  Lieferung ausschließlich direkt an Lehrerinnen und Lehrer, Schulstempel erforderlich.

---

1. Auflage € A 1 19 18 17 16 15 | 2010 2009 2008 2007 2006

Alle Drucke dieser Auflage können im Unterricht nebeneinander benutzt werden,
sie sind untereinander unverändert. Die letzte Zahl bezeichnet das Jahr dieses Druckes.
Ab dem Druck 2002 ist diese Auflage auf die Währung EURO umgestellt.
© Ernst Klett Verlag GmbH, Stuttgart 1997. Alle Rechte vorbehalten.
Das Werk und seine Teile sind urheberrechtlich geschützt. Jede Nutzung in anderen als den
gesetzlich zugelassenen Fällen bedarf der vorherigen schriftlichen Einwilligung des Verlages.
Hinweis zu § 52 a UrhG: Weder das Werk noch seine Teile dürfen ohne eine solche
Einwilligung eingescannt und in ein Netzwerk eingestellt werden. Dies gilt auch für Intranets
von Schulen und sonstigen Bildungseinrichtungen.
Internetadresse:http://www.klett.de

Redaktion: Bernd Binkle, Nathalie Dreesens-Drouard, Hélène Gukelberger-Limpaler

Herstellung: Eckhard Schultze
Umschlaggestaltung: Christian Dekelver, Weinstadt
Layout und typografische Gestaltung: Klaus Bauer, Bondorf
Zeichnungen: Gilles Bonotaux, Paris;
Kartographie: Karl-F. Harig, Berlin (Vorsatz vorne);
Klett-Kartographie, Joachim Krüger (Vorsatz hinten)
Repro: DTP-Verlag und Repro Maurer, Tübingen
Druck: Druckhaus Kühlen KG, Mönchengladbach
ISBN 3-12-530710-4

Etudes Françaises

Découvertes

Cours intensif 1

für den schulischen
Französischunterricht

von
Gérard Alamargot
Manfred Durchholz
Laurent Jouvet
Hans-Ludwig Krechel
Inge Mühlmann
Andreas Nieweler

Ernst Klett Verlag
Stuttgart Düsseldorf Leipzig

INHALTSVERZEICHNIS

Leçon	Themen / Situationen	Kommunikative Schwerpunkte / Lerntechniken	Grammatik	Seite
Leçon 1				8
A	Marc ... les copains et les copines! Die Lehrbuchpersonen stellen sich vor.	Jdn begrüßen/sich vorstellen Sagen, was man mag oder nicht mag, wo man wohnt Freundschaftsbeziehungen angeben *Lerntechnik: Unbekanntes Vokabular erschließen*	Der bestimmte Artikel: Singular/Plural Das Verb *être*: Singular Die Personalpronomen *je, tu, il/elle* Die Verben auf *-er* (Singular) *voilà*	10
B	C'est la rentrée. Der Schulbeginn nach den Sommerferien	Jdn begrüßen/jdn vorstellen Sich verabschieden Sagen, woher man stammt/wo man wohnt Fragen, wie es jdm geht	Der unbestimmte Artikel: Singular/Plural Das Verb *être*: Plural Die Personalpronomen *on, nous, vous, ils/elles* Die Intonationsfrage Die Entscheidungsfrage *qui est-ce?*	13
Leçon 2				16
Approche	Les chiffres et les mots		Die Grundzahlen von 1 bis 20	17
A	«Pourquoi pas» ... Pourquoi pas? Eine Verabredung treffen	Nach einer Sache/einer Tätigkeit/einem Ort fragen	Das Verb *avoir* *il y a*	18
B	Vite, vite, une photo! Eine Reportage durchführen	Einen Vorschlag machen Fragen stellen	Das Verb *faire* Die Verben auf *-er* Die Entscheidungsfrage mit *est-ce que? qu'est-ce que?, qui est-ce?* Die Präpositionen *à* und *de* und der bestimmte Artikel	20
C	Une surprise pour M. et Mme Moreau Freizeitaktivitäten	Sagen, was man mag/macht Fragen, was man mag/macht	Das direkte und das indirekte Objekt Die Stellung der Satzglieder im Aussagesatz *c'est/ce sont* und *il y a*	23
Leçon 3				26
Approche	La famille Drouet	Sagen, um wie viel Uhr etwas geschieht	Die Uhrzeit	27
	On fait des crêpes.		Die Verneinung: *ne ... pas*	27

Leçon	Themen / Situationen	Kommunikative Schwerpunkte / Lerntechniken	Grammatik	Seite
A	**Dimanche matin** Sonntag vormittag bei einer französischen Familie	Nach der Uhrzeit fragen Die Uhrzeit angeben Nach dem Alter fragen Das Alter angeben	*oui/non/si* Die Grundzahlen bis 69 *ne … pas, ne … plus* Die Ergänzungsfragen *pourquoi?/parce que*	28
B	**Mamie arrive dans une heure.** Aufräumen einer Wohnung und Einkaufen	Aufgaben verteilen Eine Wohnung darstellen **Lerntechnik:** Wortschatzerwerb (I)	Das Verb *aller* Ergänzungsfragen *ne … pas de* *ne … plus de*	32
< Le plaisir de lire >	**Le Noël des copains et des copines***	Über Weihnachten sprechen		37

Leçon 4   38
Approche

	Themen / Situationen	Kommunikative Schwerpunkte / Lerntechniken	Grammatik	Seite
	Une histoire de famille	Sagen, was man hat/ besitzt	Die Possessivbegleiter	39
	On joue avec les chiffres.		Die Grundzahlen bis 1000	39
A	**Une lettre d'Allemagne** Eine Anfrage beantworten	Eine Diskussion führen Seine Meinung äußern	Die Possessivbegleiter Das *Futur composé*	40
B	**Le collège André Citroën** Ein Video über die Schule	Über das Leben an einer frz. Schule informieren	Die Verben auf *-re* Die Verben *dire, lire, écrire* Die indirekte Rede/Frage	42
C	**Le collège en 2076** Eine Science-fiction-Story	Das Datum angeben **Lerntechnik:** Lesen und verstehen	*date/jours/mois/saisons* Die Verben *prendre, apprendre, comprendre*	46

Leçon 5   50
Approche

	Themen / Situationen	Kommunikative Schwerpunkte / Lerntechniken	Grammatik	Seite
	Dans la cave, c'est le bazar.	Anweisungen erfragen	Die direkten und indirekten Objektpronomen	51
	Je pars en vacances.		Die Verben auf *-ir: partir, dormir, sortir*	51
A	**Le 10, rue des Cévennes** Die Bewohner eines Mietshauses	Umstände beschreiben Seine Meinung äußern Sich beklagen	Die Verben auf *-ir: partir, dormir, sortir* Die Objektpronomen Das Adjektiv Die Verben *venir* und *tenir*	52

---

* Die Plateauphasen („Le plaisir de lire") sind fakultativ. Ihr Vokabular wird in den folgenden Lektionen nicht vorausgesetzt.

Leçon	Themen / Situationen	Kommunikative Schwerpunkte / Lerntechniken	Grammatik	Seite
B	«Avalanche» Die Rockgruppe von *Frédéric* sucht einen Probenraum	Eine Meinung äußern Auskunft erteilen Anfragen stellen Lerntechnik: Wortschatzerwerb (II)	Die Verben auf *-ir*: *réfléchir* Die Verben *pouvoir* und *vouloir* Infinitive als Verbergänzung	56
Leçon 6				62
Approche	Après les vacances d'hiver	In der Vergangenheit erzählen Lexik: Ski fahren	Das *Passé composé* mit *avoir*	63
A	Le premier soir à Ornon Ein Skiurlaub	Das Leben in einem Bergdorf schildern Vorteile und Nachteile ausdrücken	Das *Passé composé* mit *avoir* Die Verben *voir/devoir/savoir* Die unverbundenen Personalpronomen	64
B	A l'Alpe d'Huez Ein Erlebnis beim Skifahren	Vorgänge/Umstände beschreiben Gefühle äußern	Das *Passé composé* mit *être* (+ *accord*) Die Ordnungszahlen	67
C	L'Alpe d'Huez ou Ornon? Zwei Skistationen	Erklären, warum man etwas mag/nicht mag Vorteile und Nachteile eines Urlaubsortes Lerntechnik: Freies Schreiben	Das *Passé composé* mit *avoir* (+ *accord*)	70
Le plaisir de lire	Une nuit de février	Eine Kurzgeschichte lesen		74
Leçon 7				76
Approche	Le championnat junior de judo … Auszug aus einer Sportzeitschrift	Über Sportmannschaften sprechen Lexik: Angaben der Nationalität, Sport		77
A	On va gagner! Ein Judo-Turnier	Einen Wettkampf beschreiben Enttäuschung/Begeisterung ausdrücken Lerntechnik: Ein Resümee schreiben	Gebrauch des Artikels und der Präpositionen bei Ländernamen	78
B	Les courses à Lille Einkaufen	Verkaufsgespräche führen Ein Geschenk aussuchen	Der Teilungsartikel Die Verben *mettre, acheter, manger, payer, boire, il faut*	81

Leçon	Themen / Situationen	Kommunikative Schwerpunkte / Lerntechniken	Grammatik	Seite
C	Ce soir, on fait la fête. Ein Zwischenfall während eines Festes	Das Herkunftsland erfragen/angeben Eine Einladung aussprechen/annehmen Sich wehren/ Jdn ermahnen Ein Rezept beschreiben Einen Streit austragen	Der Gebrauch von *en* (bei Mengen) Mengenangaben: *un peu de, plus de, beaucoup de,* etc. *avec/sans* Die Verben *préférer, commencer*	84
Leçon 8				88
Approche	Question de style…	Etwas auswählen Über Farben sprechen	Das Fragewort *quel* Die Demonstrativbegleiter	89
A	«Sonia Arlain» Arbeiten in einem Modeatelier	Etwas diskutieren, über etwas streiten	Der bejahte Imperativ mit einem Personalpronomen Das Fragewort *quel* Die Demonstrativbegleiter Farbadjektive Die Adjektive *beau, vieux, nouveau*	90
B	Une surprise au café Diebstahl einer Modeidee	Lerntechnik: Hören und verstehen Jdn beschreiben	Die reflexiven Verben Die Verben *être en train de faire qc, venir de faire qc* Die Verben *plaire, se taire, croire*	93
< *Le plaisir de lire* >	Louis XIV et son époque	Eine Epoche der frz. Geschichte kennen lernen		98
Leçon 9				100
Approche	La corres de Carole	Etwas erläutern	Die Relativpronomen *qui, que, où*	101
	A Paris	Über Paris sprechen		101
A	Dans une famille française Ankunft in einer frz. Familie	Über interkulturelle Unterschiede sprechen Lerntechnik: Verständigung leicht gemacht	Der Relativsatz mit *qui, que, où*	102
B	Une promenade dans Paris Ein Tag in Paris	Vorschläge machen Etwas erklären Sich nach dem Weg erkundigen	Die Adverbialpronomen *y* und *en* Der verneinte Imperativ [Der Relativsatz mit *ce qui* und *ce que*]* [Die Bruchzahlen]*	106

* Die Durchnahme dieser Pensen ist fakultativ.

Leçon	Themen / Situationen	Kommunikative Schwerpunkte / Lerntechniken	Grammatik	Seite
Leçon 10				112
Approche	Enfin les vacances!	Fragen stellen	Fragen mit *qui est-ce qui, qui est-ce que*, etc.	113
	On part dans dix minutes.			113
A	Sur la route des vacances Aufbruch in die Bretagne	Sich beklagen Vorwürfe machen	Fragen mit *qui est-ce qui* *ne … jamais, ne … personne, ne … rien* Die Inversionsfrage mit einem Personalpronomen	114
B	Le journal de Julie Ein Urlaubstagebuch	Ein Tagebuch schreiben Etwas erzählen Über etwas Unheimliches berichten Über das Wetter sprechen	Fragewörter in der direkten und indirekten Rede Die Frage mit *de/à quoi* [Nomen mit abweichenden Pluralformen]* Wortbildung: mask. und fem. Nomen [*pendant* und *pendant que*]* [*monter* und *descendre* mit direktem Objekt]* Die Stellung des Personalpronomens beim Infinitiv	116
< Le plaisir de lire >	Marion du Faouët	Einen historischen Lebensbericht lesen		122

<Supplément>**

zu L 1	Claire Brétécher: Le nouveau; A Paris (Hörverstehenstext)	124
zu L 2	Dans le quartier Balard	126
zu L 3	Le Centre Pompidou (Hörverstehenstext)	128
zu L 4	Julien Clerc: L'enfant au walkman (Chanson) L'école en France; Ionesco: La Leçon (Theaterstück)	130
zu L 5	Ecoutez Radio Javel (Hörverstehenstext)	132
zu L 6	Jacques Prévert: Déjeuner du matin (Gedicht)	132
zu L 7	On fait les courses (Hörverstehenstext) Sempé: Il y a du courrier (Cartoon)	133
zu L 8	Claire Brétécher: La cliente frustrée (Cartoon)	134
zu L 9	Emile Ajar: La vie devant soi (Lesetext) Alain Souchon: C'est déjà ça (Chanson)	136 137
zu L 10	Le tour de Gaule d'Astérix (Bande dessinée) Jacques Prévert: Il pleut, il pleut (Gedicht) La météo (Hörverstehenstext)	138

Vocabulaire	141
Lerntechnik: Vokabeln lernen	149
Liste des mots	186
Alphabet	198
D'autres expressions utiles en classe	199
Texte supplémentaire sur la cassette et le CD de l'élève	200

Frankreichkarte
(Innenumschlag vorne)

Metroplan und **Karte von Paris**
(Innenumschlag hinten)

Die Texte zu den Hörverstehensaufgaben sind auf der Lehrerkassette bzw. -CD (Klettnummer 530715 bzw. 530719) und im Lehrerbuch (Klettnummer 530713) zu finden.

* Die Behandlung dieser Pensen ist fakultativ.
** Die Supplément-Teile sind fakultativ. Sie können nach der jeweiligen Lektion behandelt werden.

Liebe Schülerinnen, liebe Schüler,

damit ihr euch in dem Buch schneller zurechtfindet, geben wir euch hier ein paar Hinweise:

Die **Approche**-Teile bereiten euch auf die „eigentliche" Lektion vor: neue grammatische Inhalte werden vorweg behandelt oder wichtige Vokabeln eingeführt.

Unter der Rubrik **Lerntechniken** findet ihr nützliche Hilfen für das selbständige Erlernen der französischen Sprache.

In den **On-dit**-Kästchen werden wichtige Redemittel zusammengefasst. Sie helfen euch, wenn ihr euch mündlich oder schriftlich ausdrücken wollt.

Übungsteile mit dem Symbol ▽ können ausgelassen werden, ohne dass damit etwas Wichtiges versäumt wird.

Der Bleistift zeigt an, dass eine Übung sich besonders für die schriftliche Durchnahme eignet.

Bei der Angabe *À vous* sollt ihr besonders aus der eigenen Perspektive berichten.

 zeigt an, dass der Text auf der Schülerkassette bzw. der Schüler-CD zu hören ist.

 bedeutet, dass der Text nur auf der Lehrerkassette bzw. der Lehrer-CD enthalten ist.

In den **Plateauphasen** (**Le plaisir de lire**) könnt ihr euch „ausruhen". Hier werden zusätzlich kleine Lektüren angeboten, die euch sicherlich Freude bereiten. Und … neue Grammatik braucht ihr hier nicht zu lernen. Der neue Wortschatz ist jeweils auf der Seite angegeben.

Die **Supplément**-Seiten (ab S. 124) enthalten ergänzende Texte und Materialien zu den Lektionen; diese brauchen nicht unbedingt behandelt zu werden, sind aber besonders interessant.

Im **Vocabulaire** (S. 141) findet ihr die neuen Vokabeln mit ihrer Aussprache und mit ihren deutschen Entsprechungen in der Reihenfolge des Lektionsvorkommens.
Besonders wichtig ist die mittlere Spalte. Sie enthält Definitionen, Querverweise, etc. Ihr könnt also mit drei Spalten arbeiten: jeweils eine abdecken und die neuen Wörter lernen.

Mit Hilfe der **Liste des mots** (S.186) könnt ihr herausfinden, in welcher Lektion bzw. in welchem Lektionsteil eine neue Vokabel zum ersten Mal vorkommt.

Und nun … viel Erfolg beim Französischlernen!

Euer Cours intensif-Team

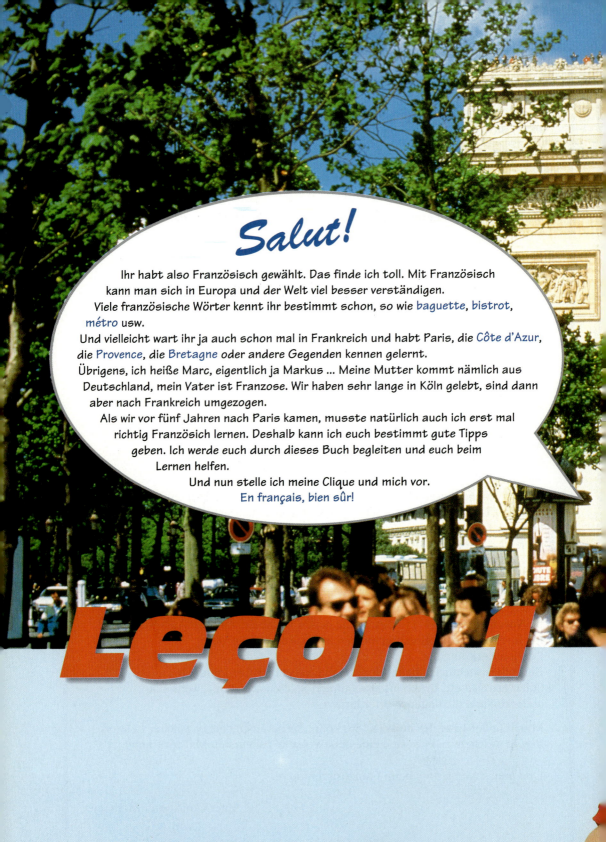

Salut!

Ihr habt also Französisch gewählt. Das finde ich toll. Mit Französisch kann man sich in Europa und der Welt viel besser verständigen.

Viele französische Wörter kennt ihr bestimmt schon, so wie baguette, bistrot, métro usw.

Und vielleicht wart ihr ja auch schon mal in Frankreich und habt Paris, die Côte d'Azur, die Provence, die Bretagne oder andere Gegenden kennen gelernt.

Übrigens, ich heiße Marc, eigentlich ja Markus ... Meine Mutter kommt nämlich aus Deutschland, mein Vater ist Franzose. Wir haben sehr lange in Köln gelebt, sind dann aber nach Frankreich umgezogen.

Als wir vor fünf Jahren nach Paris kamen, musste natürlich auch ich erst mal richtig Französich lernen. Deshalb kann ich euch bestimmt gute Tipps geben. Ich werde euch durch dieses Buch begleiten und euch beim Lernen helfen.

Und nun stelle ich meine Clique und mich vor.
En français, bien sûr!

Leçon 1

A TEXTE

Marc ...

Salut!
Moi, je m'appelle Marc!
J'habite rue Balard. C'est à Paris,
bien sûr! J'aime Paris, le Centre Pompidou,
les boulevards et les cinémas. Mais le
stress – non, merci!
J'aime aussi le sport! Le foot et le tennis,
c'est super!
J'aime beaucoup les BD, surtout «Tintin».
Et j'adore ... les pains au chocolat.

Voilà le collège, les copains et les
copines!

... les copains et les copines!

Bonjour! Je m'appelle Florence. J'habite rue Saint-Charles. J'aime le tennis, les maths et les ordinateurs.

Voilà Florence ...

Moi, je suis Frédéric et j'habite rue des Cévennes. Le collège, bof ... Les maths, c'est nul! Moi, j'aime le judo et aussi le rock! Je suis dans le groupe «Avalanche», c'est génial.

... et Frédéric!

Voilà Olivier, le copain de Frédéric.
Il habite aussi rue Balard et il aime ...

Euh ... Salut.
Moi, euh ... j'aime la nature, l'histoire et les histoires de science-fiction ...

... Tu aimes beaucoup les crêpes. Et ...tu es très sympa!

Et voilà Aurélie. C'est la copine de Florence. Elle est de la Martinique ...

Salut! Je m'appelle Aurélie.
J'adore la mer et les vagues ... et l'été.
J'aime aussi la mode, la danse et la musique.
Le reggae, c'est chouette, non?

A ACTIVITÉS

Lerntechniken — Unbekanntes Vokabular erschließen

① Hört oder seht euch neue Vokabeln genau an: Viele Wörter ähneln deutschen, englischen, lateinischen oder russischen Vokabeln.

(frz.)	(dt.)	(engl.)	(lat.)	(russ.)
musique	Musik	music	musica	музыка

Achtung: Manchmal gibt es jedoch Unterschiede
- in der Schreibung: chocolat (frz.) ↔ chocolate (engl.) ↔ Schokolade (dt.)
- in der Aussprache: [ʃɔkɔla] (frz.) ↔ [ˈtʃɒklɪt] (engl.)
- beim Artikel: le chocolat ↔ die Schokolade

▶ Welche Wörter aus Text A könnt ihr aus dem Deutschen oder anderen Sprachen ableiten?

② Manche Vokabeln lassen sich auch aus dem Zusammenhang erschließen:

Je m'appelle Marc: Da *Marc* ein Vorname ist, bedeutet *je m'appelle* ich heiße.

▶ Was bedeuten *j'habite, j'aime, aussi, beaucoup, le collège, la rue*?

---

1 A propos du texte (Zum Text)

▶ Faites des phrases. (Bildet Sätze.)

Olivier Marc Florence Frédéric Aurélie	habite aime	rue Balard. / à Paris. / … le sport. / la mode. / la nature. / Paris. / les ordinateurs. / les crêpes. / …

2 Le, la, l', les … (§ 1)

▶ Ajoutez les articles définis.
(Fügt die bestimmten Artikel hinzu.)

tennis   danse   reggae   rock   stress   copines   ordinateurs   histoire   crêpe   nature   pain au chocolat   foot   boulevard   été

3 Moi, je m'appelle …

À vous ▶ Stellt euch gegenseitig vor.
Gebraucht die folgenden Ausdrücke:

Moi, je m'appelle/je suis …
J'habite (à) …
J'aime (beaucoup)/J'adore …

Et toi?
Tu t'appelles comment?

Le …/La …/Les …,
c'est chouette/super/génial!
Mais le …/la …/les …,
bof!/c'est nul!

B TEXTE

C'est la rentrée.

① *Florence:* Salut, Aurélie!
Aurélie: Salut! Ça va?
Florence: Oui, ça va, merci. Et toi?
Aurélie: Moi? Bof! C'est la rentrée ... Schulbeginn
Florence: Tiens! Voilà madame Rocher, 5
   la prof de maths.

② *Florence/Aurélie:* Bonjour, madame!
Mme Rocher: Bonjour, Aurélie.
   Bonjour, Florence. Voilà Carole.
10   Carole Garrigue. C'est une nouvelle ...
   Carole, voilà Aurélie et Florence.
   Elles sont aussi en 3e F.
Carole: Salut!
Aurélie: Salut!
15 *Mme Rocher:* Ça va, les filles? Mädchen
Aurélie: Oui, ça va.
Mme Rocher: Vous êtes en salle 2!
   Au revoir!
Florence/Aurélie/Carole: Au revoir,
20   madame.

③ *Frédéric:* Salut, les filles!
   Tiens! Qui est-ce? Wer ist das?
Florence: Salut, Frédéric!
   C'est Carole, une nouvelle ...
   Carole, voilà Frédéric, un copain. 25
   Ah! ... et voilà Olivier. Frédéric
   et Olivier sont des copains. Ils sont
   aussi en 3e F et ...
Frédéric: Et on est très sympa!
Olivier: Salut, Carole! Tu es de Paris? 30
Carole: Moi? Euh ... non!
Olivier: Mais ... tu es d'où? woher
Carole: Je suis de Marseille.
Frédéric: Et tu habites où, maintenant? jetzt
Carole: J'habite 3, rue des Cévennes. 35
Olivier: Rue des Cévennes?! Oh là là!
Carole: Pourquoi? warum?
Aurélie: Frédéric habite aussi
   rue des Cévennes. Attention!
Olivier/Florence/Aurélie: Ha! ha! ha! 40
Frédéric: Oh, ça sonne. On est où? es klingelt / Wo sind wir?
Florence: Nous sommes en salle 2.
   On y va? Gehen wir?

treize

B ACTIVITÉS

1 A propos du texte

▶ Relisez le texte 1 B et complétez les phrases.
(Lest noch einmal den Text 1 B und vervollständigt die Sätze.)

– Mme Rocher? C'est ~ de maths.
– Aurélie et Florence ~ 3e F.
– La 3e F est en ~ .
– Carole? C'est ~/Elle est de ~,

– Maintenant, elle habite à ~ ./Elle habite rue ~ .
– Frédéric ~ rue des Cévennes.
– Olivier est ~ de Frédéric.

2 Un, une, des … (§ 2)

▶ Ajoutez l'article indéfini. (Fügt den unbestimmten Artikel hinzu.)

1. Marc est ~ copain de Florence et Aurélie. 2. Carole est ~ nouvelle. 3. Le collège André Citroën est ~ collège de Paris. 4. Voilà ~ pain au chocolat, ~ crêpe et ~ baguettes. 5. Mme Rocher est ~ prof de maths. 6. Frédéric et Olivier sont ~ copains. 7. Aurélie? C'est ~ copine de Florence.

3 Le verbe être (sein) (§ 3)

a ▶ Sucht die Formen von être.
Ordnet sie den Pronomen zu.

b ▶ Findet die passenden Formen von être und fügt die Dialogteile zusammen.

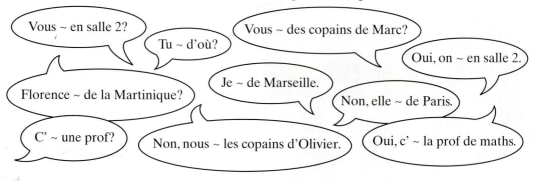

4 Jeu de sons (Spiel mit Lauten)

▶ Ecoutez. (Hört zu.)

[wa]	[ɛ̃]	[r]	[ɑ̃]
Un, deux, trois toi et moi, et voilà!	Tiens! Un copain. C'est le copain de Tintin.	Au revoir, Marseille! Bonjour, Paris!	Florence aime la danse, le rock et la France.

5 Qui est-ce? (§ 4)

a ▶ Travaillez à deux. Regardez les images et faites des dialogues.
(Arbeitet zu zweit. Schaut euch die Bilder an und erstellt Dialoge.)
Achtet auf die Satzmelodie.

– Qui est-ce?
  C'est Marc?

– (Oui./Non.) C'est …

– Il/Elle aime …?

– Oui, il/elle aime …
  Non, il/elle aime …

J'habite à Erfurt.
J'habite rue Weimar.
J'aime le tennis
et le rock.
Qui est-ce?

b ▶ Jouez en classe. ▽
Faites des portraits.
(Spielt in der Klasse. Erstellt Porträts.)

6 Salut, les copains!

a ▶ Lisez les exemples. (Lest die Beispiele.)

On dit

So begrüßt man sich:	So fragt man, wie es jemandem geht:	So verabschiedet man sich:
Bonjour, madame. mademoiselle. monsieur. Aurélie.	– Ça va? **So antwortet man:** – Ça va très bien, merci. – Ça va bien, merci. – Oui, ça va. – Non, ça va mal. – Non, ça va très mal.	Au revoir, madame. mademoiselle. monsieur. Aurélie.
Bonjour! Salut, Aurélie. Salut!		Au revoir! Salut, Aurélie. Salut!

b ▶ Jouez en classe.
Faites des dialogues.
(Begrüßt euch und fragt, wie es euch geht, etc.)

quinze 15

Leçon 2

Le parc André Citroën

APPROCHE

Les chiffres et les mots (§ 5)

a ▶ Regardez les images. Après deux minutes, fermez le livre et écrivez
(Schließt nach zwei Minuten die Bücher und schreibt):

▶ Comptez les points, maintenant!
(Zählt jetzt die Punkte!)

1 – 3	Oh là là! Attention!
4 – 6	Bof!
7 – 9	Ça va.
10 – 12	Bien.
13 – 15	Très bien!
16 – 18	Super!
19 – 20	Génial!

1. (un ordinateur)
2. un journal
3. (une rue)
4. un stylo
5. un frisbee
6. une cassette
7. un quartier
8. un pont
9. (une école)
10. un croissant
11. (un pain au chocolat)
12. un appareil photo
13. (une crêpe)
14. une photo
15. un magnétophone
16. une cuisine
17. (une baguette)
18. un frigo
19. une piscine
20. un sac

b ▶ Jouez en classe.

Exemple: – Le «quatre», qu'est-ce que c'est?
– Le «quatre», c'est un stylo.

A TEXTE

«Pourquoi pas» … Pourquoi pas?

❶ *Florence:* Salut, Aurélie!
Aurélie: Ah, salut, Flo! Tu as une minute?
Florence: Oui, pourquoi?
Aurélie: Il y a encore des croissants dans la cuisine.
Florence: Les croissants, j'adore! Mais on a cours dans vingt minutes! Vite, vite!

❷ *Aurélie:* Oh là là, c'est le stress! Tiens, voilà un croissant …
Florence: Merci. Tu as l'appareil photo?
Aurélie: Oui, oui. Et dans le sac, j'ai aussi le magnétophone avec trois ou quatre cassettes.

❸ Aurélie et Florence entrent dans le collège.

Aurélie/Florence: Salut, Carole! Tu aimes les reportages, toi aussi?
Carole: Euh … Oui. Pourquoi?
Aurélie: Eh bien … On prépare un reportage sur le quartier Balard et on cherche encore des journalistes.
Carole: Mais je suis de Marseille, moi!
Florence: Justement. Pour une nouvelle, c'est bien! On visite le quartier et on prépare un texte pour le «Pourquoi pas». D'accord?
Carole: Pourquoi pas! …

ACTIVITÉS

1   ***A propos du texte*** ▶ Regardez les images et racontez. (Erzählt.)

Dans , il y a encore des , mais les copines ont cours dans .

Alors, vite, vite! Dans d'Aurélie, il y a et pour le reportage. Il y a aussi . Le reportage pour est à .

2   ***Un exercice de maths*** ▶ Jouez en classe. (§ 5)

Ein Schüler/Eine Schülerin wählt eine Zahl zwischen 1 und 10. Er/Sie ruft dann einen Mitschüler/eine Mitschülerin auf und sagt, was er/sie auszurechnen hat. Die Zahl 20 darf nicht überschritten werden.

Exemple: Julia: «6 – 2, Florian?»
            Florian: «6 – 2 = 4. Miriam, 4 + 6?»
            Miriam: «4 + 6 = 10.»
            etc.

– moins
+ plus
= font

3   ***Mme Garrigue et Carole discutent.*** (§ 6)

a ▶ Ordnet die Verbformen den Pronomen zu.

avons	avez	ai	as	a	ont
je	tu	il/elle/on	nous	ils/elles	vous

b ▶ Complétez les phrases avec le verbe *avoir* ou *être*.

– Tu aimes le collège? Tu ~ déjà des copains et des copines?

– Oui, bien sûr! J'~ des copains et des copines. J'aime beaucoup Florence. Elle ~ très sympa et elle ~ un ordinateur!

– Et dans le collège, il y ~ aussi des ordinateurs?

– Oui, nous ~ une salle avec des ordinateurs. C'~ la salle 5. Nous ~ en salle 5 le mercredi. C'~ aussi la salle pour le journal.

– Ah, vous ~ un journal?

– Oui, oui. On ~ un journal, le «Pourquoi pas».

– Et les profs, ils ~ sympa?

– Oh oui, nous ~ des profs sympa! Ils ~ des idées super.

B TEXTE

Vite, vite, une photo!

❶ Les journalistes de «Pourquoi pas» sont en salle 5. Les journalistes, ce sont les élèves du collège André Citroën. Aujourd'hui, ils préparent le reportage sur les activités des jeunes dans le quartier Balard. Ils discutent et discutent …

❷ A l'Aquaboulevard, Florence et Marc posent des questions. Alice note …
Florence: Est-ce que tu es souvent ici?
Une fille: Oui, je suis souvent ici le mercredi après-midi, après les cours.
Marc: Et qu'est-ce que tu aimes ici?
La fille: J'adore nager ici. La piscine est super! … Il y a des vagues. Et j'aime aussi …
Florence: Regardez! Regardez! Là, sur le pont!
Marc: Sur le pont? Ah, oui … C'est Frédéric … et Carole, la nouvelle!
Florence: Ça alors! Vite, vite, Marc, une photo!

❸ Aurélie et Olivier font un reportage dans le parc André Citroën.
Aurélie: Salut! Vous avez cinq minutes? Nous faisons un reportage pour le «Pourquoi pas».
Un garçon: Le «Pourquoi pas»? Qu'est-ce que c'est?
Olivier: C'est le journal du collège André Citroën. Alors … qu'est-ce que vous faites dans le parc?
Le garçon: On rencontre les copains. On joue de la guitare
Une fille: … ou bien on joue au foot ou au frisbee!
Aurélie: Le frisbee, c'est génial!
La fille: Alors, joue avec nous!
Aurélie pose le magnétophone par terre.
Olivier: Mais qu'est-ce que tu fais, Aurélie? Et le reportage, alors?

ACTIVITÉS

1 A propos du texte

Attention: Il faut chercher un verbe. (Man muß ein Verb suchen.)

a ▶ Relisez le texte 2 B. Posez les questions avec *est-ce que* ou *qu'est-ce que* et trouvez la réponse.
   Exemple: – Les journalistes de «Pourquoi pas»/en salle 11
   → Est-ce que les journalistes de «Pourquoi pas» sont en salle 11?
   → Non, les journalistes de «Pourquoi pas» sont en salle 5.

1. – Les journalistes/les professeurs du collège
   – Les journalistes/un reportage sur le collège

2. – Florence/les questions
   – Alice/des photos
   – Marc et Florence/sur le pont

3. – Aurélie et Olivier/un reportage dans la rue
   – Les jeunes/au foot dans le parc
   – Aurélie/le frisbee par terre

b ▶ Sucht im *Approche*-Teil und in den Texten A und B alle Substantive, die zu dem Wortfeld „Journalismus" gehören. Erklärt, warum ihr diese Wörter leicht versteht. ▽

2 Les journalistes (§ 8)

▶ Trouvez les verbes et complétez les phrases.

Charlotte et Christophe ~ le reportage dans le café Balard.
Un monsieur avec un appareil photo ~ dans le café.

Christophe: Tu ~ les questions, Charlotte?
Charlotte: D'accord. Bonjour, monsieur. Nous ~ un reportage pour le collège André Citroën.
Le monsieur: Un reportage? Oh oui, j' ~ beaucoup les reportages. Alors, vous ~ avec les touristes, vous ~ des questions?
Charlotte: Oui, oui. Vous ~ Paris?
Le monsieur: Euh … oui. Paris, c'est super, je ~. J'~ beaucoup les rues de Paris. Je ~ les touristes et les boulevards. Je ~ les quartiers sympa. Je ~ des questions et je ~ les réponses.

▶ Le monsieur, qui est-ce?

aimer (3x)	
discuter	reden
préparer (2x)	vorbereiten
entrer	betreten
noter	notieren
poser (3x)	stellen/legen
regarder	(an)schauen/sehen
visiter	
trouver	finden

3 Qu'est-ce qu'on fait? (§§ 7, 9)

▶ Travaillez à deux.

1. Un(e) élève pose une question avec *qu'est-ce que/qu'* et le verbe «faire». Un(e) élève cherche la réponse.

Exemple:
– Qu'est-ce que je fais?
– Tu notes les réponses.

2. Trouvez d'autres exemples. (Findet weitere Beispiele.) ▽

ACTIVITÉS

4 ✎ Travaillez! (§ 8)

Viele Arbeitsanweisungen werden mit den folgenden Verben gebildet.

faire	jouer	écouter	regarder	ajouter
donner	fermer	raconter	poser	trouver

a ▶ Schaut euch die Lektionen 1 und 2 an und sucht die entsprechenden Arbeitsanweisungen heraus.
Exemple: Faire → Faites des phrases.

b ▶ Seht euch die Karikatur an und setzt den Traum mit den obigen Verben fort.
Exemple: Faites des phrases. → Fais des phrases.

5 Le Centre d'Animation «Espace Cévennes» (§ 10)

▶ Complétez les phrases: au / à la / aux   du / de la / des

~ Centre d'animation «Espace Cévennes», Magali et Boris posent des questions sur les activités ~ jeunes.

Oui, ici, je fais ~ musique. Je joue ~ guitare. Je joue aussi ~ piano.

Moi, je suis souvent ~ Centre avec les copains ~ quartier. Le mercredi après-midi, on joue ~ cartes ou ~ foot.

Les activités ~ Centre, c'est chouette, je trouve.

Moi, j'aime le sport. Je fais ~ judo. J'aime aussi nager. Le mercredi, je suis souvent ~ piscine.

6 Posons des questions. (§ 9)

▶ Travaillez à deux. Regardez les images et faites des dialogues.
Exemple: Qu'est-ce que c'est? → C'est un stylo.
Qui est-ce? → C'est Alice.
Qu'est-ce qu'elle fait? → Elle note les réponses.

7 Dans votre quartier (In eurem Stadtviertel)

▶ *A vous* Faites un reportage sur les activités des jeunes dans votre quartier. ▽

TEXTE

Une surprise pour M. et Mme Moreau

❶ Samedi, après les cours. Les copains de la 3e F sont dans un café. Ils discutent.

Olivier: Qu'est-ce qu'on fait ce soir?
Florence: Au cinéma, il y a un film avec
5 Gérard Depardieu.
Frédéric: Oui, mais le cinéma, c'est cher!
Aurélie: J'ai une idée: On regarde des vidéos.
Marc: D'accord, mais où?
Olivier: Euh … Chez moi! Papa et maman sont
10 à un concert …
Florence: C'est une invitation?
Olivier: Oui, bien sûr!

❷ Samedi soir, chez Olivier. Que font les copains? Carole, Alice, Frédéric et Florence
15 regardent une vidéo.
Aurélie, Olivier et Marc sont dans la cuisine. Dans le frigo, il y a trois pizzas. Super! Aurélie et Marc préparent les pizzas. Ils font aussi une salade. Olivier fait des crêpes.
20 Après les pizzas, Marc apporte des photos. Ce sont les photos de l'Aquaboulevard. Marc montre une photo à Frédéric: sur la photo, il y a Carole et Frédéric, mais sans tête! Frédéric donne la photo à Carole et les copains rigolent.

25 ❸ Après le concert, M. et Mme Moreau trouvent Olivier devant l'ordinateur.

Mme Moreau: Salut, Olivier.
  Encore devant l'ordinateur!
Olivier: Oui … Je fais un exercice de maths …
30 *Mme Moreau:* Tu fais un exercice de maths?
  Avec la musique?
Olivier: Euh … Oui! Et vous, ça va?
Mme Moreau: Oui, mais moi, j'ai faim
  maintenant.
35 *M. Moreau:* Je fais une pizza. D'accord?
Mme Moreau: D'accord! Et toi, Olivier,
  est-ce que tu as faim aussi?
Olivier: Moi … Euh … Non merci, maman!

ACTIVITÉS

1 A propos du texte

a ▶ Welche Wörter aus dem Text 2 C könnt ihr aus dem Englischen oder dem Deutschen erschließen? (Vgl. Lerntechnik Seite 12)

b Vrai ou faux?
▶ Relisez le texte 2 C et donnez la réponse. C'est faux? Alors, corrigez les phrases.
Exemple: Samedi après les cours, les copains discutent dans la salle 5. **C'est faux.**
→ Samedi après les cours, les copains et les copines discutent dans un café.

1. Ce soir, les parents d'Olivier sont à l'Aquaboulevard. 2. Chez Olivier, les copains et les copines regardent une vidéo. 3. Dans le frigo, il y a une salade. 4. Après les pizzas, ils regardent les photos de l'Aquaboulevard. 5. M. et Mme Moreau trouvent Olivier devant une pizza. 6. Mme Moreau a faim. 7. M. Moreau propose des crêpes.

c *A vous* Tu fais une fête (ein Fest) pour les copains et les copines.
▶ Qu'est-ce que vous préparez? Qu'est-ce que vous faites?
Préparez un sketch et jouez en classe. ▽

2 Aurélie donne la photo à Astérix! (§ 12)

▶ Faîtes des phrases.   *Exemples:* Florence aime le collège.
                                      Frédéric donne les croissants à Marc.
                                      Les élèves habitent à Paris.

Florence	donner	les croissants	à un copain/une copine.
Ils/Elles	entrer	le magnétophone	à Marc.
Frédéric	aimer	le collège	à un/e prof.
Tu	montrer	une vidéo	à Gérard Depardieu.
Il/Elle	regarder	le quartier	à Astérix.
Vous	habiter	des questions	à Paris.
Je/J'	poser	un reportage	dans un café.
Nous	proposer	un CD	par terre.
Les élèves	visiter	des photos	chez Olivier.

3 Encore une surprise! (§11)

▶ Complétez.   il y a / c'est / ce sont

Mercredi soir, chez M. et Mme Moreau.
1. Dans la cuisine, ~ des garçons et des filles: ~ les copains d'Olivier.
2. Et la fille avec le sac, ~ Carole, la nouvelle.
3. Devant le frigo, ~ deux filles. ~ Florence et Aurélie.
4. Aurélie, ~ la copine de Florence.
5. ~ aussi un monsieur: ~ M. Moreau, bien sûr.
6. Et sur la table, ~ une surprise pour M. et Mme Moreau: ~ une mousse au chocolat!

4 Les activités des jeunes

– Qu'est-ce que tu aimes comme activités?	– Qu'est-ce que tu fais comme sport?
– J'aime le sport/le cinéma … la musique/la photo … jouer au foot/aux cartes … avec un ordinateur … des copains/copines rencontrer des copains/copines. nager … regarder des vidéos … *Et toi?*	– Je fais du foot/du ski/du tennis … de la danse … *Et toi?*
	– Est-ce que tu fais de la musique?
	– Non. Et toi? Oui. Je joue du piano/de la guitare … dans un groupe … *Et toi?*

A vous ▶ Travaillez à deux. Faites des dialogues.

5 Jeu de sons

Nous proposons
des jeux de sons
dans les leçons.

Nous‿apportons
les‿appareils photo, Flo?

Les‿élèves de Mme Rocher
ont des‿ordinateurs, mais
ils‿ont aussi des‿idées.

Hast du schon gemerkt, dass im Französischen viele Wörter gebunden werden? Man nennt das „une liaison".

6 En français

Bei einem Paris-Aufenthalt gehst du auch im Parc André Citroën spazieren. Ein französischer Jugendlicher spielt auf dem Rasen Gitarre. Du hörst ein bißchen zu und ihr kommt ins Gespräch. ▶ Travaillez à deux et jouez la scène.

- Sie/Er fragt, ob du Musik magst. ▶ Du sagst, dass du zu Hause auch Gitarre spielst.
- Sie/Er fragt, woher du bist. ▶ Du sagst, dass du aus … bist.
- Sie/Er sagt, dass das toll sei und fragt, was du im Park machst. ▶ Du sagst, dass du Paris besuchst und Fotos machst.
- Sie/Er fragt, was dir in Paris gefällt. ▶ Du sagst, dass du die Boulevards, die Cafés, die Parks und die Crêpes magst.
- Sie/Er sagt, daß sie/er am Mittwoch mit den Freunden vom Collège Crêpes macht. ▶ Du fragst, ob das eine Einladung sei.
- Sie/Er sagt: „Klar." ▶ Du fragst, wo sie/er wohnt.
- Sie/Er antwortet, dass sie/er in der rue Saint-Charles Nummer 10 wohnt. Sie/Er sagt, dass man sich um 14.00 Uhr trifft und fragt, ob du damit einverstanden bist. ▶ Du sagst, dass du einverstanden bist und verabschiedest dich.

▶ Wenn ihr mehr über das quartier Balard erfahren wollt, dann schaut euch den Supplément-Teil zu dieser Lektion an. (Seite 126)

Leçon 3

Une boulangerie
dans le quartier Balard

APPROCHE

La famille Drouet

A sept heures et quart, c'est le petit déjeuner.

De huit heures et demie à cinq heures, le père de Florence travaille.

A midi, Florence mange avec les copains. A une heure, ils ont cours de maths.

La mère de Florence travaille à l'hôpital de midi à huit heures moins le quart.

A minuit, M. Drouet regarde encore la télé …

▶ Il est quelle heure? *(§ 14)*

Il est trois heures et demie.

Il est …

…

…

…

…

…

On fait des crêpes. *(§ 16)*

A huit heures et quart, Mme Drouet arrive de l'hôpital.

Mme Drouet: Bonjour! Ça va? Qu'est-ce que vous faites?
Christine: Florence n'est pas là, elle est encore chez Aurélie.
Mme Drouet: Et François, il fait la cuisine?
Christine: Non, il ne fait pas la cuisine. Il travaille avec l'ordinateur.
Mme Drouet: Et papa? Il regarde la télé?
Christine: Non, il ne regarde pas la télé.
 Papa et moi, on fait des crêpes dans la cuisine.

▶ Wie bildet man im Französischen die Verneinung?
Verneint die folgenden Sätze:

1. Christine travaille à l'hôpital.
2. Florence est avec papa.
3. Nous préparons le petit déjeuner.
4. Tu manges.
5. J'aime les crêpes.
6. Vous regardez la télé.

3

vingt-sept

A TEXTE

Dimanche matin

Salut!

❶ *Christine:* Papa, pourquoi est-ce que
   François est encore au lit? Pourquoi est-ce
   qu'il n'est pas là pour le petit déjeuner,
   le dimanche matin?
5 *M. Drouet:* Euh … parce qu'il rentre tard,
   le samedi soir.
   Christine: Et pourquoi est-ce qu'il rentre tard?
   Mme Drouet: Parce que le samedi soir, il a
   toujours rendez-vous avec des copains.

10 ❷ *François:* Salut! Il est quelle heure?
   Mme Drouet: Il est onze heures et demie. C'est tard pour le petit déjeuner!
   Christine: Maman, et pourquoi François …
   François: Et pourquoi?! Et pourquoi?! Et toi, pourquoi est-ce que tu poses toujours des
   questions? Tu as quel âge? Moi, je n'ai plus 8 ans, comme toi.
15 J'ai 18 ans! … La salle de bains est libre?

La salle de
bains n'est pas
libre de 10h30
à 11h00.
Flo.

❸ *François:* Tu es encore dans la salle de
   bains? Mais il est onze heures et demie!
   Florence: Justement! C'est dimanche,
   on a le temps!
   François: Tiens, le téléphone sonne!
   Ce n'est pas pour toi, Florence? 20
   Florence: Si! C'est Aurélie! Elle appelle
   toujours le dimanche matin! J'arrive!

❹ *François:* Allô! …
25 Salut, Aurélie. Ça va?
   Florence arrive.

   Florence! C'est pour toi!

❺ *François:* Super! La salle
   de bains est libre maintenant!
   Florence: Allô? Aurélie? … 30
   Ah! C'est toi, mamie! …
   Euh, non … Oui, peut-être …
   D'accord pour le déjeuner.
   Au revoir, mamie.

35 ❻ *Florence:* C'est mamie. Aujourd'hui, elle ne fait pas
   la cuisine. Elle n'a pas envie! Elle arrive dans une heure
   et elle apporte le dessert.
   Christine: Super! Mamie arrive avec un dessert!
   M. Drouet: Dans une heure! Mais c'est la catastrophe!
40 Il est déjà midi moins le quart! Qu'est-ce qu'on fait?

1   A propos du texte

▶ Relisez le texte et complétez.

1. François ~ ans. Le ~, il rentre ~, parce qu'il est avec des ~.
   Alors, le ~, il n'est pas là pour le ~.
2. Christine a ~. Elle pose toujours ~.
3. A 11h30, la salle de ~ n'est pas encore ~. C'est dimanche, alors Florence a le ~.
4. Le ~ sonne. C'est ~. Aujourd'hui, elle ne fait pas ~. Elle arrive dans ~.
   C'est ~ parce qu'il est déjà ~.

2   C'est vrai ou c'est faux?   ▶ Répondez.   Non. / Si.

Exemple: Les Drouet n'habitent pas à Paris? (rue Saint-Charles)
   → Si. Ils habitent rue Saint-Charles.
   Aurélie n'est pas la copine de François? (copine de Florence)
   → Non. Aurélie est la copine de Florence.

1. Christine n'a pas 18 ans? (8 ans)
2. François n'est pas dans la cuisine? (encore au lit)
3. Florence n'aime pas le sport? (tennis)
4. Aurélie ne téléphone pas le dimanche? (toujours le dimanche matin)
5. Aurélie n'est pas de Paris? (la Martinique)
6. Florence n'est pas dans la cuisine? (salle de bains)
7. Mamie n'arrive pas aujourd'hui? (dans une heure)
8. Ce n'est pas tard pour le petit déjeuner? (déjà onze heures et demie)

3   Le minitel (§ 13)

Frédéric prépare une fête pour les copains du collège. Aujourd'hui, il fait les invitations, mais il ne trouve plus les adresses des copains. Alors, il regarde sur le minitel.

▶ Lisez les adresses et les numéros de téléphone.

Achtung!
Die Zahl „Null" heißt auf Französisch „zéro". Das Wort „nul" gibt es im Französischen auch; es hat aber, wie du weißt, eine ganz andere Bedeutung.

```
Carole Garrigue
3, rue des Cévennes
☎ 01 45 02 36 45
```

```
Frédéric Le Gall
58, rue des Cévennes
☎ 01 45 49 40 25
```

```
Aurélie Nadal
69, rue Mercier
☎ 01 46 42 27 55
```

```
Marc Dufrêne
7, rue Balard
☎ 01 48 31 24 53
```

```
Florence Drouet
22, rue Saint Charles
☎ 01 42 14 65 50
```

```
Olivier Moreau
33, rue Balard
☎ 01 48 28 09 59
```

ACTIVITÉS

4 Le bonheur (§ 16)

Le bonheur,
c'est écouter un CD,
mais ce n'est pas la rentrée.
Ce sont les pains au chocolat,
mais ce ... pas préparer le repas.
C'est ...
mais ...

a ▶ Schreibt das Gedicht weiter, und gebraucht dabei folgende Wörter, die ihr in ein Reimschema bringen könnt:

le petit déjeuner	rencontrer des copains	nager
la cuisine	le téléphone	faire du judo
le magnétophone	faire des photos	jouer au frisbee
les copines	les BD	visiter Paris
regarder la télé	le dimanche matin	le cours de Mme Rocher
travailler		

b ▶ Sucht weitere Reime. Ihr könnt auch ein Gedicht zu verneinten Verben machen:
«J'aime ... ,
mais je n'aime pas ...»

5 Il est quelle heure? (§ 14)

On dit

– Pardon, madame/mademoiselle/monsieur,

il est quelle heure, |
quelle heure est-il, | s'il vous plaît?
vous avez l'heure, |

– Olivier, tu as l'heure, s'il te plaît?

– A quelle heure est-ce que tu rentres le samedi soir?

– De quelle heure à quelle heure est-ce que vous avez cours?

– Il est | trois heures dix.
        | trois heures et quart.
        | trois heures et demie.
        | quatre heures moins vingt.
        | quatre heures moins le quart.

– Je rentre à dix heures moins le quart.

– Nous avons cours de huit heures et quart à quatre heures et demie.

A vous ▶ Posez des questions sur l'heure et répondez.

Exemples:

manger
– A quelle heure est-ce que tu manges?
– Je mange à midi et quart.

avoir cours, téléphoner à des copains, travailler, regarder la télé, écouter des CD, être dans la salle de bains, rentrer, faire du sport, manger, avoir rendez-vous avec ...

avoir cours
– De quelle heure à quelle heure est-ce que vous avez cours, le mercredi?
– Le mercredi, ...

le matin, l'après-midi, le soir, le week-end, le mercredi, le samedi, le dimanche, le samedi soir, le dimanche matin, aujourd'hui, après les cours ...

6 Tu as quel âge? *(§ 13)*

a Exemple: François (18)
– François a quel âge?
– Il a 18 ans.

1. Pierre (6)
2. M. Drouet (51)
3. Alice et Anne (14)
4. Mme Drouet (45)
5. Yasmina (15)
6. Mme Rocher (59)
7. Marc (16)
8. Julien et Franck (8)

b *A vous* ▶ Posez des questions. ▽
– Tu as quel âge? – J'ai ~ ans. Et toi? – Moi aussi, j'ai ~ ans.
Moi, j'ai ~ .

7 Toujours des questions

a ▶ Hier ist eine Übersicht zu den Ergänzungsfragen (= Fragen mit einem Fragewort), die ihr bislang kennengelernt habt.

1. Qui	Qui est Nathalie? Nathalie, qui est-ce? Pour qui sont les crêpes?	**5. Quand**	Quand est-ce que tu rentres? Tu rentres quand? (ugs.)
2. Que	Qu'est-ce que c'est? Qu'est-ce qu'on fait? Que fait François? Qu'est-ce que tu aimes comme musique?	**6. Comment**	Comment ça va? Comment tu t'appelles? Comment est-ce que tu t'appelles? Tu t'appelles comment? (ugs.)
3. Où	Où est Carole? Où est-ce qu'elle est? Où est-ce que tu habites? Tu habites où? (ugs.)	**7. Quel/Quelle**	Quelle heure est-il? Il est quelle heure? Tu as quel âge? Quel âge est-ce que tu as?
4. Pourquoi	Pourquoi est-ce que tu demandes ça?		A quelle heure est-ce que tu rentres? Tu rentres à quelle heure? (ugs.)

b Aujourd'hui, c'est mercredi. Il est trois heures. Frédéric rencontre Marc dans la rue Balard.

▶ Posez les questions pour Frédéric.

1. – Salut, Marc! ~ ?
 – Ça va bien, merci.
2. – ~?
 – J'achète des pains au chocolat.
3. – ~?
 – Les pains au chocolat sont pour Sophie.
4. – ~?
 – C'est une copine. On a rendez-vous, aujourd'hui.
5. – C'est chouette pour toi. ~?
 – A trois heures et demie.
6. – ~?
 – On regarde un film au cinéma.
7. – ~?
 – Elle aime les films de science-fiction.
8. – ~?
 – Elle a 16 ans et elle est très sympa. Oh, il est déjà trois heures et quart! Salut, Frédéric.

B TEXTE

Mamie arrive dans une heure.

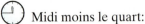 Midi moins le quart:
Mme Drouet: Mamie arrive dans une heure. Il faut ranger et faire les courses. On n'a pas de légumes …
5 *M.Drouet:* Et il n'y a plus de baguettes!
Florence: Ce n'est pas un problème. Je vais à la boulangerie et toi, maman, tu vas à l'épicerie.
Mme Drouet: D'accord.
10 *François:* Je passe l'aspirateur dans l'appartement!
Christine: Et moi, qu'est-ce que je fais?
François: Tu ranges la salle de séjour et les chambres, par exemple.
M.Drouet: Bon alors … moi, je fais la vaisselle et je range la cuisine.
Mme Drouet: Allez, Florence, on y va.

 Midi:
Mme Drouet entre dans l'épicerie.
Elle achète des avocats, des pommes de terre, deux salades et un camembert.

Florence entre dans la boulangerie.
C'est la boulangerie des parents d'Olivier. 20
Le dimanche matin, Olivier est là aussi.

Olivier: Salut, Flo! Ça va?
Florence: Oui, mais aujourd'hui, c'est le stress. Alors … trois baguettes, s'il te plaît.

Après, Mme Drouet et Florence entrent 25
dans la boucherie. Il n'y a plus de poulets,
alors elles achètent des biftecks.

🕐 Midi et quart:
François passe l'aspirateur dans le couloir. Dans la chambre de Christine, c'est le bazar. Christine cache le sac et l'appareil photo sur l'armoire, les livres sous le lit et le frisbee derrière l'étagère.

🕐 Midi et demie:
Mme Drouet et Florence rentrent à la maison et vont à la cuisine.
Maintenant, il n'y a plus de croissants sur la table.
M. Drouet fait la vaisselle.
Florence pose les sacs sur une chaise.
Pour le déjeuner, elle propose: des avocats, des biftecks, des pommes de terre, une salade et un camembert.
Et comme dessert, il y a la surprise de mamie!

🕐 Une heure moins le quart:
Dans la salle de séjour, Florence et François préparent l'apéritif. Mme Drouet regarde l'heure.

🕐 Une heure: Le téléphone sonne …

Mamie: C'est la catastrophe! Oncle Gilbert arrive chez moi dans un quart d'heure! Alors, je reste à la maison et je range, bien sûr! Au revoir!

B ACTIVITÉS

1 A propos du texte

a ▶ Relisez le texte et répondez aux questions.

1. Pourquoi est-ce qu'il faut faire les courses et ranger?
2. Où est-ce que Mme Drouet et Florence vont?
3. Qu'est-ce que Florence propose pour le déjeuner?
4. Pourquoi est-ce que mamie téléphone à une heure?

b *A vous* ▶ Travaillez à deux. Regardez l'exercice 7a page 31 et posez d'autres questions sur le texte.

> Est-ce que …
> Qu'est-ce que …
> A quelle heure …
> Où est-ce que …
> Qui (fait) …

c ▶ Welcher Unterschied im Leben von Deutschen und Franzosen ist euch bei diesem Text aufgefallen? ▽

2 La chambre de François (§§ 16, 17)

Voilà la chambre de François à 11 h 45 et à 12 h 30.
▶ Regardez les images et comparez. (… und vergleicht.)

1. Dans la chambre de François, il y a un/une/des …

Le …		dans …
L' …	est	sur …
La …		sous …
Les …	sont	devant …
		derrière …
Il n'y a pas de …		par terre.

2. Maintenant, il n'y a plus de …

Le …	
L' …	n'est plus …
La …	
Les …	ne sont plus …

A vous ▶ Qu'est-ce qu'il y a dans ta chambre (in deinem Zimmer)? ▽

Dans ma chambre (in meinem Zimmer), | il y a …/j'ai …
| il n'y a pas de …/je n'ai pas de …

3 Le verbe «aller» (§ 15)

▶ Complétez avec les formes du verbe *aller* (~): Ajoutez aussi *à/à la/à l'/au/chez*.

1. Ça ~ ? Non, aujourd'hui, ça ne ~ pas très bien.
2. Mme Rocher: « ~ , fermez vite les livres! Frédéric, ~ → tableau, s'il te plaît!»
3. Aurélie n'aime pas beaucoup ~ → collège. Mais elle adore ~ → piscine.
4. Dimanche matin, Mme Drouet et Florence ~ → boulangerie et → épicerie.
5. Vous ~ → Centre d'animation après les cours? Non, nous ~ → Carole: elle fait des crêpes.
6. Salut, Flo! Tu ~ → piscine, mercredi après-midi? Non, je ~ → cinéma avec un copain.

4 Jeu de sons ▶ Ecoutez.

[œ]
Dix professeurs avec dix‿ordinateurs rencontrent Alice à dix‿heures dix.

[ʒ] [ʃ]
Qu'est-ce qu'on fait dimanche?
On joue avec Jacques? On mange?
Oui, et après on range!

[ə] [ø]
C'est le petit déjeuner
de Gérard Depardieu?
Peut-être, monsieur!

[ʃ]
Charlotte cache le chocolat
dans la chambre de Mme
Rocher.

Lerntechniken — Wortschatzerwerb (I)

Diese Lerntechnik soll dir zeigen, wie du dir neue Vokabeln zu einem bestimmten Thema (z. B. „Essen") besser einprägen kannst. Dabei werden, ausgehend von einem Kernbegriff, eine beliebige Menge von Wörtern zueinander in Beziehung gesetzt; so entsteht ein Wortfeld („Vokabelnetz").

▶ Vervollständige dieses „Vokabelnetz" – welche Wörter kennst du noch zum Thema „manger"?
▶ Versuche selbst einmal, ein Vokabelnetz zum Thema „activités" zu erstellen. (Du findest besonders viele Vokabeln in der Lektion 2.)

ACTIVITÉS

5 Dimanche matin (§§ 16, 17)

▶ Répondez aux questions.

j'ai j'achète	un/une/des ...	→	je	n'ai n'achète	pas plus	de ...
c'est	un/une ...	→	ce n'est		pas plus	un/une ...
ce sont	des ...	→	ce ne sont		pas plus	des ...

Exemple:
– Est-ce que Mme Drouet achète des pains au chocolat?
– Non, Mme Drouet n'achète pas de pains au chocolat. (Elle achète …)

1. Est-ce que François est encore au lit à une heure?
2. Est-ce que Florence a un rendez-vous?
3. Est-ce que François est là pour le petit déjeuner?
4. Est-ce que Florence est encore dans la salle de bains à midi?
5. Est-ce que mamie arrive à une heure?
6. Est-ce qu'il y a encore des baguettes chez les Drouet?
7. Est-ce que Christine fait la vaisselle?
8. Est-ce qu'il y a encore des poulets à la boucherie?
9. Mamie arrive pour le déjeuner. Est-ce que c'est un problème?
10. Qu'est-ce qu'il y a sous le lit de Christine? Est-ce que ce sont des CD?

Das Centre Pompidou ist nicht nur ein modernes Kulturzentrum, es hat auch eine riesige Medienabteilung.

6 Dimanche après-midi ▶ Racontez.

Le plaisir de lire
Le Noël des copains et des copines

Nous, on fête Noël¹ en famille. La veille² de Noël, il y a le réveillon³. Mamie vient chez nous. On mange la dinde⁴ et la bûche⁵ et après, on va à la Messe de minuit⁶. Et le matin de Noël, il y a les cadeaux sous le sapin: Moi, j'aime beaucoup la fête de Noël!

A Noël, maman et moi, on va passer une semaine⁷ dans les Alpes. Pour le réveillon, il y a les amis⁸ de maman et ils font la fête. Maman n'aime pas Noël, elle ne fait pas de sapin de Noël et il n'y a pas de cadeaux, mais elle me donne 100 euros⁹ …

Moi, j'aime bien Noël. Pour Noël on va aller chez ma tante Magali, à Cassis, près de Marseille. Elle raconte toujours des histoires du Midi¹⁰ et on rigole beaucoup. Et pour le repas de Noël¹¹, elle prépare «les treize desserts»¹². C'est une coutume¹³ du Midi … Et, chez elle, il y a toujours une crèche avec des santons. C'est chouette!

Noël, pour nous, c'est le stress: A la boulangerie, on travaille du matin au soir, alors on n'a pas beaucoup le temps de faire la fête. Noël et le Jour de l'an¹⁴, ce n'est pas des vacances¹⁵!

▶ Comment est-ce qu'on passe Noël en France?
▶ Comparez Noël en France et Noël en Allemagne.
▶ Et toi, comment est-ce que tu passes Noël?
▶ Qu'est-ce que tu aimes, qu'est-ce que tu n'aimes pas?

Vocabulaire: 1 **Noël** Weihnachten 2 **la veille de Noël** der Heilige Abend (24.12.) 3 **le réveillon** das Festessen (am Heiligabend) 4 **la dinde** die Pute 5 **la bûche** das Holzscheit 6 **la Messe de minuit** die Mitternachtsmesse 7 **passer une semaine** eine Woche verbringen 8 **un ami** ein Freund 9 **un euro** ein Euro 10 **le Midi** *hier:* der frz. Süden 11 **le repas de Noël** das Weihnachtsessen 12 **les treize desserts** eine provenzalische Tradition: man bereitet zum Weihnachtsfest einen Dessertteller mit 13 Süßspeisen vor 13 **une coutume** eine Sitte 14 **le Jour de l'an** der Neujahrstag 15 **les vacances** die Ferien

Leçon 4

*Le collège André Citroën
dans le quartier Balard:
Il y a 783 élèves et 22 professeurs.*

APPROCHE

Une histoire de famille (§ 18)

▶ Regardez et traduisez (… übersetzt).
Wonach richten sich die Possessivbegleiter
(les déterminants possessifs)?

le fils	→	mon fils
la fille	→	ma fille
les enfants	→	mes enfants

▶ Regardez les photos et traduisez. Comparez avec l'allemand. (… mit dem Deutschen.)

❶ Voilà Laure, **son** chien, **sa** sœur Elodie et **ses** frères.

❷ Voilà Simon avec **sa** guitare, **son** frère Luc et **ses** sœurs.

❸ Voilà les parents, **leurs** filles Laure et Elodie et **leur** chien.

▶ Regardez. Trouvez les règles (Findet die Regeln).

| mon
ton
son
notre
votre
leur | → | sac/
ami/**a**mie(f)/
histoire | ma
ta
sa
notre
votre
leur | → | maison/
sœur | mes
tes
ses
nos
vos
leurs | → | sacs/
amis/ami**es**(f)/
histoires/
maisons/sœurs |

On joue avec les chiffres. (§ 24)

Ab tausend geht es einfach so weiter: mille, deux mille, etc.

▶ Jouez en classe.
– Un(e) élève va au tableau (… an die Tafel).
  Il/Elle écrit dans le désordre (durcheinander) les chiffres de 0 à 9. Les autres lisent les chiffres.
– Après, on ajoute encore un chiffre. Maintenant, on a les chiffres jusqu'à 99 (bis 99).
– Ensuite, on ajoute un troisième chiffre. (Dann fügt man eine dritte Ziffer hinzu.)

trente-neuf

TEXTE

Une lettre d'Allemagne

Madame Riffonneau
Collège André Citroën
208, rue Saint-Charles
F- 75015 Paris

Dans notre livre de français, il y a une leçon sur l'école en France. C'est intéressant, mais mes élèves posent toujours des questions sur votre collège et sur l'emploi du temps de leurs correspondants. Ils vont bientôt préparer leur voyage et demandent des informations sur votre école et sur vos activités au collège. Est-ce que vous avez des photos du collège, par exemple?
À bientôt, à Paris!
Brigitte Kächele et la classe 9a

❶ Aujourd'hui, Mme Riffonneau, la prof d'allemand, arrive dans la 3ᵉ F avec une lettre d'Allemagne.
Mme Riffonneau: Voilà une lettre de ma collègue de Stuttgart et de vos correspondants. Ils demandent des informations sur notre collège. C'est sympa, non? 5
Alors, qu'est-ce que nous allons envoyer à vos copains de Stuttgart? Vous avez des idées?

❷ *Christophe:* On va aller au CDI et demander la brochure sur le collège à Mme Dupré.
Olivier: Bof! Envoyer une brochure, c'est nul! 10
Carole: Et une brochure, c'est trop difficile.
Nos corres font du français depuis six mois seulement.
Alice: Eh bien, on va parler du collège dans une lettre et envoyer des photos.
Olivier: Oui, mais c'est encore un reportage. 15
Je ne suis pas d'accord!

❸ *Mme Riffonneau:* Bon alors, vous allez trouver quelque chose, non? Marc, tu as une idée, toi?
Marc: Une vidéo sur le collège, peut-être?
Florence: Une vidéo, ça c'est chouette! Ça va être 20
intéressant pour nos correspondants, et nous, on va bien rigoler!

ACTIVITÉS

1 A propos du texte

a ▶ Résumez les informations du texte sur les élèves de Stuttgart. (Fasst die Informationen zusammen.)

b ▶ Qu'est-ce que les élèves du Collège André Citroën proposent? (Il y a trois réponses.)

2 Une copine de Cologne (§ 18)

▶ Complétez. Utilisez les déterminants possessifs.

Marc arrive au collège avec ~ copine Julia de Cologne. Julia est à Paris pour une semaine. Elle habite chez ~ copain Marc. Aujourd'hui, Marc montre ~ école à Julia.
Marc: Voilà ~ classe, ~ copains et ~ copines.
   Salut, Florence. Salut, Frédéric, voilà ~ amie Julia. Elle est de Cologne.
Florence: Ah, c'est ~ amie d'Allemagne. Salut, Julia. Tu travailles avec ~ classe, aujourd'hui? Maintenant, on a cours d'allemand.
Julia: Ah oui? Alors, je vais rester dans ~ classe. D'accord?
Marc: D'accord. Chut … Mme Riffonneau, la prof d'allemand, arrive.
Mme Riffonneau: Bonjour! Aujourd'hui, on va préparer ~ vidéo.
Mme Riffonneau regarde Julia.
Mme Riffonneau: Tiens, il y a une nouvelle dans ~ classe?
   Guten Tag! Sprichst du gut deutsch?
Julia: Ääh … Ich glaube, ja! Ziemlich fließend sogar.

Ça alors, ~ accent est super!

3 Aujourd'hui, les parents vont rentrer tard. (§ 19)

a Les enfants Drouet discutent. ▶ Jouez la scène et utilisez le futur composé.

1. A quelle heure est-ce que (papa et maman/rentrer)?

2. Ce soir (ils/rentrer tard).

3. Moi (je/faire des crêpes).

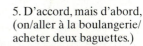
5. D'accord, mais d'abord, (on/aller à la boulangerie/acheter deux baguettes.)

4. Des crêpes? (tu/ne pas avoir le temps). Moi, (je/préparer une salade.) Christine et toi, (vous/ranger la salle de séjour). D'accord?

b *A vous* ▶ Discutez.
– Qu'est-ce que tu vas faire pendant le week-end?
Et ta copine/ton copain/ ton frère/ta sœur/tes parents?

faire …/jouer …/aller …/regarder …/ travailler …/écouter …/discuter …/ acheter …/préparer …/rencontrer …

– Je vais/Je ne vais pas …
Mes parents vont …
Mon frère/ma sœur …

▶ Demande aussi à ton voisin/à ta voisine. (Frage auch deinen Nachbarn/deine Nachbarin.)

quarante et un **41**

TEXTE

Le collège André Citroën

Chers amis de Stuttgart, salut!
Merci pour votre lettre. Nous avons une surprise pour vous: une vidéo sur le collège.
C'est une idée de notre classe. Nous pensons que c'est intéressant. Regardez ...

Äh ... Hi Fans. Alles klar?

Voilà la salle d'allemand. Nous faisons de l'allemand depuis deux ans avec Mme Riffonneau. «Der, die, das», c'est difficile! Mais on a un spécialiste. Marc, dis quelque chose en allemand!

Ici, c'est la salle de permanence. Quand nous n'avons pas cours ou quand un prof n'est pas là, nous allons en permanence. Ici, on lit, on écrit, on fait ses devoirs. Le surveillant demande toujours si on travaille. Je trouve que c'est le stress! ...
Qu'est-ce que tu fais, Frédéric?

Ben ... J'attends la récréation.

Tiens, Alice!
Encore à l'infirmerie?
Tu es malade?
Mais tu as une interro de maths maintenant!

Là, c'est notre «self»!
350 élèves mangent ici à midi.
Spécialité de la maison: poulet frites.
Et le bruit! Les profs disent qu'on fait toujours un bruit d'enfer.
Vous entendez?

Maintenant, c'est la «récré». Pendant la récré, on reste dans la cour du collège. On discute avec les copains, on joue aux cartes, on fait du sport.
Flo, qu'est-ce que tu fais?

Je montre mes devoirs de maths à Frédéric.

Voilà le CDI et Mme Dupré. Le «CDI», c'est le «Centre de Documentation et d'Information». Ici, les élèves lisent, cherchent des informations, etc. On travaille aussi avec l'ordinateur, comme Olivier.
Quand est-ce que tu vas rendre tes livres, Olivier?

Je n'ai pas le temps! J'écris une histoire de science-fiction.

Voilà les copains du club théâtre. Salut! Qu'est-ce que vous jouez?

«La Leçon» de Ionesco. Restez avec nous. On va bien rigoler.

Cinq heures! Ouf! C'est la fin des cours, mais c'est toujours le stress. Nous allons rentrer à la maison et faire nos devoirs. Les profs ne demandent pas si nous avons des activités après les cours!

quarante-trois 43

ACTIVITÉS

1 A propos de la vidéo

a ▶ Regardez la vidéo. Qu'est-ce que les élèves montrent à leurs correspondants?
Faites une liste.

b ▶ Faites des phrases avec les mots de la liste.
Exemple: Le CDI → Au CDI, on cherche des informations.

c ▶ Comparez l'école en France et votre école.
Notez les différences dans votre cahier. (Schreibt die Unterschiede in euer Heft.)

2 Dire/lire/écrire/attendre (§§ 21, 23)

	lire	dire	écrire	attendre
je/j'	⊕	⊕	⊖	⊕
tu	⊖	⊕	⊕	⊖
il/elle/on	⊕	⊖	⊖	●
nous	⊕	⊕	⊖	⊕
vous	⊖	⊕	⊕	⊖
ils/elles	⊖	⊕	⊖	⊕

a ▶ Faites des phrases affirmatives ou négatives.
(Bildet bejahte oder verneinte Sätze.)

Exemple:
⊕ je/lire → Je lis une BD.
⊖ nous/écrire → Nous **n'**écrivons **pas de** lettres, aujourd'hui.

b ▶ *A vous*
1. Est-ce que tu aimes lire? Qu'est-ce que tu lis? Quand? Où?
2. Est-ce que tu écris aussi? Demande aussi à ta voisine/ à ton voisin.

3 Les élèves lisent, le prof écrit. (§§ 21, 23)

▶ Complétez. Utilisez dire (1), lire (6), écrire (2), répondre (1), attendre (2), rendre (1), entendre (1).

1. Qu'est-ce que vous~ à la maison?
2. Moi, je ~ «Tintin».
3. On~ des BD.
4. Ma mère ~ le journal
5. Et toi, Pierre, tu ne ~ pas ... Tu ne ~ pas à la maison?
6. Euh ... Non, je ne ~ pas beaucoup à la maison!!

❶

1. Qu'est-ce que vous ~? C'est la fin du cours, vous n'~pas que ça sonne?
2. Si, mais ... vous ne ~ pas l'interro?
3. Euh ... vous allez ~ encore un jour ou deux, parce que j'~ un livre de 1000 pages.
4. Qu'est-ce que vous ~ ? Un Livre de 1000 pages? Et qu'est-ce que vous ~ ?
5. C'est sur l'histoire du camembert!

❷

4 L'emploi du temps de Carole (§ 14)

EMPLOI DU TEMPS		Nom Carole Garrigue		Classe 3ᵉ F	
Heures	Lundi	Mardi	Mercredi	Jeudi	Vendredi
8 h 15 – 9 h 10	sciences naturelles	maths		sciences physiques	histoire-géo
9 h 15 – 10 h 10	sciences naturelles	allemand	histoire-géo	technologie	maths
10 h 20 – 11 h 15	français		sciences physiques	allemand	français
11 h 20 – 12 h 15	français	éducation civique	EPS	anglais	
14 h – 14 h 55	allemand	maths		maths	français
15 h 05 – 16 h	EPS	histoire-géo		dessin	musique
16 h 05 – 17 h	EPS			anglais	musique

a ▶ Versucht die Bezeichnungen der Fächer aus dem Englischen bzw. Deutschen abzuleiten. (EPS heißt ausgeschrieben „Education physique et sportive".)

b ▶ Lisez l'emploi du temps de Carole. Utilisez l'heure officielle (die offizielle Uhrzeit).

Exemple:
– Le jeudi, de 8 h 15 à 9 h 10, Carole a un cours de …
– Après, de 9 h 15 à 10 h 10, elle a …
– Après, elle mange …
– La fin des cours, c'est à …

Il est quelle heure?
Il est trois heures et demie.
Il est quinze heures trente!

c ▶ Parle de ton emploi du temps à une copine/à un copain de France. ▽

5 La lettre de la 3ᵉ F (§ 20)

> Chers amis de Stuttgart, salut!
> Merci pour votre lettre. Nous avons une surprise: une vidéo sur le collège. C'est une idée de notre classe … Nous avons aussi des questions. Est-ce que votre emploi du temps est très différent? Est-ce que les profs et les surveillants sont sympa à Stuttgart? Est-ce qu'il y a un bruit d'enfer dans votre self? Est-ce que vous avez aussi une «spécialité de la maison»? Est-ce que vous travaillez beaucoup après les cours? Et … est-ce que vous aimez votre collège? Nous attendons votre visite. Notre prof de français dit que vous allez arriver après les vacances de printemps. Est-ce que vous préparez déjà votre voyage à Paris? Est-ce que vous allez préparer une vidéo pour notre classe?
> A bientôt. Nous attendons votre réponse!
>
> Les élèves de la 3ᵉ F

▶ Mettez la lettre au discours indirect. (Übertragt den Brief in die indirekte Rede.)
Exemple: 1. Les élèves de la 3ᵉ F écrivent qu'ils ont une surprise: une vidéo sur le collège.
2. Ils demandent aux élèves de Stuttgart si leur emploi du temps est très différent.

TEXTE

Lerntechniken

Lesen und Verstehen

1. Bevor du einen unbekannten Text liest, versuche zunächst, deine ersten Eindrücke zu sammeln. Die Überschrift oder Zeichnungen bzw. Photos liefern dir häufig wichtige Anhaltspunkte.
2. Lies dann den Text zum ersten Mal. Störe dich nicht daran, dass du einiges nicht verstehst. Schreibe dir Wörter, besonders aber Schlüsselwörter heraus, die du verstehst und die dir wichtige Informationen liefern können.
3. Beim zweiten Lesen versuche um die Schlüsselwörter herum dem Text weitere Informationen zu entnehmen. (Versuche diesmal dir unbekannt erscheinende Wörter aus anderen Sprachen und dem Kontext zu erschließen.)
4. Versuche als weitere Hilfe die Zeitstruktur des Textes festzuhalten: In welcher zeitlichen Abfolge stehen die einzelnen Abschnitte? Wo finden sie statt?

Le collège en 2076

Frédéric et Carole rencontrent Olivier dans la cour du collège. Il lit un texte. C'est son histoire de science-fiction pour le «Pourquoi pas».

Paris, le 23/47/2076, 8 h 15: Dans ma chambre, il y a un bruit d'enfer. C'est mon ordinateur, Malabar F3! «Bonjour Olivier, je programme ton emploi du temps pour aujourd'hui. Je propose trois <u>modules</u>: Pour le module de
5   futurolangue et le module de technologie, tu restes à la maison et tu travailles sur Giganet.
Et après la pause de midi, tu as un rendez-vous au collège André Citroën avec tes collègues de Paris pour le module d'histoire. D'accord?»

10   **9 h 10:** J'<u>apprends</u> la futurolangue sur Giganet.
Dans mon groupe, il y a 978 collègues. Ils habitent partout dans le monde. Le futuroprof parle en futurolangue et quand on ne <u>comprend</u> pas quelque chose, il explique les questions en français, en anglais, en allemand, etc.
(il parle 216 langues!)

15   **10 h 45:** Je suis toujours sur Giganet. Pendant le module de technologie, on travaille encore (!!!) sur l'aspirateur de pollution.

12 h 45: J'entends Malabar: «Bip ... bip ... je programme ta mobilauto pour le collège. Alors, prends ta multicarte.»
Dans la rue AC 13, je rencontre Etienne et Magali. Ils prennent aussi leur
20   mobilauto. Au collège, nous avons un module d'histoire avec Mme Barroc. Elle explique que nous allons faire un voyage de deux heures sur Histonet ...

Deux minutes après, nous arrivons sur un pont. «Mais regardez - c'est une ville?», demande Etienne. «Mais c'est Paris, patate», répond Anthony. «Ça, c'est la Seine, et là, c'est le Louvre.» Par terre, il y a une femme avec ses enfants. Elle dit: «S'il vous plaît, je n'ai plus de pain. Mes enfants ont faim, et moi, je suis malade.» «Mais c'est la misère, ici!», dit Damien. Mme Barroc regarde son mémo et dit: «C'est le Paris de Louis XIV. On est le 12 mai 1664.» «Et où est le roi?», demande Magali. «Le roi n'habite plus au Louvre! Il est à Versailles, maintenant», dit Mme Barroc. «Alors, on y va», dit Naïma. Nous programmons les ordinateurs et arrivons à Versailles.

Dans le parc du château, on entend une musique. Ici, c'est la fête. Des gens font du théâtre devant le château. «Eh, regardez, c'est le roi, c'est Louis XIV avec sa famille et ... pardon, Monsieur, vous n'êtes pas Molière?», dit Anne. «Mais si, c'est moi. Notre roi aime le théâtre ... et les fêtes à Versailles. Ce soir, on joue Tartuffe», répond Molière. «Eh oui, le roi n'a pas de problèmes. Mais les gens à Paris, c'est différent ...», dit Pierre.

Mme Barroc dit qu'il reste seulement cinq minutes pour le voyage de retour et qu'il faut rester ensemble parce que le retour (c'est le code RE 2076 FC) est difficile.

Attention, encore trois minutes ... deux minutes ... une minute ... et nous arrivons au collège en 2076. Mais où est Céline? Elle aime les voyages et les surprises. Elle "surfe" encore dans le temps. Elle tape son code: RE 1997 CC et elle arrive au collège André Citroën, mais en 1997! Et là, Céline rencontre un garçon supergénial: Il s'appelle Olivier et dit qu'il écrit un texte sur le collège André Citroën en 2076!

Carole: Pas mal, Olivier, ton cybercollège! Mais quelque chose ne va pas dans ton texte.
Olivier: Et qu'est-ce que c'est?
Carole: Tu n'es pas supergénial ... mais cybergénial!

ACTIVITÉS

1 A propos du texte

a ▶ Versucht anhand der Arbeitstechnik „Lesen und Verstehen" den Text zu erschließen.

b ▶ Comment est-ce que vous trouvez le cybercollège André Citroën?
Qu'est-ce que vous aimez? Qu'est-ce que vous n'aimez pas?
Qu'est-ce que vous préférez: le collège André Citroën de 1997 ou le collège André Citroën en 2076? (Was zieht ihr vor ...)

ACTIVITÉS

2 Les jours/les mois/les saisons/la date

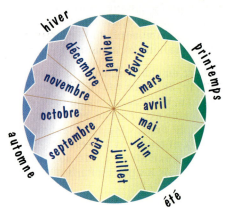

Dans une année, il y a 12 mois, 52 semaines et 365 (ou 366) jours. Ça fait 52 week-ends et … 98 jours de vacances!

On dit

– C'est On est Nous sommes	quel jour le combien	aujourd'hui ?

– C'est On est Nous sommes	lundi. le trois août. le lundi 3. le premier mai.

– On est | en quelle année?
         | en quel mois?

– On est | en 199…/20…
         | en janvier/février …

– Quand est-ce que c'est, ton anniversaire?
  C'est quand, ton anniversaire?

– Mon anniversaire, c'est le …

À vous ▶ Travaillez à deux. Posez des questions à votre voisine/voisin.

1. On est quel jour, aujourd'hui?
2. On est le combien, aujourd'hui?
3. Quand est-ce que c'est, ton anniversaire? Et l'anniversaire de ta sœur/ton frère/ ta copine/ton copain/ta mère/ton père?
4. Quel jour est-ce que tu fais de la musique, du sport, etc.?
5. Qu'est-ce que tu aimes comme saison?
6. Quand est-ce que vous avez des vacances?

3 Prendre /apprendre /comprendre (§ 22)

Je/J' Tu Il/Elle/On Nous Vous Ils/Elles	prenez comprennent apprends prends comprend apprenons etc.	un café/l'apéritif le (petit) déjeuner le français/la guitare des cours de guitare les leçons/l'exercice le problème/le texte l'anglais/l'allemand …	quand j'ai le temps au restaurant/au café depuis deux ans/un mois à la maison au petit déjeuner dans la cour dans le parc …

▶ Faites des phrases. Utilisez la forme affirmative ou la forme négative.

Exemples: – Je prends des cours de guitare depuis deux ans.
– Je **ne** comprends **pas** le texte.

4 Jeu de sons

▶ Lisez.

> Bei den Lauten [p, t, k] musst du aufpassen: Sie werden im Französischen ohne „Anhauchen" gesprochen.

1. [p], [t], [k]

– Papa pose le pain, le poulet, les pommes de terre et les pizzas par terre. Pourquoi pas? Ce n'est pas un problème pour Pierre!
– Tintin joue toujours au tennis le matin. Après, c'est trop tard: Il travaille au théâtre.
– Mercredi dans la cuisine, Frédéric et Carole mangent quatre biftecks, quatorze camemberts, quinze avocats et comme dessert … quarante crêpes! Catastrophe!

2. [s], [z]

Quatorze élèves sont dans la salle de classe. Ils ont un cours de musique, et ils écoutent des cassettes et des CD, bien sûr.

5 Une école de rêve *(Eine Traumschule)*

a ▶ Erstellt ein Vokabelnetz zum Thema „Schule". (Vergleicht dazu Seite 35.)

b ▶ Ecrivez un texte sur votre école de rêve. Parlez:
  – des cours
  – des matières (Schulfächer)
  – des profs
  – des salles
  – des activités
  – de la vie dans votre école (par exemple du self,
  – des devoirs   de la récré, des vacances, etc.)

6 En français

Marc hat den Antwortbrief der Stuttgarter Austauschklasse bekommen. Er übersetzt ihn für seine Mitschüler ins Französische.

▶ Traduisez en français.

> Lieber Marc,
>
> vielen Dank für euren Brief mit dem Video. Es ist sehr interessant. Wir lernen seit 6 Monaten Französisch. Hier sind die Antworten auf eure Fragen. Das Leben in unserer Schule ist nicht so wie bei euch, z. B. gibt es keine „permanence". Wenn wir keinen Unterricht haben, bleiben wir im Schulhof. Und es gibt kein CDI. Also lernt man die Lektionen zu Hause.
> Am Nachmittag haben wir keinen Unterricht. Um 13.00 Uhr ist Unterrichtsschluss. Am Montagnachmittag mache ich Musik (Ich spiele Gitarre!), dienstags mache ich Sport, am Mittwoch treffe ich meine Freunde im Jugendhaus, donnerstags gehe ich mit Christoph ins Schwimmbad, am Freitag habe ich einen Tanzkurs, und am Samstag gehe ich oft ins Konzert. Am Sonntag bleibe ich zu Hause und räume mein Zimmer auf. Das ist wirklich Stress!
> Im Juni werden wir euer Collège und Paris

quarante-neuf 49

Leçon 5

Le quartier Balard

APPROCHE

Dans la cave, c'est le bazar. (§ 25)

a ▶ Bild 1: Was fällt euch bei den Pronomen *me/m'* und *te/t'* auf?

b ▶ Schaut euch die Bilder 2 und 3 an. Welche Nomen werden durch die Objektpronomen *le, la, les, lui, leur* ersetzt? Wo ersetzen die Objektpronomen direkte Objekte, wo indirekte Objekte?

Attention:
manger **qc**
(direktes Objekt)
attendre **qn**
(direktes Objekt)
téléphoner à **qn**
(indirektes Objekt)
rendre **qc** à **qn**
(direktes + indirektes Objekt)

Je pars en vacances. (§ 26)

a ▶ Schreibt die Formen von *partir* mit den dazugehörigen Personalpronomen in euer Heft.

b ▶ Bildet die entsprechenden Formen der Verben *dormir* und *sortir*.

cinquante et un

TEXTE

Le 10, rue des Cévennes

Michel Agba: Je viens du Togo et je fais des études de physique à l'université. J'ai seulement une petite chambre, mais le loyer est cher, surtout pour un étudiant. Alors, je fais du baby-sitting: Je garde le petit Gabriel Bouchon quand ses parents sortent.

Mme Sabion: J'habite dans l'immeuble depuis quarante ans. Je trouve que le quartier est agréable et animé avec le parc André Citroën, la rue Saint-Charles et ses magasins. Et en plus, nous avons un supermarché tout près. Je vais avoir soixante-douze ans, alors vous comprenez, je suis vite fatiguée et je ne sors pas beaucoup. L'après-midi, je dors un peu, et à quatre heures, mon petit David arrive …

M. Duparc: Nous, on vient de Normandie. On habite ici pendant la semaine, parce qu'on travaille à Paris, mais le vendredi soir, on repart à Caen.
Mme Duparc: Il faut dire qu'on préfère la Normandie et ici, la nature nous manque beaucoup. Pour nous, Paris, c'est seulement «métro-boulot-dodo»!

Mme Bouchon: Gabriel, notre garçon, a trois ans. Il va au lit à huit heures, mais il dort très mal, surtout quand Frédéric Le Gall et ses copains font un bruit d'enfer dans la cave. Comme lundi, par exemple, jusqu'à dix heures et demie!

Gunilla: J'habite ici pour six mois seulement. Je viens de Stockholm et je fais un stage à «Canal Plus», la chaîne de télévision. J'adore Paris, surtout le Quartier Latin – c'est chouette pour les jeunes. Il y a des jolis magasins de mode, des cinémas, des bons petits restaurants et des cafés branchés.

Mme Le Gall: Pour mon métier – je suis architecte – Paris est une ville formidable. J'ai toujours des projets intéressants. J'ai un grand bureau dans l'appartement, mais quand je travaille, je déteste le bruit. Alors quand mon fils fait de la musique avec son groupe, il va dans la cave.
Le soir, je sors souvent avec des amis: nous allons au restaurant, au cinéma ou au théâtre. Et de temps en temps, Frédéric et moi, nous partons en week-end près de Tours. Mes parents tiennent un petit hôtel à La Membrolle.

David: J'habite ici avec mon papa et ma maman. Quand je reviens de l'école, je vais chez mamie Sabion … Ce n'est pas ma vraie mamie parce que ma vraie mamie, elle habite à Orléans. Mais Mme Sabion, je l'aime bien. Elle me fait toujours des bonnes tartines et moi, je lui raconte des histoires …

Lucie: Alors, moi, l'école, les parents, la famille, non merci! Avec mes parents, c'est la catastrophe, surtout avec ma mère. Elle me dit toujours: «Tu sors encore! Ne rentre pas trop tard! Range ta chambre, ce n'est pas un hôtel, ici!» Quand mes parents reviennent du boulot, moi je pars chez mes copains. Mais on ne reste pas dans le quartier: Balard, c'est nul!

ACTIVITÉS

1 A propos du texte (§ 27)

a ▶ Complétez le tableau. (Vervollständigt die Tabelle.)

	âge	famille	métier/activité(s)	problème(s)
Michel Agba	18 à 25 ans	Il vient du Togo.	Il fait des études de physique. Il fait du baby-sitting.	Son loyer est cher.

b *A vous* ▶ Comment est-ce que vous trouvez les gens du 10, rue des Cévennes? Pour répondre, utilisez les adjectifs

agréable, formidable, chouette, sympa, génial, intéressant, nul, super

> Attention à l'accord.
> (Achtet auf die Angleichung.)

Exemple: Mme Sabion, je la trouve sympa, parce que …
Des mots vous manquent? Alors demandez à votre professeur!

c ▶ Inventez un dialogue entre deux personnes de l'immeuble. (Erfindet einen Dialog zwischen zwei Hausbewohnern.) ▽

2 Des situations (§ 26)

a ▶ Complétez. **sortir / dormir / partir**

❶ 7 heures. Les parents ~ de la maison. — Au revoir, les enfants. Nous ~!
❷ Vous ~ en week-end? — Eh oui, Frédéric et moi, on ~ à La Membrolle.
❸ 7 heures 30. Lucie ~ encore. — Tu ~ encore, Lucie? ~ de ton lit, il est tard!
❹ Tu ~ le chien, Sophie? — Euh, je n'ai pas le temps. Je ~ avec Jérémy, aujourd'hui. Et je ~ dans 10 minutes.

b ▶ *A vous* Travaillez à deux. Posez des questions sur votre emploi du temps. ▽
Utilisez les verbes *dormir/sortir/partir*.

Exemples:
– Est-ce que tu dors encore à sept heures/à huit heures/…?
– A quelle heure est-ce que tu sors de ton lit pendant la semaine/le dimanche/… ?
– A quelle heure est-ce que tu pars de la maison quand tu as cours?
– Est-ce que tu sors le soir?

3 Discussions dans l'immeuble (§ 25)

▶ Complétez les phrases avec des pronoms objets.

1. *Frédéric:* Est-ce que tu téléphones souvent à tes parents, Michel?
   Michel Agba: Oui, je ~ téléphone de temps en temps, et ma mère ~ écrit souvent. Dans ses lettres, elle ~ parle toujours de la famille. Dans trois mois, ma sœur va venir en France et je vais ~ montrer Paris.

2. *Mme Bouchon:* Bonjour, madame. Vous avez une minute? Je vais ~ dire quelque chose: Quand Frédéric et ses copains font de la musique dans la cave, le soir, nous ~ entendons. Et notre petit Gabriel ne dort pas. Pour nous, c'est un problème.
   Mme Le Gall: Je ~ comprends, bien sûr. Ecoutez, on va chercher une solution. Quand les jeunes vont venir à la maison, je vais ~ parler.

3. *Lucie:* Ma mère ne ~ comprend pas. Quand je ~ explique mes problèmes, elle ne ~ écoute pas.
   Gunilla: Moi, je ~ trouve sympa, ta mère. Ton père aussi, il est sympa. Quand je ~ rencontre, il ~ dit toujours bonjour.

4 C'est un livre intéressant. (§ 27)

a ▶ Faites des dialogues.

> **Attention à la forme et à la place de l'adjectif.**
> (Achtet auf die Form und die Stellung des Adjektivs!)

Exemples:
– Comment est-ce que tu trouves le quartier Montmartre?
– C'est un **joli** quartier.
– Comment est-ce que tu trouves les histoires d'Olivier?
– Ce sont des histoires **intéressantes.**

une BD	un hôtel	un copain	une danse	une fille
une histoire	une maison	un restaurant	un chien	un garçon
un livre	un café	un magasin	un journal	un groupe
un film	une rue	une vidéo	un quartier	un/une prof
				nul
bon	cher	sympa	branché	formidable
petit	grand	agréable	animé	difficile
joli	vrai	intéressant	fatigué	différent

b ▶ Maintenant, utilisez le pluriel.
Exemple: – Comment est-ce que … les histoires?
– … des histoires **intéressantes**.

5 Faites des rimes. (§ 28) ▶ Complétez.

1. *Mamie:* Qu'est-ce que tu ~, Sophie? | dire
   Sophie: Je ~ que je ~ au lit, mamie. | dire, lire
2. *Martin:* Quand est-ce qu'il ~, Julien? | venir
   Alain: Il ~ demain. ~! Voilà son chien. | venir, tenir
3. *Aurélie:* Ah bon? Nous ~ avec les garçons? | sortir
   Carole: Ah non! Nous ~ nos leçons! | apprendre
4. *Etienne:* Est-ce que tes parents ~ dans une semaine? | venir
   Luc: Oui, ils m'~ qu'ils arrivent avec mon frère Yves. | écrire

TEXTE

«AVALANCHE»

Après une grande discussion avec les gens de l'immeuble, Frédéric et ses copains ne peuvent plus faire de musique dans «leur» cave ... Pour le groupe «Avalanche», c'est une catastrophe: Les musiciens veulent donner un concert pour la fête du collège et ils ont besoin d'une salle pour les répétitions!

Bon, il faut réagir!

Et vite! Notre concert est dans quatre semaines: Où est-ce que nous allons faire les répétitions?

On leur propose alors ... ... une petite pièce ... dans une cave ...

Oui, c'est pas mal, mais ça coûte combien?

100 € par mois, plus l'électricité!

Oh là là, c'est trop cher pour nous.

Je suis de ton avis!

Deux jours après, dans les petites annonces ...

Groupe de jeunes musiciens cherche cave ou garage pour répétitions. Quartier Balard. Tél: 01.45.16.08.08

... une grande salle dans une ancienne usine ...

C'est chouette, mais sans électricité, on ne peut pas jouer.

Tu as raison!

... et un «joli petit garage».

Merci, madame ... On va réfléchir.

Il y a toujours un problème: c'est trop petit, trop cher ou bien il n'y a pas d'électricité. Les cinq amis finissent par comprendre qu'ils ne vont plus pouvoir jouer ...

TEXTE

ACTIVITÉS

1 A propos du texte

Frédéric et son groupe cherchent une salle ...

a ▶ Résumez l'histoire.

　　Exemples:　Images 1 et 2　→　Le groupe «Avalanche» ne peut plus jouer dans sa cave.
　　　　　　　　Images 3 et 4　→　Comment trouver une salle de répétition?
　　　　　　　　　　　　　　　　　　　Avec une annonce, bien sûr!
　　　　　　　etc.

b *A vous* ▶ Qu'est-ce que vous pensez de la solution?

2 ✎ *La planète sans voyelles* (§ 26)
(Der Planet ohne Vokale)

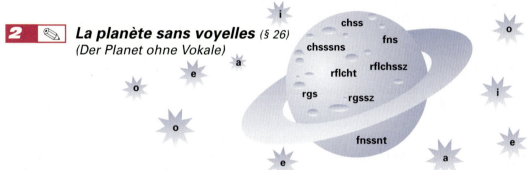

a ▶ Trouvez les verbes de la planète et ajoutez les pronoms sujets.

b ▶ Faites une autre planète avec les verbes *être, avoir, aimer, aller, écouter, écrire*. ▽

3 Claire discute avec Mme Renaud. (§ 29)

▶ Complétez.   **pouvoir / vouloir**

1. *Mme Renaud:* Claire, qu'est-ce que tu ~ faire plus tard?
Claire: Je ~ être journaliste!
Mme Renaud: Et ta copine? Qu'est-ce qu'elle ~ faire?
Claire: Aurélie? Elle ~ faire du cinéma.
Mme Renaud: Et Frédéric et ses copains?
Claire: Ils ~ faire de la musique! Dans un groupe!
Mme Renaud: C'est bien. Mais, il faut beaucoup travailler quand on ~ donner des concerts!

2. *Mme Renaud:* Tiens, bonjour Claire! Dis, tu ~ passer l'aspirateur chez moi, demain?
Claire: Non, je ne ~ pas. Demain, je sors avec des copains.
Mme Renaud: Et Aurélie? Elle ~ ?
Claire: Aurélie? Non, je pense qu'elle ~ aller au cinéma.
Mme Renaud: Et dans votre groupe, qui ~ venir?
Claire: Euh ... Demain, Frédéric et ses copains ne ~ pas ...
Mme Renaud: Ah bon! Ils ne ~ pas ou ils ne ~ pas?
Claire: Eh bien ... Ils ~ , mais samedi soir, ils ont leur premier concert. C'est le problème.
　　Mais mercredi après-midi, nous ~ venir, si vous ~ .
Mme Renaud: D'accord! Et bonne chance pour le premier concert!

B ACTIVITÉS

4 Comment est-ce que tu réagis? (§ 30)

▶ Complétez si nécessaire (falls notwendig).

1 Tes copains proposent ~ aller au cinéma.
   a) Tu préfères ~ aller dans une discothèque et tu demandes à tes copains ~ venir avec toi. (1)
   b) Tu préfères ~ regarder le film à la télé. Mais tu adores ~ sortir avec tes copains. Alors tu vas quand même au cinéma. (3)
   c) Tu dis à tes copains qu'ils peuvent ~ aller au cinéma, mais sans toi. Tu leur expliques que tu n'as pas envie ~ sortir aujourd'hui. (2)

2 Un copain de ta classe ne comprend pas le texte de la leçon.
   a) Tu lui dis: «Ce n'est pas un problème: j'adore ~ expliquer les textes aux copains.» (3)
   b) Tu penses: «Il n'a pas de chance! Mais il faut ~ dire que le texte est difficile.» (2)
   c) Tu lui dis: «Quand on veut ~ comprendre, il faut ~ travailler!» (1)

3 A la télé, il y a un film de science-fiction, mais tes parents veulent ~ regarder une vidéo sur Gérard Depardieu.
   a) Tu leur dis: «Vous pouvez ~ regarder votre vidéo plus tard, non?» (1)
   b) Tu penses: «J'ai de la chance ~ avoir des parents branchés», et tu regardes la vidéo avec tes parents. (3)
   c) Tu leur dis: «D'accord, vous pouvez ~ regarder votre vidéo. Je vais ~ regarder mon film chez un copain.» (2)

4 Pendant les vacances, tu n'as pas de chambre pour toi et tu dors dans une pièce avec quelqu'un de ta famille (ta sœur/ton frère/ton cousin/…).
   a) Tu penses: «Pour les vacances, ça va. On peut ~ rester dans la même pièce.» (2)
   b) Tu penses: «C'est super. J'adore ~ être avec ma sœur/mon frère/mon cousin/…» (3)
   c) Tu demandes à ta sœur/à ton frère/à ton cousin/à … ~ ne pas faire de bruit dans la chambre. (1)

▶ Maintenant, lisez vos résultats.

1 – 4	Attention: Dans ta tête, c'est toujours «moi d'abord». Si tu veux avoir des vrais amis, il faut aussi penser aux autres. Réfléchis un peu …
5 – 8	Quand il y a un problème, avec toi on trouve toujours une solution: c'est formidable!
9 – 12	Bravo! Tu es vraiment sympa avec tes copains/ta famille. Mais … pense aussi à toi de temps en temps!

5 ✎ D'accord, pas d'accord.

a ▶ Sucht aus den Lektionstexten A und B die Ausdrücke heraus, die man benutzt um seine Meinung zu äußern. Erstellt einen „On dit-Kasten".

b *A vous* ▶ Travaillez à deux. Posez des questions et discutez.
   Exemple: – Qu'est-ce que tu penses de …
   – A mon avis …
   Pour répondre, utilisez les mots ou les phrases de *a*.

6 Jeu de sons

Vorsicht mit dem französischen «r». Auf deutsch heiße ich [ma:kus], auf französisch aber [mark].

▶ Jouez la scène et faites attention aux «r».

Aujourd'hui, mercredi quatorze mars, c'est l'anniversaire de Pierre.

Son père: Alors, Pierre, tu dors encore? Ta sœur prépare le petit déjeuner avec ta mère.
Pierre: Ah? Mais il est quelle heure?
Son père: Il est neuf heures et quart.
Pierre: Oh, merci, c'est super, j'arrive. Mais d'abord, je vais sortir.
Son père: Ah bon! Et pourquoi?
Pierre: Parce que je vais chercher le journal: il y a un article sur le quartier Balard et sur le groupe de Frédéric!

grand, sympa, vide, intéressant, formidable, bon

7 Anne raconte …

Attention à la place des adjectifs.

▶ Complétez les phrases.

Salut! Je (s'appeler) Anne! La musique (tenir) une très ~ place ~ dans ma vie. Quand j' (acheter) des CD, je (choisir) surtout des CD de hard rock ou de funk. Quand un CD (sortir), je (aller) tout de suite dans un ~ magasin ~ de disques. Mais, j'ai de la chance, j'ai des ~ parents ~ . Ils (ne pas réagir) trop mal quand ils entendent ma musique. Ils (avoir) une ~ pièce ~ dans leur cave. Alors, je (pouvoir) écouter des CD quand je (vouloir). Maintenant, vous (comprendre) pourquoi les copines (venir) souvent chez moi! Ensemble, nous (choisir) des ~ disques ~ et nous (finir) toujours par faire notre hit-parade. Encore quelque chose: Quand mes copines (partir), elles me (dire) toujours «Tu as des ~ parents ~.»

Lerntechniken · Wortschatzerwerb (II)

Einige Regeln können das Lernen und Behalten von Vokabeln erleichtern:

① Lernen in Gegensatzpaaren
z.B.: *entrer ↔ sortir, adorer ↔ détester, grand ↔ petit, faux ↔ vrai,* etc.

▶ Arbeitet in Gruppen und erstellt eine Liste mit Gegensatzpaaren zu den Wortarten Verben, Adjektive, Nomen und Präpositionen.

▶ In einem zweiten Schritt bildet Gegensatzpaare zu einem bestimmten Thema, z. B. Zeitangaben:
le matin ↔ le soir, l'été ↔ l'hiver, à midi ↔ à minuit

② Lernen in Wortfamilien
z. B.: *la musique → le musicien*
rentrer → la rentrée

▶ Versucht mit Hilfe dieser Technik die Bedeutung folgender Wörter zu raten:
le joueur, sportif, la sortie, le boulanger, la maladie, la proposition, polluer, la différence, l'explication.

soixante et un

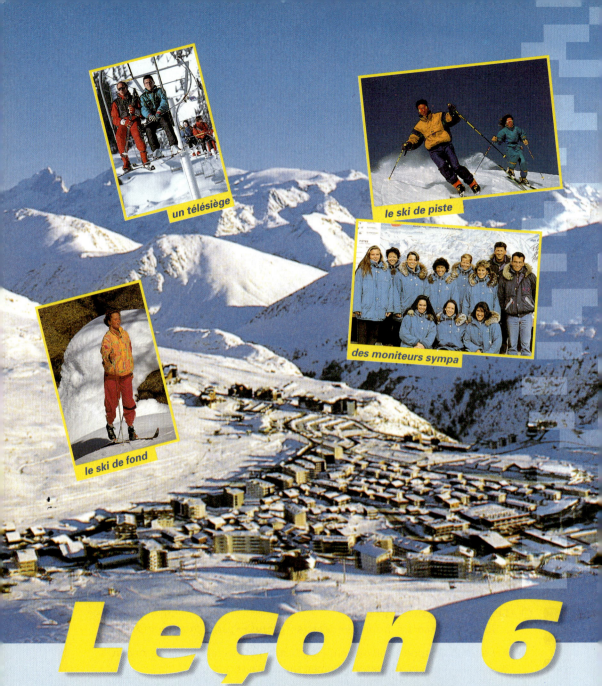

un télésiège

le ski de piste

des moniteurs sympa

le ski de fond

Leçon 6

L'Alpe d'Huez: une station de ski

un petit village

APPROCHE

Après les vacances d'hiver (§ 31)

Dans les couloirs du collège, les élèves parlent de leurs vacances. Florence et Aurélie racontent:

Aurélie: On **a passé** des vacances formidables à la montagne!
Florence: Oui, mes parents **ont trouvé** un gîte super à Ornon. C'est dans les Alpes, tout près de l'Alpe d'Huez, et comme Christine, ma sœur, a préféré rester chez mamie, on **a invité** Aurélie.
Aurélie: On **a rencontré** Gilles, un mec génial et un jour, nous **avons** même **fait** du ski à l'Alpe d'Huez avec lui.
Florence: Gilles **a expliqué** à Aurélie comment on fait une descente en ski! Et puis …
Aurélie: Ah non, tu n'as pas besoin de raconter ça …

Mais ça sonne. C'est déjà la fin de la récré …

a ▶ Schaut euch die Formen *on a passé, ils ont trouvé,* etc. an. Sie sind Beispiele für eine Zeitform: das „passé composé". Sie wird benutzt, um aufeinander folgende Handlungen, die sich in der Vergangenheit abgespielt haben, zu schildern. Wie wird das „passé composé" gebildet?

b ▶ Racontez au passé composé:
Olivier (passer) ses vacances à Paris. Le premier week-end, il (rencontrer) des copains et il (jouer) au foot. De lundi à jeudi, il (aider) dans la boulangerie de ses parents. Et à la fin des vacances, le vendredi, il (faire) ses devoirs. Il (travailler) sur Internet au cybercafé du Centre Pompidou. Il (chercher) des informations sur la Martinique pour l'interro de géo.

c ▶ Regardez les photos de la station.
Trouvez les mots allemands pour : la station de ski, la piste, le ski de piste, le ski de fond, le télésiège, le moniteur de ski, la neige.

soixante-trois 63

TEXTE

Le premier soir à Ornon

Le premier soir, les Drouet vont prendre l'apéritif chez M. Tisserand, le propriétaire du gîte. Les Tisserand tiennent le gîte depuis un an. Ils habitent tout près.

M. Tisserand: Est-ce que vous avez fait un bon voyage?

M. Drouet: Oui, merci. On a pris l'autoroute jusqu'à Grenoble …

Mme Drouet: … et on n'a pas eu de neige.

Florence: Vous avez de la chance d'habiter ici. Ce n'est pas comme à Paris, avec le bruit et la pollution!

M. Tisserand: Oui, c'est vrai. Ici, nous avons l'air pur, le calme et la nature, mais vous savez, ce n'est pas toujours facile. Nous devons faire dix kilomètres en voiture pour faire les courses et c'est difficile de trouver un travail ici.

François: Et vous, qu'est-ce que vous avez trouvé comme travail, ici?

M. Tisserand: Quand nous avons acheté notre maison à Ornon, ma femme a d'abord travaillé dans le petit café de la station, mais seulement l'hiver. Moi, j'ai voulu faire des meubles: des tables, des armoires, mais ça n'a pas bien marché. Alors, l'année dernière, nous avons réfléchi et nous avons décidé d'acheter la ferme derrière notre maison. Et nous avons ouvert un gîte! Les premiers mois, ça n'a pas été facile, mais maintenant ça marche bien. Tiens, voilà mon fils, Gilles. Il est au lycée à Grenoble et il revient le week-end. Bonjour, Gilles. Tu as passé une bonne semaine?

Gilles: Oui, ça va.

Aurélie: Tu fais tes études à Grenoble? C'est loin?

Gilles: Je dois aller à Grenoble parce qu'il n'y a pas de lycée à Bourg d'Oisans! Et je passe le bac en juin.

Florence: Ah oui? Qu'est-ce que tu prépares, comme bac?

Gilles: J'ai choisi le «bac S», mais je veux être moniteur de ski. Après le bac, je vais revenir ici, parce que j'aime beaucoup la montagne.

Florence: Mais c'est super! Euh … Aurélie et moi, on a besoin d'un moniteur de ski. Tu n'as pas envie de nous donner un cours?

Gilles: Demain, je ne peux pas. Je suis désolé. Mais dimanche, je veux faire les pistes noires à l'Alpe d'Huez. Avant, je peux vous montrer comment on fait une descente. Vous voulez venir avec moi?

François: Eh bien, tu vois, Florence, tu as trouvé un moniteur pas cher! Tu n'as pas honte?

Gilles: Mais non! Elle a raison! Donner des cours, c'est un plaisir pour moi.

ACTIVITÉS

1 A propos du texte

Le premier soir, Aurélie téléphone à ses parents. Qu'est-ce qu'elle leur raconte?
▶ Mettez les phrases dans le bon ordre. (Bringt die Sätze in die richtige Reihenfolge.)

– On a fait un bon voyage.
  Dimanche, il va nous donner un cours de ski à l'Alpe d'Huez.
– Son fils Gilles est très sympa.
– On a déjà rencontré M. Tisserand, le propriétaire du gîte.

– Pendant la semaine, il est au lycée à Grenoble. Il veut être moniteur de ski.
– C'est moi, Aurélie.
– Il fait des meubles. Il a ouvert le gîte l'année dernière.
– Ça va être chouette!

2 La semaine de Gilles (§ 31, 32)

Pendant la semaine, Gilles habite dans un foyer à Grenoble.

▶ Racontez. Utilisez le passé composé.

– faire …
– regarder …

– préparer interrogation … jusqu'à

– ne pas travailler
– avoir la visite/ mes amis

– jouer
– mes parents/ faire une surprise

– ranger
– préparer mon sac

3 Le ski hors piste (§§ 31, 32, 33)

a ▶ Mettez les verbes au présent **ou** au passé composé. (Setzt die Verben …)

Un moniteur de ski de l'Alpe d'Huez raconte: «L'année dernière, on a (avoir) des problèmes avec les skieurs à l'Alpe d'Huez. Des jeunes (faire) du ski hors piste et il y (avoir) une avalanche. Après la catastrophe, on (discuter) à la station; et on (trouver) une solution: Maintenant, on (surveiller) les pistes parce que les touristes (ne pas faire attention). Des jeunes de l'Alpe d'Huez (préparer) un texte. Dans leur texte, ils (donner) des informations aux skieurs.»

c ▶ Traduisez les verbes *faire du ski, faire attention, faire des descentes*.

b ▶ Complétez avec les formes de *devoir*:

❄ **Attention aux avalanches!**

1. Amis skieurs, nous ~ vous informer sur les problèmes de la montagne!
2. Vous ~ lire les informations de la station avant de monter sur les pistes.
3. Les skieurs ~ toujours rester sur les pistes.
4. Faites attention: On ne ~ pas faire des descentes trop difficiles.
5. Vous avez un problème? Alors, vous ~ tout de suite prévenir quelqu'un.

Passez des bonnes vacances à l'Alpe d'Huez!

A ACTIVITÉS

4 Savoir n'est pas pouvoir. (§§ 29, 33)

a ▶ Erstellt eine nach Personen gegliederte Tabelle (1., 2., 3. Person, Singular und Plural) der im A-Text vorkommenden Formen von *savoir, pouvoir* und *devoir*. Füllt dann die noch frei gebliebenen Felder mit Hilfe des Grammatischen Beiheftes aus.

b ▶ Lisez le texte et expliquez la différence entre *savoir* et *pouvoir*.

Armelle, la sœur de Gilles, **sait** très bien faire du ski. Mais elle ne **peut** pas skier parce qu'elle a un pied dans le plâtre. Elle doit rester à la maison, elle ne **peut** pas aller à l'Alpe d'Huez.

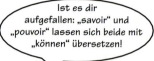

Ist es dir aufgefallen: „savoir" und „pouvoir" lassen sich beide mit „können" übersetzen!

c ▶ Complétez. Utilisez *savoir, pouvoir* ou *devoir*.

Aurélie: Et toi, Armelle, tu ~ faire du ski?
Armelle: Oui, mais avec mon pied, je ne ~ pas faire de ski. Je ~ rester à la maison pendant une semaine.
Florence: Mais on ~ faire quelque chose ce soir. Aurélie ~ très bien chanter.
Gilles: Et moi, je ~ jouer de la guitare.
Armelle: Ah non, Gilles! Pas ça! Je préfère écouter des CD.
Gilles: Oh, vous ~, ma sœur n'aime pas la guitare.
François: Je comprends. Elle n'aime pas TA GUITARE!
Florence: On ~ aussi jouer au poker!
Armelle: Bonne idée. Mais d'abord, vous ~ me montrer comment on joue, parce que je ne ~ pas jouer au poker.
Gilles: Et avec ton pied sur la table, tu ~, c'est cool.

À vous ▶ Faites des dialogues. Utilisez *savoir, pouvoir* et *devoir*. ▽

Exemple: – Est-ce que tu **peux** m'expliquer comment on joue au poker, s'il te plaît?

– Non, je suis désolé(e). Je ne **peux** pas t'expliquer: Je ne **sais** pas jouer./Je **dois** partir, maintenant.

5 Il neige trop pour skier. (§ 34)

▶ Mettez *elle, elles, lui, eux, moi, toi, nous* à la place des expressions entre crochets (anstelle der Ausdrücke in Klammern).

M. Drouet: Où sont Aurélie et Florence, François? Tu ne pars pas skier avec [Aurélie et Florence]?   *elles*

François: Non. Il neige trop. On ne peut pas skier aujourd'hui. Les filles et [François], *lui* on va aller à Grenoble. Est-ce que vous avez envie de venir avec [Aurélie, Florence et François], maman et [papa]?   *nous*

M. Drouet: Pourquoi pas! Grenoble, c'est chouette. Et ta mère, [maman], *elle* elle adore visiter des villes. Mais dis donc, votre copain Gilles est aussi à Grenoble. On va pouvoir visiter la ville avec [Gilles]!   *lui*

François: Euh … Je ne sais pas, parce que les élèves de Grenoble ne sont pas en vacances, [les élèves de Grenoble].   *eux*

TEXTE

A l'Alpe d'Huez

1 Florence, Aurélie, François et Gilles sont donc allés aujourd'hui à l'Alpe d'Huez pour faire du ski. Gilles a choisi une piste facile et il a aidé Aurélie à faire sa première descente. Après, Florence est restée avec Aurélie, et Gilles est allé faire des pistes noires avec François. Ils ont bien rigolé, surtout quand François a perdu son bonnet! Mais ils ont eu de la chance – une skieuse est arrivée tout de suite après … et elle lui a rendu le bonnet.

A midi, les quatre copains sont allés manger au restaurant d'altitude «Les Marmottes». A table, Gilles leur a expliqué pourquoi il aime skier à l'Alpe d'Huez:
«Pour faire du ski, ici, c'est le pied : il y a 220 kilomètres de pistes. Vous avez vu, on n'a même pas attendu une fois aux télésièges … Et puis, on peut manger à 2300 m d'altitude, devant «le Pic Blanc». La spécialité du resto, c'est le croque-monsieur.»

2 Après la pause, Florence a voulu aller sur une piste rouge avec Gilles. Aurélie et François sont restés ensemble sur des pistes faciles. Les quatre jeunes ont rendez-vous à quatre heures au café «Rocher Soleil», dans le village.

A quatre heures et quart, Florence et Gilles sont au café, mais François et Aurélie ne sont pas encore arrivés. Florence et Gilles décident alors de les attendre. Gilles a invité Florence à prendre une tasse de chocolat chaud. «Moi aussi, je voudrais un chocolat chaud, s'il vous plaît» demande un jeune – il a un petit accent. Il raconte qu'il vient de Salzbourg et qu'avec le brouillard, il a dû faire sa dernière descente à 15 h 30. Quand elle entend ça, Florence commence à avoir peur pour Aurélie et François … A cinq heures et demie, ils entrent enfin dans le café.

3 *Florence:* Aurélie, François! Mais qu'est-ce que vous avez fait? On vous attend depuis une heure et demie!
Aurélie: Vite, une chaise! Je suis crevée, j'ai mal aux pieds, à la tête … partout … et j'ai froid, aussi!
Gilles: S'il vous plaît, … encore deux chocolats chauds!
Aurélie: Vous ne pouvez pas savoir comme on a eu peur! On est allés sur une piste noire sans le savoir.
Gilles: Une piste noire? Mais c'est beaucoup trop difficile pour toi, Aurélie!
Aurélie: Oui, on a vite compris …
Florence: Mais vous êtes partis sans regarder les panneaux?
François: La bonne blague! Avec le brouillard, tu ne vois même pas tes skis …
Aurélie: … et moi, je suis tombée trente-six fois et j'ai perdu un ski …
François: … et en plus, il a commencé à neiger, alors je n'ai pas trouvé la piste bleue.
Aurélie: J'ai appelé …, mais je n'ai plus vu de skieurs. J'ai pensé: «une nuit dans la neige, c'est l'horreur!» Mais tout à coup, deux pisteurs de la station sont arrivés. Ils ont fait la descente avec nous et nous sommes enfin rentrés à la station …
François: On a eu de la chance!
Florence: De la chance? A cinq heures, Gilles est allé prévenir les pisteurs! C'est ça votre chance!

B ACTIVITÉS

1 A propos du texte (§§ 31, 32, 35, 36)

Aurélie écrit à ses parents. ▶ Mettez les verbes au passé composé.

Ornon, le 8 février

Chère maman, cher papa,

La neige, c'est génial! Ornon, c'est vraiment une petite station de ski. Nous (arriver) au gîte samedi à 6 heures, et les propriétaires sont très sympa. Aujourd'hui, je (faire) ma première descente! Gilles, le fils du propriétaire, est moniteur de ski. Il (venir) avec moi. Après, il (partir) avec François. Florence et moi, nous (rester) sur la piste bleue. Après la pause de midi, je (rester) avec François et on (prendre) la piste noire. Oh la catastrophe! Tout à coup, il (commencer) à neiger et on ne plus (trouver) la piste. Mais, Gilles et Florence (attendre) dans un café de la station. Après une heure, Gilles (prévenir) les pisteurs. Enfin, ils (arriver). Ouf! Je peux vous dire que je ne vais plus prendre la piste noire!!! Demain, on va rester à Ornon et faire du ski de fond. Voilà pour aujourd'hui.
Je pense bien à vous.

Grosses bises et à bientôt

Aurélie

2 Jouons avec les verbes. (§§ 31, 32, 35)

Spielanleitung:
Spielt zu zweit.
Würfelt abwechselnd, bis jede(r) Schüler(in) 6 Mal gewürfelt hat. Die Zahl des Würfels bestimmt dabei das Personalpronomen.
Überlegt euch genau, welche Verben das *passé composé* mit *avoir* und welche mit *être* bilden. Jede(r) schreibt die konjugierte *passé composé*-Form des Verbes, auf das er/sie kommt, ins Heft.
Am Ende überprüft ihr selbständig eure Lösungen mit Hilfe der Liste der Verben, die das *passé composé* mit *être* bilden (Seite 167).
Gewonnen hat, wer die meisten richtigen Verbformen im Heft stehen hat.

3 Les vacances de février des copains et des copines (§§ 31, 32, 35, 36)

a ▶ Racontez. Utilisez le passé composé.

1. Carole/amies/aller/à Marseille//manger croque-monsieur dans un café//Après une semaine/rentrer/à Paris.
2. Damien et Alice/ne pas partir en vacances//rester à Paris//aller visiter le château de Versailles.
3. Marc/travailler/magasin de livres//argent/acheter des CD//Mercredi soir/sortir avec Olivier et Chrystelle.
4. Frédéric et Luc/rester à Paris//vouloir/faire de la musique//ne pas pouvoir trouver/ clé du garage.

b ▶ Ecris une lettre à ta/ton corres. Dans la lettre, tu racontes comment tu as passé tes vacances.

4 Chez le médecin*

a ▶ Regardez les dessins (die Zeichnungen) et traduisez en allemand.

b ▶ Ecrivez le dialogue dans le bon ordre et complétez les phrases:

- Depuis deux jours.
- Bonjour. Où est-ce que tu as mal?
- Merci, au revoir, docteur.
- Depuis quand est-ce que tu …
- Bonjour, docteur.
- J'ai mal … j'ai …
- D'accord.
- Tiens, voilà ton ordonnance et maintenant tu vas aller acheter …
- Tu as la grippe. Il faut prendre …

c ▶ Ecrivez un autre dialogue et jouez la scène. ▽

5 Le Tour de France (§ 37)

a ▶ Regardez la liste et cherchez les Français.

Le *premier* Français est arrivé *huitième*.
Le *deuxième* Français est arrivé *douzième*.
Le *troisième* …

b ▶ Continuez.

15ᵉ ETAPE Villard de Lans – Serre Chevalier: 203 km Lundi 4 juillet
1. Tony Rominger (SUI); 2. Alvaro Mejia (COL); 3. Miguel Indurain (ESP); 5. Zenon Jaskula (POL); Erik Breukink (HOL); 7. Oliviero Rincon (COL); 8. Richard Virenque (FRA); 9. Roberto Conti (ITA); 10. Javier Mauleon (ESP); 11. Antonio Martin (ESP); 12. Charles Mottet (FRA); 13. Pedro Delgado (ESP); 14. Thierry Claveyrolat (FRA); 15. Laudenio Cubino (ESP); 16. Thierry Bourguignon (FRA); 17. Miguel Ange Martinez (ESP); 18. Alex Zülle (SUI); 19. Bjarne Riis (DAN); 20 Laurent Fignon (FRA); 21. Gianni Bugno (ITA);

*Die unbekannten Vokabeln dieser Übung werden in den folgenden Lektionen nicht vorausgesetzt.

TEXTE

Choisissez votre style ...

Dans les Alpes, à 50 kilomètres de Grenoble, dans le Massif de l'Oisans, vous pouvez faire du ski dans deux stations très différentes: l'Alpe d'Huez et Ornon. Tout le monde sait où est l'Alpe d'Huez. Avec ses hôtels, ses cafés, ses discothèques, ses magasins de mode, ses cinémas, c'est une grande station moderne et branchée. A seulement 15 kilomètres de là, il y a le village d'Ornon, avec son petit hôtel calme, ses fermes anciennes, l'air pur et 40 km de pistes pour le ski de fond.

Choisir sa station, c'est choisir son style. Pour vous aider à choisir entre les deux stations, Isabelle Maille et Thierry Berger les ont visitées pour vous. Quatre personnes leur ont donné leur avis.

L'Alpe d'Huez

L'Alpe d'Huez: une station à la mode

Mme Mazel travaille à l'office de tourisme.
Ici, on fait du ski à 3000 m d'altitude. La neige est toujours au rendez-vous, même l'été. En plus, on a 385 canons à neige quand la saison n'est pas bonne. Les gens viennent à l'Alpe d'Huez pour le ski, mais aussi pour les activités après le ski! Et il faut dire que nous proposons mille activités aux touristes. La piscine et la patinoire sont ouvertes jusqu'à 21 heures, et dans les discothèques, on fait la fête jusqu'à 2 heures du matin. Bien sûr, ça coûte cher, mais vous êtes dans la station du plaisir. La semaine dernière, les vacances ont commencé à Paris, alors on a eu surtout des Parisiens. Nous les avons reçus avec plaisir. Nous recevons tout le monde avec plaisir!

Julien, 19 ans, étudiant
Moi, j'adore l'Alpe d'Huez, parce que c'est une station branchée. Pour faire les 108 pistes de ski, il faut peut-être une semaine ou deux. Et le soir, le sport continue sur les pistes des discothèques. Je sais, les écologistes n'aiment pas l'Alpe d'Huez. Eux, ils disent que les touristes et les grands immeubles abîment la montagne, que les animaux sont partis et que les canons à neige font de la pollution. Pour moi, ce n'est pas un problème, parce que les touristes aiment venir à la montagne et, en plus, avec les touristes, le travail ne manque pas pour les gens de l'Alpe d'Huez.

L'Alpe d'Huez
Touristes par an 200 000
Ski 108 pistes, 220 km
Altitude 1500 m à 3300 m
Activités ski de piste/ski de fond/patinoire/piscine
Hébergement 40 hôtels/2 gîtes/49 appartements/15 000 lits

Ornon: une station dans la nature

Eric Gauthier est moniteur de ski à Ornon.
A Ornon, nous recevons surtout des groupes et des familles. Ils viennent passer des vacances calmes, pour un week-end ou pour une semaine. Les gens aiment venir à Ornon parce que c'est une petite station. Ici, on n'a pas encore abîmé la nature. Bien sûr, il n'y a pas de piscine, pas de patinoire, pas de cinéma. Il y a seulement un petit village savoyard, la montagne, la neige, l'air pur.

Ornon
Touristes par an	2 000
Ski	5 pistes, 15 km
Altitude	1300 m à 2000 m
Activités	ski de piste/ ski de fond
Hébergement	1 hôtel/10 gîtes/ 250 lits

... ou Ornon?

Sandrine, 18 ans
Elle vient en vacances à Ornon avec sa famille.
Nous, on vient à Ornon depuis sept ans. On habite toujours dans le gîte des Meunier. Ornon n'est pas très cher, alors le soir, on va souvent manger une fondue savoyarde dans le petit restaurant du village. Ici, c'est très sympa. On dit bonjour aux gens dans la rue. Quand on va dans la montagne, on voit souvent des animaux.
Moi, je n'aime pas beaucoup les grandes stations: le monde, le bruit et la pollution, ce n'est pas pour moi, c'est comme à Paris! Ici, ce sont les vraies vacances.

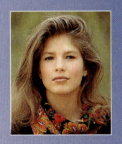

ACTIVITÉS

1 A propos du texte

a ▶ Relisez les textes B et C. Puis faites une liste avec les avantages (Vorteile) et les inconvénients (Nachteile) des deux stations.

b ▶ Discutez en classe: Qu'est-ce que vous préférez comme station? Ornon ou l'Alpe d'Huez? Dites pourquoi.

c ▶ La vie à la montagne. Discutez le pour et le contre (… das Für und Wider). ▽

2 Le resto «Chez Lulu» (§§ 31, 35, 36, 38)

Attention à l'accord des pronoms!

▶ Ecrivez le poème (das Gedicht) au passé composé.

La fille de mes rêves

Je l'ai vue dans le resto
Je (lui) (apporter) sa pizza
Puis elle (me) (appeler)
Mais elle (ne pas (me) regarder)
Elle (me) (demander) une salade
Je (la) (poser) sur la table sans la regarder
A onze heures je (apprendre) son nom
    Fleur
Elle (rester) jusqu'à minuit
Mais elle (ne pas (me) regarder)
Et puis son copain (venir)
Je (les) (voir) ensemble
Alors, je (rentrer) à la maison
Et je (la) (garder) dans mes rêves
Mais je (ne pas revenir)
Au resto «Chez Lulu»

Le garçon de mes rêves

Je l'ai vu dans le resto
Il (me) (apporter) ma pizza
Puis je (le) (appeler)
Mais il (ne pas (me) regarder)
Je (lui) (demander) une salade
Il (la) (poser) sur la table sans me regarder
A onze heures je (apprendre) son nom
    Eric
Je (rester) jusqu'à minuit
Mais il (ne pas (me) regarder)
Et puis sa copine (venir)
Je (les) (voir) ensemble
Alors, je (rentrer) à la maison
Et je (le) (garder) dans mes rêves
Mais je (ne pas revenir)
Au resto «Chez Lulu»

3 Le week-end d'après (§§ 31, 32, 35, 36, 38)

▶ Complétez au passé composé. Attention à la place des mots.

Le samedi d'après, Aurélie, Florence et François (aller) encore une fois à l'Alpe d'Huez avec Gilles. Les quatre jeunes (skier) ensemble, mais ils (ne pas faire) de piste noire! Après le ski, Aurélie et Florence (aller acheter) des cartes postales. Florence (trouver) une carte très chouette. Quand elle (lire) le texte de la carte postale «Je préfère le hors piste», elle (la prendre) tout de suite et elle (la montrer) à Aurélie. Elles bien (rigoler). Après, elles (aller) au «Café des skieurs» et elles (retrouver) Gilles et François. Le dimanche, (neiger), alors les jeunes (ne pas partir skier). Ils (aller) à la patinoire et … après cinq minutes Gilles (tomber)!!! A quatre heures, Gilles (rentrer) chez lui. Puis, il (devoir) partir pour Grenoble. Florence, François et Aurélie lui (dire) au revoir. Ils lui (donner) leur adresse à Paris. Et Gilles les (inviter) pour les vacances de Noël.

Lerntechniken

Freies Schreiben

In dieser Lektion hast du das *passé composé* kennen gelernt. Diese Zeitform ermöglicht es dir immer mehr französische Texte zu verstehen (s. Seite 132). Sie kann dir aber auch helfen, einen längeren französischen Text selbst zu schreiben, z. B. ein Gedicht oder auch einen Prosatext:

- Such dir zunächst ein Thema, das dir gefällt (z. B. *les vacances, les amis, les activités*).
- Sammle das Vokabular zum Thema in einem Wortfeld (siehe Seite 35).
- Um den Text zu strukturieren stell dir die folgenden Leitfragen: *Qui? Quand? Où? Quoi? Comment?* Die Reihenfolge von Ereignissen kannst du durch folgende Signalwörter verdeutlichen: *d'abord – puis – tout à coup – après – enfin*.
- Erzähle den Text in einer der drei Zeitstufen Gegenwart (*le présent*), Futur (*le futur composé*) oder Vergangenheit (*le passé composé*). Gehe beim Schreiben von einer Hauptzeitform aus.

▶ Schreibe einen Text von etwa 150 Wörtern über ein Thema deiner Wahl.

4 Jeu de sons

▶ Lisez les phrases. Attention aux lettres soulignées (auf die unterstrichenen Buchstaben)!

C'est l'anni*v*ersaire du *f*rère de Philippe. Il n'y a pas d'apéritif, mais *F*rédéric et *F*lorence ont *f*ait des *f*rites.	[f]	[v]	Je *v*eux *v*oir les *v*idéos du Louvre a*v*ec Da*v*id après les *v*acances de *f*évrier.
Bonjour, m*on*sieur B*ou*ch*on*, n*ou*s m*on*tr*on*s à mon *on*cle Fr*an*ck le p*on*t d'Avign*on*.	[õ]	[ã]	Florence renc*on*tre S*an*drine à Caen pend*an*t les vac*an*ces de pr*in*temps.
Sur la ph*o*to, *O*livier p*o*rte un chapeau et prend un ch*o*colat chaud avec Fl*o*.	[o]	[ɔ]	Christ*o*phe est c*o*mme Charl*o*tte. Il ad*o*re les *o*rdinateurs et il rig*o*le *au*ssi b*eau*coup.

5 Gilles raconte. (§§ 31, 32, 33, 35, 36)

Au café, Gilles raconte à ses amis de Paris ses dernières vacances de février. ▶ Racontez.

L'année dernière/… inviter des copains

Marc/ne pas vouloir…/préférer, patinoire

Je/donner un cours André/première descente

Le soir, Jean/avoir mal à/devoir aller chez le médecin

Après, Jean, ne plus faire de ski/acheter des BD/lire à la maison

Le dernier soir/aller au resto/manger une fondue savoyarde

soixante-treize 73

Le plaisir de lire

Une nuit de février

Marc Dixier a deux métiers: il est agriculteur[1] et ouvrier[2]. Il est agriculteur au Bourgnon, un petit village de vingt maisons, à 25 kilomètres de Clermont-Ferrand. Il travaille aussi comme ouvrier chez Michelin, à Clermont-Ferrand. 5
Un soir, Marc sort de l'usine, fatigué.
Un collègue lui demande:
– Tu as vu le temps[3]? Il va neiger. Viens dormir chez moi: les routes[4] peuvent être dangereuses[5], ce soir. 10
– C'est gentil[6], merci, mais les enfants sont seuls[7]. Et puis, il y a les bêtes[8]…
– Tu travailles trop! Pourquoi est-ce que tu gardes ta ferme?
– Parce que c'est la ferme de la 15
famille, et j'aime le travail à la ferme. Merci pour ton invitation, mais je dois rentrer. Allez, à demain!
Et il commence à neiger… 20

Dans la ferme des Dixier, les enfants sont à table. Muriel et ses deux petits frères sont seuls. Leur mère est partie parce qu'elle travaille à l'hôpital de Riom, ce soir. Mais maintenant, il neige, et on entend le bruit du 25
vent[9] dans le toit[10]. Les garçons ont peur, Muriel est très inquiète[11] aussi. Leur père n'est pas rentré et il n'a pas téléphoné. 30
Elle espère[12] qu'il va rester à Clermont-Ferrand pour la nuit…

Vocabulaire: 1 **un agriculteur** [agrikyltœr] ein Landwirt 2 **un ouvrier** ein Arbeiter 3 **le temps** das Wetter 4 **une route** eine Landstraße 5 **dangereux,-se** gefährlich 6 **gentil,-le** [ʒɑ̃ti] nett 7 **seul** allein 8 **les bêtes** (f) hier: das Vieh 9 **le vent** der Wind 10 **le toit** [twa] das Dach 11 **inquiet/inquiète** [ɛ̃kjɛ] beunruhigt 12 **espérer** hoffen

Entre Riom et Le Bourgnon, sur la petite route de montagne, la circulation¹ est très difficile. La neige continue à tomber. Marc Dixier est inquiet: est-ce qu'il va pouvoir monter jusqu'à son village? Bientôt, c'est une vraie tempête² de neige. Et tout à coup, la neige bloque³ la voiture de Marc Dixier. Il commence à avoir très peur. Il pense à sa famille, à la ferme et aux vaches⁴. Le toit de l'étable⁵ n'est pas très solide⁶, et avec la neige … Mais il est obligé⁷ d'attendre dans sa voiture, et une heure passe⁸, puis deux … Il n'y a plus de vent, maintenant, la tempête est finie. Et puis le chasse-neige⁹ arrive enfin …

Marc Dixier rentre chez lui à une heure du matin. Il va tout de suite à l'étable. Mais là … Par terre, devant la porte¹⁰, il y a des tuiles¹¹ tombées du toit! Mon Dieu¹²! Il entre vite dans l'étable. Près de la porte, il trouve le petit veau¹³, mort¹⁴. Et les vaches? Il n'y a plus de vaches dans l'étable, mais il voit un grand trou¹⁵ dans le toit. Et où sont les enfants?

Il les appelle et les cherche partout.

Tout à coup, il entend Muriel:
– C'est toi, papa?
– Muriel! Où est-ce que vous êtes?
– On est chez les voisins¹⁶.
– Et où sont les vaches?
– Elles sont là aussi.
– Comment est-ce que vous avez fait?
– A minuit, j'ai entendu un bruit dans l'étable. J'ai tout de suite pensé au toit. Alors, j'ai vite appelé les voisins. Ils ont été très gentils; ils ont mis nos vaches dans leur étable. Mais le petit veau a eu peur, il est tombé. Et puis le toit de l'étable …
– Ne pleure pas¹⁷, Muriel. Le petit veau est mort, je sais. Mais tu as été formidable! Tu as sauvé¹⁸ nos bêtes! Allons vite chez les voisins, je veux leur dire merci.

Vocabulaire: 1 **la circulation** der Verkehr 2 **une tempête** ein Sturm 3 **bloquer** blockieren
4 **une vache** eine Kuh 5 **une étable** ein Stall 6 **solide** stabil 7 **obligé,e de** gezwungen zu;
8 **passer** *hier:* vergehen 9 **un chasse-neige** ein Schneepflug 10 **une porte** eine Tür
11 **une tuile** [tɥil] ein Dachziegel 12 **mon Dieu!** mein Gott! 13 **un veau** [vo] ein Kalb 14 **mort,e** tot
15 **un trou** ein Loch 16 **un voisin** ein Nachbar 17 **Ne pleure pas.** Weine nicht 18 **sauver** retten

Leçon 7

La vieille Bourse à Lille

APPROCHE

Le championnat junior de judo ...

Le week-end prochain, le club de judo de Frédéric participe à un championnat junior à Lille. Le journal «Judo» présente les équipes.

LA BELGIQUE
⊛ Louvain

Les Belges ont déjà gagné le championnat l'année dernière ... Attention!

LA SUISSE
⊛ Neuchâtel

La Suisse vient au championnat pour la première fois, mais avec Toni Mattern, les Suisses ont un très bon entraîneur.

L'ALLEMAGNE
⊛ Schwerin

En Allemagne, il y a aussi des très bons judokas. Andreas Neubauer est l'espoir du club.

L'ITALIE
⊛ Milan

Attention, nos amis italiens viennent pour gagner!

LES PAYS-BAS
⊛ Alkmaar

Aux Pays-Bas, on adore le judo. Les Hollandais sont des adversaires à surveiller.

L'AUTRICHE
⊛ Graz

L'équipe autrichienne de Graz est très motivée. Est-ce qu'elle va gagner?

L'ANGLETERRE
⊛ Parkminster

En rugby, les Anglais ont l'esprit sportif. Et sur les tapis de judo?

LE DANEMARK
⊛ Skagen

Les Danois ne sont pas venus l'année dernière ... Est-ce qu'on va les voir à Lille?

LA FRANCE
⊛ Paris 15^e

Et les Français? Ils ont aussi leurs chances!

1. ▶ Cherchez 12 mots sur le thème du sport dans l'article du journal «Judo» et traduisez. Utilisez les méthodes de la leçon 1, page 12 et de la leçon 3, page 35.

2. ▶ Faites trois listes avec les noms des pays (die Ländernamen), les noms des habitants (die Namen der Einwohner) et les adjectifs de nationalités (die Nationalitäten).

TEXTE

On va gagner!

❶ Vendredi 15 avril. Le club de judo de Frédéric a rendez-vous à 17 heures 30 devant le Centre d'Animation «Espace Cévennes». Aujourd'hui, l'équipe des filles et l'équipe des garçons partent à Lille pour le championnat junior.

❷ Un peu plus tard, dans le minibus.
Patrick (l'entraîneur): Tout le monde est en forme? Alors, écoutez bien, je vais vous lire la première page du journal «Judo».
Il commence à lire.
Irène: Moi, j'ai peur des Anglais, j'ai lu qu'ils ont un entraîneur japonais.
Frédéric: Et moi, je vous dis qu'on va gagner parce qu'on est super bons, même Irène et Lucie! Et puis, avec moi, vous pouvez être tranquilles.
Lucie: Frimeur! Tu as de la chance: il n'y a pas de combat fille-garçon …

❸ Le soir, au Foyer International.
Patrick: Alors, bonsoir tout le monde et demain, pensez au jogging à 6 heures et demie!
Vincent: A six heures et demie du matin? Et en plus, le week-end! C'est une blague?
Patrick: Mais non. Vous n'êtes pas en vacances, ici! Et il faut être en forme pour le championnat.
Vincent: Et qui va préparer le petit déjeuner?

❹ Samedi, c'est le grand jour. A neuf heures, au Centre sportif L.U.C., le championnat commence. Au premier tour, l'équipe des garçons français gagne trois combats, les Italiens aussi. Au dernier combat du tour, Frédéric a comme adversaire un grand Italien.

Tous: Allez, Frédéric, vas-y!

Le combat est rapide, Frédéric est en forme et réagit vite. Il réussit son o-soto-gari contre l'Italien.

Tous: Ouais, super, vas-y!

Mais l'Italien est très rapide, lui aussi. Il repart tout de suite. Les deux adversaires sont crevés et Frédéric est énervé parce que l'Italien résiste beaucoup. Les deux judokas veulent gagner, et tout de suite. Mais tout à coup … Non, ce n'est pas possible, comment est-ce qu'il a pu faire ça? Pour l'équipe des garçons, c'est une vraie catastrophe. Les copains ne comprennent pas: Frédéric est sorti du tapis et l'équipe des garçons est éliminée.

5 Après, c'est le combat des filles. Pour le club de Paris, les filles sont maintenant le dernier espoir de gagner une médaille. L'adversaire d'Irène est une Belge très motivée. Le combat n'est pas facile …

Tous: Vas-y, Irène, tu es super. Montre que tu sais faire uchi-mata!

Irène est en forme, elle bloque la Belge et fait sa spécialité … un uchi-mata formidable!

Tous: Bravo, super!

Et voilà une médaille de bronze pour les filles!

ACTIVITÉS

Lerntechniken — Ein Resümee schreiben

Wenn ihr die wichtigsten Informationen eines Textes in einem Resümee zusammenfassen wollt, könnt ihr folgendermaßen vorgehen:

1. Lest den Text ein erstes Mal durch. Haltet euch nicht an Details auf, sondern findet das Thema des Textes. Der Titel kann euch erste Hinweise liefern.

2. Lest den Text ein zweites und drittes Mal durch. Teilt ihn in Abschnitte ein und sucht die Schlüsselwörter (*mots-clés*) und auch Bindeglieder zwischen den Textteilen (*mots-charnières*: Umstandsbestimmungen, Adverbien, Konjunktionen) heraus, die wichtige Elemente des Textes darstellen.

3. Erstellt ein Raster, in das ihr die Schlüsselwörter und Bindeglieder eintragt.

4. Benützt das Raster, um euer Resümee zu schreiben. Achtet dabei auf folgende wichtige Regeln:
   - Gebraucht immer das Präsens.
   - Schreibt in der 3. Person.
   - Vermeidet die direkte Rede.
   - Beschreibt im ersten Satz, wovon der Text handelt.
   - Fasst jeden Teil zusammen: Behaltet dabei die Grobgliederung des Ausgangstextes bei. Gebraucht die Schlüsselwörter und die Bindeglieder. Berücksichtigt nur die wichtigsten Informationen.

ACTIVITÉS

1 ✎ A propos du texte

Voilà un tableau pour résumer le texte A.

Partie	Quand?	Où?	Qui?	Quoi?
①	vendredi 15 avril	à Paris	le club de judo de Frédéric	– partir à Lille – un championnat
②		dans le minibus	l'entraîneur	journal judo
③	le soir	au Foyer International (à Lille)	l'entraîneur	jogging
④	samedi	au Centre sportif	l'équipe des garçons	catastrophe
⑤	après		l'équipe des filles (Irène)	médaille de bronze

▶ Ecrivez un résumé dans votre cahier.

2 Qui a gagné entre 1990 et 1997? (§ 39)

Année	1990	1991	1992	1993	1994	1995	1996	1997
Où?	DK	CH	I	GB	NL	A	B	D
Equipe	F	GB	NL	A	B	CH	I	D

Exemple: En 1990, les Danois 🇩🇰 ont organisé le championnat et l'équipe française 🇫🇷 a gagné.

▶ Continuez.

3 Londres, c'est où? (§ 39)

▶ Regardez la carte et répondez.

La France → **en** France
Le Portugal → **au** Portugal
Les Pays-Bas → **aux** Pays-Bas

Ein kleiner Tipp: die weiblichen Ländernamen enden meistens mit einem „e"!

Skagen
Copenhague
Londres
Amsterdam
Louvain • Berlin
Bruxelles
Berne • Vienne
• Graz
Milan
Rome

B TEXTE

Les courses à Lille

1 Samedi, après le championnat. Les judokas de Paris n'ont pas gagné, mais ils veulent faire une petite fête quand même. Ils décident de visiter Lille et de faire les courses pour la fête. Irène et Sandra vont faire des spaghettis à la bolognaise. Et Vincent et Lucie, eux, vont préparer le dessert: une salade de fruits.
Les jeunes doivent donc acheter du gruyère, des tomates, de la viande hachée, de l'huile, des fruits, etc. …
Mais quand ils arrivent sur la place aux Oignons, le marché est déjà fini.
Alors, ils entrent dans un magasin de fruits et légumes.

2 *Le marchand:* Bonjour les jeunes, qu'est-ce qu'il vous faut?
Lucie: Je voudrais des fruits, s'il vous plaît. D'abord, il nous faut un kilo de pommes.
Le marchand: Et avec ça, mademoiselle?
Lucie: Euh … Je vais prendre des oranges et … une dizaine de bananes!
Ça fait combien, s'il vous plaît?
Le marchand: Ça fait sept euros cinquante …
Lucie: Eh, Sandra, tu as l'argent du club?
Sandra: Ah oui, c'est vrai. Tiens!
Le marchand: Vous êtes dans un club de quoi?
Sandra: De judo! Et aujourd'hui, on a gagné la médaille de bronze au championnat de Lille!
Le marchand: Ah … bravo! Tenez, je vous mets trois kiwis avec vos fruits. C'est bon pour les sportifs!

3 Lucie paie et ils sortent du magasin. Après, ils passent devant l'Eglise Notre-Dame et arrivent sur la place de la vieille Bourse. Là, il y a un marché aux puces.

Sandra: Regardez, j'ai trouvé un livre sur le judo! C'est un cadeau sympa pour l'entraîneur, non?
On va lui faire la surprise ce soir!
Vincent: Oui, mais regarde, les textes sont en japonais!
Irène: Et alors, je ne vois pas le problème. L'important, c'est le judo.
Le livre coûte combien, madame?
La marchande: Cinq euros cinquante.
Irène: Pour quatre euros, on le prend!
La marchande: D'accord.

❹ Plus tard, ils passent devant une boulangerie. Dans le magasin, on vend aussi des «Bêtises de Cambrai».

Sandra: Tiens, des bêtises! Voilà un supercadeau pour Frédéric!

Ils rigolent et achètent une boîte de bêtises pour leur copain.

❺ Après, les jeunes vont dans un supermarché pour acheter le reste: les spaghettis, la viande hachée, les tomates, les oignons, l'huile et le gruyère. Ils achètent aussi un paquet de sucre et des boissons. Et ils voient un panneau: Aujourd'hui, on peut acheter deux bouteilles de rhum pour 10 euros cinquante.

Lucie: Est-ce qu'on prend du rhum pour la salade de fruits?
Irène: Oui, mais on ne va pas acheter deux bouteilles de rhum! Qu'est-ce qu'on va faire avec le reste?
Vincent: Moi, je veux bien le boire.
Lucie: Toi? Mais tu ne bois pas d'alcool!
Vincent: C'est une blague, bien sûr!

B   ACTIVITÉS

1   A propos du texte

▶ Résumez le texte. Utilisez les méthodes de la partie A, page 79.

2   Une dizaine de bêtises (§ 40)

▶ Regardez l'exemple et continuez.   *Exemple:* un paquet de café

un kilo		fruits	avocats	poulets
un paquet		viande hachée	bêtises	gruyère
une dizaine	de/d'	oranges	pommes	spaghettis
un litre		sucre	rhum	oignons
une boîte		huile	chocolat	tomates
une tasse		café	camembert	bananes
une bouteille		croissants	frites	pommes de terre

3 Des crêpes avec du rhum? (§§ 40, 41, 42)

▶ Mettez les formes des verbes et ajoutez les articles.

Isabelle: Qu'est-ce qu'on (acheter) pour (mettre) sur ~ crêpes?
  Moi, je (manger) toujours mes crêpes avec ~ sucre. Et toi? Qu'est-ce que tu (mettre) sur ~ crêpes?
Pierre: Moi, sur ~ crêpes, je (mettre) ~ sauce au chocolat. C'est très bon avec ~ crêpes.
Isabelle: Et … est-ce que nous (acheter) aussi ~ alcool pour (mettre) sur ~ crêpes?
Pierre: Non, non, je n'aime pas ~ alcool dans les crêpes! Mais on peut (mettre) du gruyère sur ~ crêpes. Tu (payer) ~ gruyère et moi, je (payer) ~ sauce au chocolat. D'accord?
Isabelle: Bon, d'accord. Est-ce qu'on (acheter) aussi ~ huile?
Pierre: Non, il y a ~ huile à la maison.

4 Faire les courses (§ 45)

On dit

La marchande/le marchand	La cliente/le client:
– C'est à qui, maintenant?	– C'est à moi.
– Qu'est-ce qu'il vous faut, madame/monsieur/mademoiselle?	– Je voudrais des pommes. Des pommes, s'il vous plaît.
– Oui. Combien?	– Deux kilos.
– Voilà. Et avec ça?	– Combien coûtent les tomates?
– Elles coûtent 1,90 € le kilo.	– Alors, je prends un kilo de tomates.
– C'est tout?	– Oui, c'est tout. Merci. Ça fait combien?
– Ça fait 7,70 €.	– Voilà 10 €.
– Et voilà 2,30 €. Merci, madame/mademoiselle/monsieur, et au revoir.	– Au revoir, madame/monsieur.

À vous ▶ Vous faites les courses chez M. Lebœuf. Travaillez à deux et faites des dialogues.

quatre-vingt-trois 83

TEXTE

Ce soir, on fait la fête.

❶ Samedi soir, dans la cuisine du Foyer International, il y a les deux équipes et Patrick, leur entraîneur, mais aussi Rosa Maria (une Espagnole), Torben et Lisa (deux Danois), et trois Allemands, Kerstin, Florian et Katharina.

Rosa Maria: Salut, vous venez d'où?
Irène: Nous sommes de Paris et nous avons fait un championnat de judo, aujourd'hui. Et ce soir, on fait la fête. Tu ne veux pas manger avec nous? On fait des spaghettis!
Rosa Maria: Des spaghettis! Oh, je ne dis pas non! Et pour l'apéritif, j'ai un grand paquet de chips. Je peux le mettre sur la table.
Stéphane: D'accord, c'est sympa! Et maintenant, on prépare les spaghettis.
Irène: Je prends combien de paquets de spaghettis?
Stéphane: Tu en prends six ou sept.
Vincent: Tu rigoles, il faut neuf ou dix paquets. J'ai faim, moi!

Stéphane: Maintenant, il y a vraiment assez de spaghettis pour tout le monde!
Sandra: Attention Irène, il ne faut pas mettre trop de sel.
Irène: Ecoute, je ne fais pas la cuisine pour la première fois.
Vincent: Et pour la sauce, il me faut un peu d'huile, cinq oignons, les tomates et la viande hachée. Zut, on n'a pas d'herbes de Provence!
Patrick: Si, attends, j'en ai vu sur l'étagère.

❷ Dans la salle à manger, les autres mettent les verres et les boissons sur la table: il y a des jus de fruits, de la limonade et du coca.

Vincent: Est-ce qu'il manque encore quelque chose?
Rosa Maria: De la musique! Attendez, je vais chercher ma guitare dans ma chambre.
Torben: Oui, oui. Tu vas nous jouer du flamenco!

Florian et Katharina ont un magnétophone et des cassettes. On mange, on danse … bref, c'est la fête et on ne pense plus au judo … sauf Frédéric.

Lucie: Avant le dessert, nous avons une petite surprise pour Patrick …
Lucie lui donne le livre.
Patrick: Merci. Ça me fait vraiment plaisir. Oh … Je vais devoir apprendre le japonais.
Vincent: Et maintenant, nous avons encore une bêt…, euh … une surprise pour Frédéric.
Regarde, Frédéric! On t'a acheté … des bêtises de Cambrai! Tu sais, l'important, c'est de participer.

Tout le monde rigole et la fête continue … avec Frédéric.

40 ❸ Vers 22 heures, trois jeunes arrivent dans la salle à manger. Ils sont aussi au foyer et ont entendu la musique.

Un jeune: On peut faire la fête avec vous?
Lucie: Euh … oui, pourquoi pas. Il y a encore beaucoup de spaghettis, on en a trop fait.
45 *Un jeune:* Merci, on n'a pas faim, mais vous avez des boi … boissons?
Lucie: Il y en a sur la table.
Un jeune: Je vais chercher les bières dans no … notre chambre et des bonnes cassettes, la musique est nulle, ici.
50 *Irène (à Lucie):* T'as vu? Ils ont déjà bu …
Un jeune (à Lucie): On a de la b … bière, tu n'en veux pas, chérie?
Lucie: D'abord, je ne m'appelle pas «chérie». Et ensuite, je ne bois pas d'alcool, je suis une sportive! Je préfère les jus de fruits.
Le jeune: Mais après le sport, c'est bon, tu sais. Tiens …
55 *Frédéric:* Eh! Tu vas la laisser tranquille! On ne veut pas de problèmes.
Le jeune: On ne t'a pas demandé ton avis, minable. Allez, chérie, bois une bière avec nous.
Lucie: Je t'ai déjà dit que je ne veux pas d'alcool. Tu ne peux pas comprendre ça?
Le jeune: Oh là là! On ne peut pas rigoler, ici. Allez, venez! On va faire la fête ailleurs!

C ACTIVITÉS

1 A propos du texte

a Lucie n'a pas eu le temps d'écrire son journal intime (Tagebuch). Elle a seulement pris des notes pour l'écrire à la maison. Voilà ses notes:

> *samedi soir:* préparation de la fête dans la cuisine du foyer → spaghettis – boissons/musique (Rosa Maria → la guitare)
> *la fête:* danser/manger/Frédéric – faire la fête/les cadeaux
> *le problème:* trois jeunes → de la bière

▶ Ecrivez le journal de Lucie. Utilisez des «mots-charnières».

b ▶ Relisez la fin de l'histoire. Les copains de Frédéric sont dans une situation difficile. Vous êtes dans leur situation: Comment est-ce que vous réagissez?

2 Faites des fêtes. (§ 44)

Ce soir, les copains sont là.
On mange de la salade et des pizzas.
Et comme dessert, il y a
de la mousse au chocolat.
Mais, qu'est-ce qu'on boit?

bois — une tasse de café
boit — coca
buvez — bière avec moi
boivent — limonade dans la cave
bois — chocolat
buvons — jus de citron

▶ Continuez le poème. Utilisez les pronoms personnels *(je, tu, il/elle, nous, …).*
Utilisez aussi l'article partitif quand c'est possible. Et pensez aux rimes!
Exemple: «**Je** bois du coca, **tu** …

ACTIVITÉS

3 10, rue des Cévennes (§ 46)

▶ Répondez aux questions et utilisez *en* dans vos réponses. (Pour trouver les bonnes réponses, regardez encore une fois le texte A de la leçon 5.)

1. Il y a combien *d'étages* dans l'immeuble?
2. Est-ce qu'on trouve *un supermarché* près de la maison?
3. Est-ce qu'il y a aussi *des enfants* dans la maison?
4. La famille Bouchon a combien *d'enfants*?
5. Est-ce que la sœur de Mme Sabion a *un garage*?
6. Où est-ce que Frédéric et le groupe «Avalanche» font *de la musique*?
7. Pourquoi est-ce qu'ils ne peuvent plus faire *de répétitions* 10, rue des Cévennes?
8. Où est-ce qu'ils trouvent *une salle* pour faire de la musique?

4 Marc fait les courses. (§ 40)

a ▶ Mettez l'article défini, indéfini ou partitif quand c'est nécessaire.

Attention!
avec du   sel
sans   sel

Aujourd'hui, Marc a proposé à ses parents d'aller faire les courses.
Marc: Est-ce que nous avons encore ~ limonade?
Mme Dufrêne: Non, il n'y a plus ~ limonade. Tu vas acheter deux bouteilles ~ limonade, Marc. Et on n'a plus beaucoup ~ café. Alors, achète aussi un paquet ~ café, s'il te plaît.
M. Dufrêne: Et, comme fruits, prends ~ oranges et ~ bananes, Marc. Mais surtout, ne prends pas ~ kiwis pour moi. Je n'aime pas ~ kiwis.
Marc: Et je prends combien ~ oranges et ~ bananes?
M. Dufrêne: Tu peux prendre un kilo ~ oranges, mais ne prends pas beaucoup ~ bananes. Hier, j'ai mangé trop ~ bananes et j'ai mal au ventre, aujourd'hui.
Mme Dufrêne: Est-ce que tu as ~ argent, Marc?
Marc: Euh … Oui, j'ai 10 €.
Mme Dufrêne: Ce n'est pas assez. Voilà 20 €. Sans ~ argent, on ne peut pas faire ~ courses!

b *À vous* ▶ Vous avez invité des amis et vous allez faire des courses au supermarché avec un copain/une copine. Qu'est-ce que vous allez acheter? Discutez. (Vous pouvez aussi utiliser le dictionnaire.)

c ▶ Jouez la scène. ▽

5 Le club de judo (§ 40)

un peu de / plus de / beaucoup de / assez de / pas de / combien de / trop de

Un journaliste pose des questions à un entraîneur du club de judo de Frédéric.
▶ Complétez. Attention: Utilisez les expressions une fois seulement.

Le journaliste: Vous avez ~ sportifs dans votre club de judo?
L'entraîneur: Oh, nous avons ~ jeunes entre 11 et 18 ans. Mais nous n'avons pas ~ sportifs pour les championnats, vous savez. Les jeunes pensent que les championnats prennent ~ temps et que quand on fait des championnats, on n'a ~ week-ends pour voir ses amis.
Le journaliste: Et … vous avez trouvé une solution?
L'entraîneur: A mon avis, il n'y a ~ problèmes quand on organise bien son emploi du temps. Je pense qu'on peut faire des championnats et sortir avec ses amis. Et avec ~ chance, on gagne une médaille. Et ça, c'est formidable, non?

6 La recette[1] de la tarte[2] au sucre

Pour la pâte[3], il faut:
farine[4] (200 g)
beurre[5] (100 g)
sel (un peu)
eau[6] (4 cuillères[7])
sucre (1 grande cuillère)

Pour la crème[8], il faut:
sucre (100 g)
beurre (50 g)
crème fraîche (4 à 6 cuillères)

Bon appétit!

Préparation[9]:

a) Préparez la pâte et laissez reposer pendant 1/2 heure.
b) Etalez la pâte dans un moule à tarte et mettez le moule au four pendant 20 minutes (200 °).
c) Après, sortez la tarte du four. Saupoudrez la tarte avec du sucre. Mettez sur le sucre le beurre coupé en petits morceaux.
d) Ajoutez la crème.
e) Remettez le moule au four et faites cuire la tarte pendant 15 minutes.

a ▶ Dans les bonnes boulangeries de Lille, on trouve des «tartes au sucre». Regardez les images pour comprendre la préparation.

b *À vous* ▶ Si vous avez envie, préparez une tarte au sucre pour vos camarades. ▽

c ▶ Ecrivez votre recette préférée et expliquez à vos camarades comment on fait votre spécialité. ▽

7 Jeu de sons (§§ 42, 43, 44) ▶ Lisez.

acheter
Qui [aʃɛt] des avocats?
C'est moi!
[aʃtɔ̃] aussi un camembert
et des oranges pour le dessert.

vendre
Que [vɑ̃] M. Martin?
Il [vɑ̃] du bon pain.
et ses voisins [vɑ̃d]
de la bière allemande.

payer
Vous [peje] les fruits?
Je [pɛ] les kiwis,
mais les pommes,
non merci.

préférer
Je [prefɛr] le poulet
aux Bêtises de Cambrai.
Vous [prefere] le gruyère
aux pommes de terre.

prendre, commencer, manger, boire
[prənɔ̃] le petit déjeuner
[kɔmɑ̃sɔ̃] tout de suite à [mɑ̃ʒe].
[mɑ̃ʒɔ̃] d'abord des baguettes,
et [byvɔ̃] du café, c'est chouette!

▶ Ecrivez les verbes (sans la transcription phonétique) dans votre cahier.

---

1 **la recette** das Rezept 2 **la tarte** der Kuchen 3 **la pâte** der Teig 4 **la farine** das Mehl 5 **le beurre** die Butter
6 **l'eau** das Wasser 7 **une cuillère** ein Löffel 8 **la crème** die (Butter)Creme 9 **la préparation** die Zubereitung

quatre-vingt-sept

Leçon 8

Le Centre Pompidou

APPROCHE

Question de style ... (§§ 47, 48)

jaune
rouge
noir
vert
gris
bleu
violet/violette
blanc/blanche
orange
marron

a ▶ Seht euch die fünf Szenen an und sucht die Fragewörter und Demonstrativbegleiter heraus. Welches System könnt ihr daraus ableiten?

b **À vous** ▶ Travaillez à deux. Utilisez les adjectifs *super, joli, moche*, etc.

Exemple: – **Quel** pantalon est-ce que tu préfères? **Ce** pantalon rouge ou **ce** pantalon bleu?
– **Ce** pantalon bleu, je le trouve super!

une jupe*   une chemise*   un pull*   un blouson*

* Diese Vokabeln werden in den folgenden Lektionen nicht vorausgesetzt.

TEXTE

«Sonia Arlain»

▶ Avant de lire le texte, regardez l'exercice 1a, page 91.

❶ Aurélie a décidé de travailler pendant les vacances de printemps pour gagner un peu d'argent.
Sa mère lui a trouvé un travail dans la boutique de son amie Sonia, rue du Sentier.
«Sonia Arlain», c'est un magasin mais aussi une marque de vêtements pour jeunes. Ce matin, Aurélie a rangé la vieille collection dans des cartons et elle a mis la nouvelle collection de printemps sur les présentoirs. Cet après-midi, Sonia et son équipe cherchent des idées pour la collection d'été de l'an prochain.

❷ *Sonia:* Pour l'été prochain, nous allons présenter une mode jeune et pas trop chère, mais bien sûr avec un nouveau design et des nouvelles couleurs.
Alors, quelles couleurs est-ce que vous proposez?
Laurent: Moi, je propose un beau vert bouteille …
le vert, c'est la nature, les voyages, les vacances …
Sonia: Oui, c'est vrai, mais on a déjà eu cette couleur il y a deux ans …
Céline: Et puis, pour une marque comme «Sonia Arlain», il faut choisir des couleurs gaies!
Aurélie: Oui, du jaune ou du rouge, par exemple …
Laurent: Et pourquoi pas des couleurs plus classiques, du marron ou du gris?
Céline: Non, mais écoutez-le! Je rêve! Sonia, Tino, expliquez-lui que ce n'est pas notre style!
Tino: Céline a raison.
Laurent: Bon, ça va, je ne dis plus un mot. Vous êtes contre moi … surtout Céline … comme toujours!

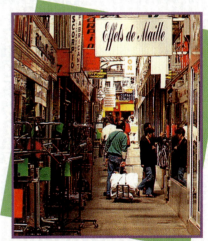

Sonia: Bon, maintenant, on continue! Voyons … quels tissus est-ce que nous pouvons prendre? Tu as apporté les nouveaux catalogues, Céline? Alors, pose-les sur la table, s'il te plaît.
Céline: Voilà. Regardez … ce tissu jaune avec des belles fleurs rouges, vertes et violettes … ou alors ces petits cœurs bleus et blancs … Ça va bien avec du rouge.
Tino: Oui, c'est beau … on peut même prendre des tissus rouges et jaunes et choisir des accessoires orange ou noirs.
Sonia: Allez, au boulot! Il faut commencer à dessiner les modèles. Nous devons avoir tout fini pour le mois d'octobre!

❸ Sonia et son équipe sont très motivés. Ils travaillent maintenant du matin au soir et font seulement une petite pause à midi pour aller manger au «Bel ami», un vieux restaurant de la rue du Sentier. Là, ils rigolent bien, surtout avec Tino, le nouvel employé. Tino est Italien. Il adore raconter des histoires, et avec son petit accent, il amuse tout le monde. Mais quand Laurent est là, Céline, elle, ne rigole pas. Elle déteste Laurent parce qu'il est toujours contre elle. Elle veut même quitter «Sonia Arlain» à cause de lui. Et pourtant, elle aime beaucoup son travail!

ACTIVITÉS

1 A propos du texte

a ▶ In Lektion 4 habt ihr erfahren, wie man mit unbekannten Texten umgeht (vgl. S. 46). Wendet nun die Techniken an. Achtet besonders auf die Stimmung in diesem Text und auf die Beziehungen zwischen den Personen.

b ▶ Répondez maintenant à ces questions:
   – Comment est-ce qu'Aurélie a trouvé son travail?
   – Comment est l'ambiance chez «Sonia Arlain» pendant la discussion sur la collection de l'été prochain? Qui est d'accord avec qui? Qui ne l'est pas?
   – Comment est l'ambiance au restaurant? Pourquoi?

c *A vous* 1. ▶ Quelle(s) personne(s) est-ce que vous (ne) trouvez (pas) sympathique(s)? Pourquoi?
   2. ▶ [A votre avis, quel(s) vêtement(s) est-ce qu'elle(s) porte(nt)?] ▽
   3. ▶ [Dessinez cette/ces personne(s).] ▽

2 Les personnes et leurs couleurs (§ 47, 50)

a ▶ Dans le texte A, l'équipe «Sonia Arlain» discute des couleurs pour la nouvelle collection. Quelles couleurs, quels tissus, quels accessoires est-ce que les collègues proposent? Dites pourquoi.

   Exemple: Laurent propose la couleur «vert bouteille» parce que c'est la nature, les voyages, les vacances.

b *A vous* 1. ▶ Présentez votre collection de mode. Quels tissus et quels accessoires est-ce que vous choisissez?
   2. ▶ Jouez en classe. Un(e) élève décrit (beschreibt) un(e) autre élève de la classe. Il/Elle utilise des adjectifs de couleur. Qui est cet/cette élève? Les autres doivent trouver la réponse. ▽

   Exemple: La personne porte un pantalon noir, des chaussures marron, une chemise noire, un pull vert. Elle a un stylo rouge et un sac blanc.

3 Aurélie range la vieille collection. (§§ 49, 51)

▶ Lisez l'exemple et faites des phrases.

Exemple: 1. Qu'est-ce que/faire/vieux/collection?   ⇨ ranger/cartons!
   – Qu'est-ce que je fais avec la vieille collection?
   – Range-la dans des cartons!

2. Où/mettre/vieux/modèles?   ⇨ dans/cave!
3. Où/poser/nouveau/catalogue?   ⇨ sous/table!
4. Qu'est-ce que/faire/vieux/pantalons?   ⇨ donner/Emmäus!
5. Où/mettre/nouveau/collection?   ⇨ présentoirs!
6. Qu'est-ce que/faire/vieux/photos/l'an dernier? ⇨ ranger/armoire!
7. Et … Où/mettre/bouteilles de jus d'orange? ⇨ frigo!

4 Aurélie apprend à présenter la nouvelle collection. (§ 49)

▶ Répondez aux questions. Utilisez l'impératif et les pronoms *lui/leur/les/en*.

Exemple: Qu'est-ce que je dis aux client(e)s?
→ **Dis-leur:** Est-ce que je peux vous montrer notre nouvelle collection?

1. Qu'est-ce que je montre d'abord à un(e) client(e)?
   ⇨ (Montrer) – ~ le nouveau design et les nouvelles couleurs!
   ⇨ (Demander) – ~ : «Quelles couleurs est-ce que vous aimez?»
2. Comment est-ce que j'explique notre style à une vieille dame?
   ⇨ (Montrer) – ~ les tissus de la maison «Sonia Arlain» dans un catalogue!
3. Comment est-ce qu'on réagit avec les client(e)s?
   ⇨ D'abord, (laisser) – ~ tranquilles quand ils/elles regardent la nouvelle collection sur les présentoirs!
   ⇨ Ensuite, (écouter) – ~ bien pour savoir quel style ils/elles ont!
   ⇨ (Proposer) – ~ nos accessoires et (aider) – ~ à choisir!
4. Est-ce que je peux mettre des accessoires quand il n'y a pas de clients dans la boutique?
   ⇨ Mais, bien sûr. (choisir) – ~ deux ou trois!

5 La nouvelle collection est belle! (§§ 47, 48, 51)

▶ Travaillez à deux. Faites des dialogues.

Exemple: – Comment est-ce que tu trouves **cette** collection?
– **Quelle** collection?
– Mais la **nouvelle** collection «Diorix»!
– Oh! Je (ne) la trouve (pas) très **belle**!

© 1996 Les Editions Albert René/ Goscinny-UDERZO

1. voiture
   vieux, beau
2. homme
   vieux, beau
3. maisons
   vieux, beau

4. collection
   nouveau, beau
5. pantalons
   nouveau, beau
6. ordinateur
   nouveau, beau

B TEXTE

Une surprise au café

❶ Le lendemain, Céline va manger avec Aurélie dans un petit café près du Centre Pompidou. Il fait beau, alors elles se mettent à la terrasse et commandent deux sandwichs et deux cafés. Céline s'entend bien avec Aurélie, et elle veut lui parler de ses problèmes avec Laurent.

Céline: Tu sais, si ça ne s'arrange pas avec Laurent, je cherche un autre boulot. J'en ai marre de me taire.
Aurélie: Mais Sonia t'aime bien … Est-ce qu'elle sait tout ça?

Les deux filles sont en train de discuter quand tout à coup …

Céline: Hé, regarde la fille, là …
Aurélie: Quelle fille?
Céline: Cette fille, là, sur le trottoir. Elle porte un pantalon «Sonia Arlain»!
Aurélie: Et alors, elle s'habille à la mode! C'est bien, non?
Céline: Non, parce que c'est un pantalon de la collection de printemps. Ces pantalons, nous venons de les terminer et nous allons commencer à les vendre demain. Ils ne sont pas encore dans les boutiques!
Viens, dépêche-toi, on va lui demander des explications.
Garçon! L'addition, s'il vous plaît!

❷ Une heure plus tard, dans la boutique «Sonia Arlain».
Céline: On s'est tout de suite posé la question: Où est-ce qu'elle a pu trouver ce pantalon? Alors, on s'est levées et on a payé, mais quand nous sommes arrivées au coin de la rue … plus de fille!
Sonia: Vous êtes bien sûres?
Aurélie: Oui, je me souviens bien de ce pantalon, je l'ai même essayé. Il me plaît beaucoup … Attendez … Voilà! C'est un pantalon comme ça …
Tino: Alors, tu vois, Laurent, les pantalons «Sonia Arlain» plaisent beaucoup cette année … On les copie déjà!
Sonia: Tu veux dire qu'on nous vole nos idées!
Laurent: Dis donc, Tino, ta famille a une boutique à Milan, non?
Tino: Bien sûr, je suis étranger, donc on m'accuse … Ma famille copie les vêtements en Italie, puis elle vient à Paris pour les vendre juste devant votre magasin …
C'est nul, ton explication!
Laurent: Ou alors …
Céline: Oh, Laurent, tais-toi!
Sonia: Mais attendez un peu. Je crois que je sais comment on peut trouver l'espion!

ACTIVITÉS

1 A propos du texte (§ 52)

a ▶ Pour bien comprendre l'histoire, cherchez les parties du texte. Regardez encore une fois la page 79 (Lerntechnik: Ein Resümee schreiben) et faites un schéma comme à la page 80. Ecrivez votre résumé à partir du schéma (ausgehend vom …).

b ▶ «Elle s'habille à la mode.» Voilà un exemple de verbe pronominal. Trouvez les autres formes du présent.

2 Alors, qui est l'espion?

Qui vole les idées de «Sonia Arlain» et copie ses modèles?

a ▶ Réfléchissez! Quelles informations est-ce que vous avez déjà sur les personnes/la situation? Résumez ces informations et discutez en classe.

b ▶ Maintenant, écoutez la fin de l'histoire sur la cassette de l'élève.

Lerntechniken — Hören und Verstehen

Wenn ihr euch in einem fremden Land aufhaltet, bekommt ihr die meisten Informationen über das Hören (z. B. am Bahnhof, am Telefon oder allgemein im Umgang mit fremden Menschen). Daher ist das Hörverstehen besonders wichtig.

Tipp 1 • Man darf nicht aufgeben, wenn man zunächst nicht alles versteht. Ihr werdet aber überrascht sein, wieviel ihr über **Geräusche**, **Betonung** oder **Wiederholung** bestimmter Ausdrücke bereits versteht.

Tipp 2 a) Bevor ihr einen Text hört, versucht bereits vorher möglichst viele Informationen über den Inhalt zu bekommen: z. B. durch den **Titel** oder den **Zusammenhang**, in dem der Text steht.
b) Überlegt auch, was ihr an Information heraushören wollt: Kommt es auf **Einzelheiten** oder die **Grundaussage** des Textes an?

Tipp 3 • Beim ersten Hören solltet ihr die Grundaussage herausfinden. Versucht einfach auf die W-Fragen (wer, wo, wann, was, wie, warum) eine Antwort zu finden.
Beim zweiten bzw. dritten Hören könnt ihr euch dann auf Einzelheiten konzentrieren.

3 Un matin, chez les Drouet (§§ 49, 52)

▶ Racontez. Mettez les verbes au présent ou à l'impératif.

❶ (se dépêcher)! J'ai besoin de la salle de bains. Pourquoi est-ce que tu (ne pas s'habiller) dans ta chambre?

❷ (laisser) tranquille. La dernière fois, moi j'ai attendu une heure! Tu (ne pas se souvenir)?

❸ Et puis … ton T-shirt est moche! (s'acheter) un «Sonia Arlain»!

❹ Eh bien, ça (ne pas s'arranger) avec vous! (se taire), maintenant. Si vous voulez rester des heures dans la salle de bains, il faut (se lever) à six heures!

4 Le dimanche matin de Florence (§ 52)

a Aurélie demande à Florence: «Qu'est-ce que tu fais le dimanche matin?»
▶ Qu'est-ce que Florence répond? Racontez au présent.

Le dimanche matin, je (dormir) jusqu'à sept heures, puis je (se lever). Je (s'habiller) et je (aller à la boulangerie). Là, je (s'acheter) un pain au chocolat et je (acheter) des croissants pour la famille. Puis, je (rentrer) à la maison et je (se préparer) un café. Après, dans la salle de bains, je (se regarder) dans la glace: Quelle horreur! Je (se trouver moche)! Mais, ça (s'arranger vite). Je (ne pas se dépêcher). Je (prendre son temps). Et après une demi-heure, je (se trouver) super jolie!

b ▶ Racontez au passé composé: Dimanche matin, Florence a dormi …

5 Comment décrire quelqu'un* (§ 50)

On dit

1. C'est un/une petit(e)   brun(e).   Il/Elle porte des lunettes.
                grand(e)   blond(e).
                joli(e)   roux/rousse.
                beau/belle

Il/Elle a les cheveux courts/longs … et les yeux bleus.
                      blonds/bruns   verts.
                      roux / noirs   marron/noirs.

2. Il/Elle a bon caractère.   Il/Elle a mauvais caractère.

Je le/la trouve …

sympa(thique), dynamique, intelligent(e),   antipathique, bête, bizarre,
sensible, calme, drôle, direct(e),   agressif(ve), méchant(e), égoïste,
discret(ète), gentil(le), curieux(se),   paresseux(se), ennuyeux(se)

a ▶ A votre avis, comment sont Aurélie, Sonia, Laurent, Céline et Tino?
b ▶ Décrivez Florence et Frédéric.
c ▶ Décrivez un(e) élève de votre classe ou un professeur.
   La classe doit trouver cette personne! ▽

* Die unbekannten Vokabeln dieser Übung werden in den folgenden Lektionen nicht vorausgesetzt.

B ACTIVITÉS

6 La journée de Sonia

a ▶ Racontez la journée de Sonia Arlain.

Exemple: 20 h: Sonia **vient de** faire la cuisine, elle **est en train** de manger et elle **va** regarder la télé.

b ▶ Travaillez à deux. ▽
Tu donnes une heure à ta voisine/ton voisin et tu lui poses trois questions:
– Qu'est-ce que Sonia **est en train de** faire?
– Qu'est-ce qu'elle **vient de** faire?
– Qu'est-ce qu'elle **va** faire?
La voisine/le voisin donne les trois réponses.

7 Qui n'a pas de problèmes? (§§ 49, 52, 53)

▶ Mettez les verbes au présent, au passé composé ou à l'impératif.

1. Sonia discute avec Aurélie:
«Je (voir) que le travail à la boutique te (plaire) beaucoup, Aurélie! Mais l'ambiance ici n'est pas toujours bonne, (croire)! Tu (voir) les problèmes dans notre équipe, ce matin? Eh bien, c'est souvent comme ça: Laurent et Céline ne (s'entendre) pas. Quand Céline (voir) Laurent, elle (se taire). Ce garçon ne lui (plaire) pas, alors elle n'(essayer) pas de le comprendre. Quand il y a un problème à la boutique, Céline (accuser) toujours Laurent. La semaine dernière, je lui (dire): «(Ecouter), Céline, les choses (s'arranger) avec le temps, mais elle ne me (croire) pas!»

2. Un étudiant de Paris écrit à son amie:
«Tu (voir), Paris me (plaire). Mais, j'habite dans une grande maison, et les voisins, eux, ne me (plaire) pas. Ils ne me (voir) pas, ils ne me (parler) pas. Alors, je (se taire), moi aussi. Est-ce qu'ils (croire) que je ne les (voir) pas? Mais toi et moi, on (s'entendre) bien. Tu me (comprendre) et tu me (écouter). (Ecrire) vite!»

8 Jeu de sons

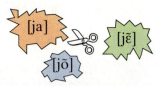

Cette nuit, le huit juillet à minuit,
Sonia a entendu un bruit:
Dans la cuisine, il y a de l'ambiance.
Ses employés sont là et ils dansent.

Tiens, tiens! Qui est ce client avec le chien?
Un Autrichien, un Italien, un musicien?
Mais non, voyons! C'est un espion!
Attention: il veut copier notre collection.

Le groupe de Gabriel
donne des concerts gratuits
dans un garage.

Dans un café calme,
Carole écrit des cartes postales
à une copine de sa classe.

9 En français

Stéphane est un copain d'Aurélie. Aurélie l'a invité pour son anniversaire. Stéphane sait qu'elle a travaillé dans une boutique pendant les vacances et il veut être à la mode. Alors, il va dans une boutique branchée, rue du Sentier …

▶ Travaillez à deux. Faites le dialogue entre la vendeuse et Stéphane.

● Die Verkäuferin grüßt Stéphane und fragt, ob sie ihm helfen kann. ▶ Er bejaht und sagt, dass er gern ein grünes Hemd, eine rote Hose und ein gelbes T-Shirt hätte.

● Sie sagt, dass der „Carnaval" aber schon vorbei ist. ▶ Er antwortet, dass es nicht für den „Carnaval" ist. Er sagt, dass er nur Kleider tragen will, die „in" sind.

● Sie sagt, dass sie versteht und dass sie ihm die neue Kollektion zeigen will. Sie sagt, dass das lila Hemd sehr modisch ist und fragt ihn, ob es ihm gefällt. ▶ Er antwortet, dass es seinem Stil entspricht.

● Sie sagt, dass er es anprobieren soll. ▶ Er antwortet der Verkäuferin, dass er keine Zeit hat. Er bittet sie auch, ihm die gelbe Hose zu geben und fragt sie, ob sie denkt, dass die Hose ihm passen wird.

● Sie antwortet, dass die Hose zu groß sein wird und fügt hinzu, dass solche Hosen allerdings sehr modisch sind. Sie sagt, er soll sie nehmen. ▶ Er sagt, dass er einverstanden ist. Er sagt, dass er auch ein schönes T-Shirt mit fröhlichen Farben sucht.

● Sie bietet ihm ein T-Shirt in den Farben Rot und Gelb an und sagt, dass es super aussieht. ▶ Er sagt, dass es ihm sehr gut gefällt. Er sagt, dass er das lila Hemd, die gelbe Hose und das rotgelbe T-Shirt nimmt und erkundigt sich nach dem Preis.

● Die Verkäuferin sagt, dass es 350 Euro kostet. ▶ Er sagt, dass es für ihn viel Geld ist, dass er aber in den Sommerferien in Versailles arbeiten wird. Er wird den Touristen das Schloss zeigen.

Le plaisir de lire

Louis XIV et son époque[1]

«Versailles, ce n'est pas un château comme les autres. Ce château, c'est le rêve d'un grand roi de France. Mais le luxe[2] de Versailles contraste[3] avec la misère du petit peuple[4] des villes et surtout de la campagne[5]. (A cette époque, il y a 18 millions[6] de paysans[7] en France.) Le peuple a faim et les taxes[8] du Roi sont lourdes[9].»
(Stéphane, 18 ans)

Voilà des personnes et des scènes[10] de l'époque du «Roi-Soleil[11]».

A la cour de Versailles, il y a 10.000 nobles[12] pour servir[13] le roi, mais aussi pour son plaisir.

«J'ai quitté la Bourgogne et mon château pour venir à la cour. Pour moi, c'est un grand honneur[14]. Ce matin, j'ai pu participer pour la première fois au lever[15] du Roi: J'ai ouvert les rideaux[16] du lit de sa Majesté[17]. Je ne vais pas oublier[18] ce moment. Un noble lui apporte sa chemise[19], un deuxième lui donne sa perruque[20], un troisième son parfum[21]: Etre près du roi, quel bonheur!» *(Un noble)*

Le roi aime la guerre[22]. L'armée[23] française combat[24] en Lorraine, en Hollande, prend la Franche-Comté, Strasbourg et attaque[25] le Luxembourg. Elle va bientôt être la première armée du monde.

Louvois, le ministre de la guerre, demande 100.000 soldats[26] pour les armées de Flandre.

Vocabulaire: 1 **une époque** eine Epoche 2 **le luxe** der Luxus 3 **contraster** einen Gegensatz bilden 4 **le peuple** das Volk 5 **la campagne** das Land 6 **un million** eine Million 7 **le paysan** der Bauer 8 **une taxe** eine Steuer 9 **lourd,e** schwer 10 **une scène** eine Szene 11 **le Roi-Soleil** der Sonnenkönig 12 **un noble** ein Adliger 13 **servir** dienen 14 **l'honneur** die Ehre 15 **le lever** Morgenzeremonie 16 **le rideau** der Vorhang 17 **une Majesté** eine Majestät 18 **oublier** vergessen 19 **une chemise** ein Hemd 20 **une perruque** eine Perücke 21 **le parfum** das Parfüm 22 **la guerre** der Krieg 23 **l'armée** das Heer 24 **combattre** kämpfen 25 **attaquer** angreifen 26 **les soldats** die Soldaten

Un jour, on attend l'ambassadeur de Perse²⁷! Le roi décide de donner une fête en son honneur.
«Tout ça coûte cher, Sire. Il n'y a plus d'argent !»
(*Un ministre*)
«Alors, il faut augmenter²⁸ les taxes, sur le tabac²⁹ et le sel, par exemple!»
(*Le Roi*)

Les pauvres³⁰ ne peuvent même pas demander l'aumône³¹ dans les rues.
«Qu'est-ce que vous attendez encore? Mettez en prison³² les gens qui demandent l'aumône! Cinq sous³³ à chaque³⁴ Français qui prend³⁵ un gueux³⁶!»
(*Un noble, aux soldats*)

«Nos enfants ont faim et le roi augmente les taxes! Ça ne peut pas continuer comme ça! On ne peut plus payer le pain et les soldats du roi nous volent. Mort au³⁷ roi! Attaquez les châteaux!» (*Un paysan*)

Une jeune femme demande l'aumône.

«J'ai de la chance. J'ai souvent dormi dans des fermes et je n'ai pas toujours pu payer les tissus pour les costumes³⁸. Mais je n'ai pas perdu courage³⁹.
Je sais que tout le monde a besoin de rire, même le roi. Je suis donc venu à Paris. Monsieur, le frère du roi, aime beaucoup le théâtre et m'a donné la possibilité⁴⁰ de jouer devant sa Majesté et la cour. Je suis monté sur scène⁴¹. On a joué et ça a plu au roi. Victoire⁴²!»
(*Molière*)

27 **l'ambassadeur de Perse** der Botschafter von Persien 28 **augmenter** erhöhen 29 **le tabac** der Tabak 30 **les pauvres** die Armen 31 **demander l'aumône** um ein Almosen betteln 32 **une prison** ein Gefängnis 33 **le sou** die Münze 34 **chaque** jeder 35 **prendre** hier: erfassen 36 **le gueux** der Lump, der Bettler 37 **mort au ...** Tod dem ... 38 **le costume** das Kostüm 39 **perdre courage** den Mut verlieren 40 **la possibilité** die Möglichkeit 41 **la scène** die Bühne 42 **la victoire** der Sieg

Leçon 9

La Grande Arche de la Défense

APPROCHE

La corres de Carole (§ 54)

Pendant la récré, Carole discute avec une copine de la 3ᵉ B. Elle lui raconte que les corres arrivent aujourd'hui.

- Regarde! Voilà la lettre et la photo de ma corres **qui** arrive cet après-midi.
- Dans sa lettre, elle parle du voyage en train **que** sa classe va faire.
- Sur la photo, on voit le quartier **où** elle habite.

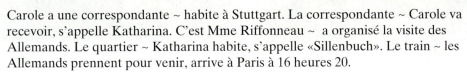

a ▶ Expliquez les mots **qui, que, où**.

b ▶ Complétez les phrases avec *qui, que, où*.

Carole a une correspondante ~ habite à Stuttgart. La correspondante ~ Carole va recevoir, s'appelle Katharina. C'est Mme Riffonneau ~ a organisé la visite des Allemands. Le quartier ~ Katharina habite, s'appelle «Sillenbuch». Le train ~ les Allemands prennent pour venir, arrive à Paris à 16 heures 20.

A Paris

a ▶ Qu'est-ce que vous voyez sur les photos?

Exemple: Sur la photo ❶, on voit/c'est la tour Eiffel.

- la tour Eiffel
- la Grande Arche de la Défense
- Notre-Dame
- l'Arc de Triomphe
- la Pyramide du Louvre
- le Sacré-Cœur
- les Champs-Elysées
- le Centre Pompidou

b ▶ Cherchez sur le plan de Paris à la fin du livre les mots français pour *Bahnhof, Wald, Insel, Friedhof, Garten, See, Kanal, Museum, Turm, Platz*.

c ▶ Maintenant, trouvez les noms:
- de cinq boulevards/de cinq grandes places/de six gares.
- de deux parcs/de deux jardins/de trois cimetières/de deux lacs/de deux îles.

TEXTE

Dans une famille française

❶ Le vendredi 12 juin.
Les correspondants allemands sont dans le train qui va bientôt arriver à Paris. Six heures de train, c'est long. Et ils en ont un peu marre, mais ils sont très excités parce qu'ils vont enfin rencontrer leurs corres. Katharina, la correspondante de Carole, vient en France pour la première fois et pense qu'elle va souvent avoir besoin de son dictionnaire, mais zut!
Elle ne le trouve pas!

❷ Quand Katharina arrive chez les Garrigue, elle est très étonnée: tout le monde lui fait la bise, même Alain, le frère de Carole, qui a 19 ans. Mme Garrigue lui demande si elle a fait bon voyage. Oh là là, elle a l'impression que les Garrigue parlent très vite. Il y a beaucoup de phrases qu'elle ne comprend pas. Mais M. Garrigue fait toujours des gestes quand il explique quelque chose, Alain lui parle un peu en anglais et Carole l'aide avec des mots allemands. Alors, ça va quand même. Katharina trouve la famille Garrigue vraiment très sympa.

❸ Après, Carole montre à Katharina la chambre où elle va dormir. Elles reviennent ensuite dans la salle à manger pour le repas du soir. Là, Katharina donne une bouteille de vin à M. et Mme Garrigue.

Katharina: C'est un … euh … en anglais, on dit «present».
Carole: Ah! Tu veux dire un «cadeau».
Katharina: Oui, c'est ça, c'est un cadeau de mes parents. C'est pour vous.
M. Garrigue: Ah! C'est un vin de Stuttgart! Merci beaucoup. C'est très gentil!

❹ *Mme Garrigue*: Bon, on va se mettre à table. Tu sais, Katharina, aujourd'hui, ce sont Carole et Alain qui ont fait la cuisine. Alors, qu'est-ce qu'on mange ce soir?
Carole : Eh bien, après la quiche qu'Alain a préparée, il y a des biftecks, de la salade, puis du fromage et, comme dessert, une mousse au chocolat que j'ai faite hier soir.
Mme Garrigue: Tu dois avoir faim, Katharina, tu n'as pas dû manger beaucoup dans le train.
Katharina: C'est vrai et la quiche, c'est très délicat!
Carole: Délicat? Ah, tu veux dire «délicieux»! Mais tu sais, Katharina, si tu aimes la quiche, dépêche-toi! Alain en mange toujours la moitié.

Après la quiche, M. Garrigue apporte les biftecks. Katharina est gênée: la viande n'est pas cuite comme à la maison!
Carole: Qu'est-ce que tu as, Katharina? Tu n'aimes pas la viande?
Katharina: Euh, c'est le … elle est rouge …
Mme Garrigue: Ah, la viande n'est pas assez cuite pour toi? Ce n'est pas un problème, Carole va la cuire un peu plus.

❺ A la fin du repas …
Mme Garrigue: Tu veux peut-être une infusion, Katharina.
Katharina: Une infusion? Mais pourquoi? Je ne suis pas malade. En Allemagne, les infusions, c'est seulement à l'hôpital!
M. Garrigue: A l'hôpital?
Carole et Katharina regardent alors dans le dictionnaire et trouvent l'explication. Le mot allemand «Infusion», c'est une «injection» en français et le mot français «infusion», c'est «Kräutertee» en allemand!

Carole: Tu dois être fatiguée, Katharina!
Katharina: Oh oui, je suis très fatiguée.
Carole: Bon, alors on va au lit, maintenant. Demain, je vais te montrer Paris et il faut être en forme.

Dans la chambre, les deux filles discutent encore un peu.
Carole: Tu as besoin de quelque chose?
Katharina: Non, merci.

Mais quand Katharina veut se mettre au lit, elle remarque qu'il n'y a pas de couette et se demande comment elle va dormir.

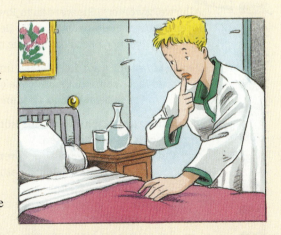

ACTIVITES

1 A propos du texte

a ▶ Quelles informations est-ce que le texte donne sur la famille Garrigue? Parlez aussi de vos premières impressions.

b **A vous** ▶ Imaginez: Vous avez la visite de votre corres français(e). Comment est-ce que vous allez passer le premier soir?

2 Il y a quand même des différences!

1. Un(e) Français(e) explique à un(e) Allemand(e):
   – quand on fait la bise en France.
   – quand on mange du fromage en France.
   – quand les élèves français vont à l'école.

2. Un(e) Allemand(e) explique à un(e) Français(e):
   – quand on boit du café ou du thé en Allemagne.
   – quand on mange du pain en Allemagne.
   – quand on peut faire les courses en Allemagne.

a ▶ Prenez le rôle du Français/de la Française ou de l'Allemand(e).

b **A vous** ▶ Parlez des clichés. (… vorgefasste Meinungen.) Qu'est-ce que les Allemands pensent des Français en général? (… im Allgemeinen?)

Lerntechniken — Verständigung leicht gemacht

Diese Lerntechnik hilft euch, wenn euch die passenden Wörter auf Französisch fehlen oder wenn ihr etwas nicht verstanden habt.

Tipp 1 Umschreibungstechnik: Umschreibt das gesuchte Wort, z. B. mit einem Oberbegriff, einer Erklärung oder dem Gegenteil:
- → *die Kirsche:* C'est un petit fruit rouge.
- → *Briefmarken:* Il en faut un quand on veut envoyer une lettre.
- → *der Tag:* C'est le contraire (das Gegenteil) de «la nuit».

Tipp 2 Ausweichtechnik: Auch im Französischen gibt es sogenannte „Allerweltswörter". Sie werden in Frankreich häufig benutzt um Gegenstände zu beschreiben, z. B. „le truc" (das Ding).
- → *der Dosenöffner:* C'est un truc qu'on utilise pour ouvrir des boîtes.

Ebenso könnt ihr auf Dinge zeigen und nach ihnen fragen:
Ce truc-là, | comment est-ce que ça s'appelle en français?
            | qu'est-ce que c'est en français?

Tipp 3 Erläuterungstechniken: Ihr könntet euren Gesprächspartner
- um eine Erläuterung bitten:
  - → Qu'est-ce que ça veut dire, «prendre une infusion»?
- um eine Wiederholung oder um eine langsamere Sprechweise bitten:
  - → Vous pouvez | répéter | s'il vous plaît?
       Tu peux | parler un peu moins vite, | s'il te plaît?
- um Bestätigung bitten:
  - → Est-ce que j'ai bien compris: Une infusion, c'est une boisson?

3 Qu'est-ce que c'est en français? (§ 54)

Exemple: ein Kugelschreiber → C'est un instrument qu'on prend pour écrire.

> C'est une personne qui …
> C'est un appareil que …
> C'est une machine …
> C'est un instrument …
> C'est un endroit où …

a ▶ Expliquez en français. Utilisez les pronoms relatifs:

1. eine Gabel
2. ein Reisebüro
3. ein Programmierer
4. ein Koch
5. ein Bademeister
6. ein Flugzeug
7. eine Schreibmaschine
8. eine Pizzeria
9. ein Schuhgeschäft

b ▶ Jouez en classe. Quelqu'un décrit un métier ou une personne et les autres devinent de qui on parle.

Exemples: – C'est une personne qui vend des fruits au marché. (un marchand)
– C'est une personne qui a été roi de France et qui a habité à Versailles. (Louis XIV)

4 Katharina à la découverte du collège André Citroën (§ 54)

▶ Faites des phrases avec les pronoms relatifs *qui, que, où*.

Mardi matin, Carole présente le collège André Citroën à sa correspondante.

Exemple: Carole emmène Katharina à un cours de français. Il commence à 10 heures.
→ Carole emmène Katharina à un cours de français **qui** commence à 10 heures.

1. Le prof de français explique un texte. Katharina ne comprend pas ce texte.
2. Elle pense que demain, elle va prendre un livre. Son père lui a donné un livre sur Paris.
3. Pendant la récré, elle va dans la cour du collège. Là, elle parle avec ses copains et ses copines de Stuttgart.
4. En permanence, Katharina rencontre un jeune surveillant. Il parle un peu allemand.
5. A une heure, les élèves allemands mangent au self. Là, ils rencontrent leurs profs.
6. L'après-midi, Katharina a très envie de participer au championnat de frisbee. Le jeune surveillant a organisé ce championnat.
7. Mais elle décide de rester avec Carole. Carole a cours d'allemand avec Mme Riffonneau!

5 La fête (§ 54)

a ▶ Trouvez la fin des phrases.

1. Le jeudi soir, il y a une fête
2. Les élèves ont apporté des salades
3. Et Frédéric a apporté un CD super
4. Mais les filles préfèrent la musique de Céline Dion
5. Frédéric veut danser avec Katharina
6. Alors, il prend un verre de coca sur la table
7. Il mange aussi de la salade de tomates
8. Puis, il va sur la piste de danse

qui
qu'
que
où

- ils ont faites l'après-midi.
- est aussi à la mode en Allemagne.
- il a acheté la semaine dernière.
- il y a les boissons.
- est en train de discuter avec un autre garçon.
- il rencontre Hülya.
- les élèves français et allemands ont organisée.
- il a préparée avec Jean-Luc.

b ▶ Continuez l'histoire.

TEXTE

Une promenade dans Paris

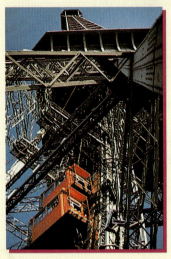

❶ Le samedi matin, Carole et Katharina prennent le petit déjeuner ensemble dans la cuisine. Les parents de Carole sont partis faire les courses et Alain doit travailler aujourd'hui. Alors, les filles décident d'aller se promener dans Paris. Et à 14 heures, elles ont rendez-vous avec Alain   5
à Belleville, devant l'imprimerie où il travaille.

❷ Bien sûr, Katharina veut voir la tour Eiffel et y monter. Elles prennent le RER à la station «Javel» et descendent à la station «Tour Eiffel». Mais quand elles arrivent à la tour Eiffel, il y a déjà beaucoup de touristes japonais qui font la   10
queue pour prendre l'ascenseur. Alors, Katharina et Carole décident de prendre l'escalier. Quand elles arrivent au deuxième étage, elles sont vraiment fatiguées, mais elles peuvent voir tout Paris.

15 ❸ *Katharina:* Carole, le Louvre, c'est loin d'ici?
Carole: Non, tu veux y aller? Je suis sûre que tu veux voir la Joconde.
Katharina: Non, non! Je voudrais voir Mona Lisa.
Carole: Ah? Mona Lisa ... Qu'est-ce que c'est?

20 Mais quand elles visitent le musée et arrivent devant le tableau de la Joconde, elles comprennent et rigolent. Mais tout à coup, Carole regarde l'heure: il est déjà une heure et demie.

Carole: Oh là là, Katharina, il faut aller à Belleville,
25   maintenant. C'est dans le 20ᵉ arrondissement. Viens, il faut prendre le métro! Alain nous attend.

❹ Elles se dépêchent et prennent le métro à la station «Louvre». A la station «Châtelet», il faut changer de ligne et prendre la direction «Mairie des Lilas». Mais les couloirs sont longs, il faut marcher, marcher, marcher ... Katharina   30
a chaud et marche derrière Carole quand tout à coup quelqu'un lui dit:

Un homme: T'as pas un peu de fric?

Katharina ne comprend pas.

Carole: Ne t'inquiète pas! Il veut seulement du fric, euh ...   35
   de l'argent. Tu sais, Paris est une belle ville, mais il y a aussi beaucoup de misère.
Katharina: Attends, je vais lui donner un peu d'argent.

❺ A Belleville, Alain les attend déjà devant l'imprimerie.

Alain: Salut, les filles, vous devez avoir faim! Il y a un restaurant tunisien au coin de la rue, on y va?
Carole: Oui, comme ça, Katharina, tu vas pouvoir manger du couscous!
Katharina: Couscous? Qu'est-ce que c'est?
Carole: C'est une spécialité du Maghreb.
Katharina: Euh … C'est quoi?
Carole: Le Maghreb, c'est l'Afrique du nord: le Maroc, l'Algérie, la Tunisie.

«Chez Saïd», ils mangent un couscous délicieux et boivent du thé à la menthe. Ils y restent une heure et quand ils en sortent, ils n'ont vraiment plus faim. Après, Carole, Katharina et Alain se promènent dans les rues de Belleville.

Katharina: C'est joli, ces petits magasins! Et puis, ça sent bon!
Carole: Oui, ce sont les épices qu'on vend ici. Tu sais, il y a des petites boutiques où on peut acheter des tissus avec des couleurs gaies, des jolis bijoux. Tu vois, c'est un quartier sympa.

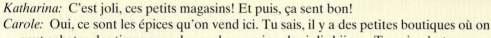

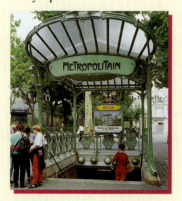

❻ *Carole:* Dis, Katharina, tu n'as pas envie d'aller à Montmartre? Ce n'est pas loin d'ici en métro.

Les trois jeunes prennent le métro et descendent ensuite à la station «Abbesses». Devant le Sacré-Cœur, il y a beaucoup de jeunes qui font de la musique et qui discutent. Katharina remarque aussi des marchands africains qui vendent des objets en cuir, des sacs et surtout des bijoux. Katharina aime beaucoup les bracelets. Elle a bien envie d'en acheter un. Alors, Alain discute avec le marchand africain.

Alain: Il coûte combien, ce bracelet?
Le marchand: Il coûte 20 euros.
Alain: Oh, c'est beaucoup trop cher! Ne le prends pas, Katharina!
Le marchand: Attendez! 15 euros, ça vous va?
Alain: 8 euros.
Le marchand: Euh … je vous laisse ce bracelet pour 10 eu…

Le marchand ne finit pas sa phrase, il prend vite ses affaires et part. Deux secondes après, des agents de police arrivent. Katharina ne comprend pas.

Katharina: Mais pourquoi est-ce qu'il est parti?
Carole: Il n'a pas le droit de vendre dans la rue. Mais, ici, il y a beaucoup de touristes. Alors …

Quand les agents de police sont partis, le marchand revient.

Le marchand: Vous voulez toujours acheter le bracelet? Pour vous, c'est 9 euros, d'accord?

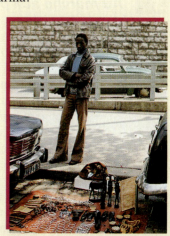

cent sept

B ACTIVITES

1 A propos du texte

▶ Corrigez le texte.

Le dimanche matin, Carole et Katharina décident de faire une promenade dans Paris. Elles vont d'abord voir la tour Eiffel et prennent l'ascenseur pour y monter. Elles vont ensuite au Centre Pompidou, puis à Belleville où elles ont rendez-vous avec Alain. Ils vont manger ensemble une pizza à Montmartre. Devant le Sacré-Cœur, Katharina discute avec un marchand africain. Elle veut acheter un sac en cuir.

2 La promenade dans Paris (§ 56)

J'y vais. / J'y suis. / J'en viens.

Le soir, Mme Garrigue pose des questions à Katharina et à Carole sur leur promenade dans Paris.

▶ Mettez *y* ou *en*.

Mme Garrigue: Alors, cette promenade dans Paris. Vous êtes allées à la tour Eiffel?
Katharina: Oui, on ~ est même montées. On a pris l'escalier.
Mme Garrigue: L'escalier! Pourquoi est-ce que vous n'avez pas pris l'ascenseur?
Carole: On n'a pas voulu faire la queue avec les touristes!
Mme Garrigue: Et après, qu'est-ce que vous avez fait?
Carole: On est allées au Louvre et on a vu la Joconde.
Mme Garrigue: Ah, c'est bien. Et vous avez vu Alain? Vous êtes allées à Belleville?
Carole: Oui, on ~ revient. Alain nous a emmenées dans un petit restaurant tunisien. On ~ a mangé un couscous. On ~ est restés une heure, et quand on ~ est sortis, on a décidé de montrer les petites boutiques de Belleville à Katharina.
Mme Garrigue: Comment est-ce que tu as trouvé ce quartier, Katharina?
Katharina: Super! Je suis entrée dans les boutiques. J'~ ai vu des jolis bijoux.
Carole: Après, on est encore allés à Montmartre. Là aussi, on a beaucoup marché et on ~ est revenus crevés!
Mme Garrigue: Eh bien, vous devez avoir faim maintenant!

3 Au marché aux puces (§ 56)

J'y pense. / J'en parle.

▶ Remplacez les expressions soulignées par *y* ou *en*.
(Ersetzt die unterstrichenen Ausdrücke durch *y* oder *en*.)

Exemple: Dimanche après-midi, Frédéric et Florian vont au marché aux puces.
Ils prennent le métro pour aller <u>au marché aux puces</u>.
→ Ils prennent le métro pour **y** aller.

Les deux garçons prennent la direction Porte de Clignancourt et descendent ensuite <u>à la station Porte de Clignancourt</u>.

Frédéric: Qui t'a parlé de ce marché?
Florian: C'est un copain qui m'a déjà parlé <u>de ce marché</u>. Je voudrais bien trouver des cartes postales des années vingt.

Frédéric: Ce n'est pas facile de trouver <u>des cartes postales des années vingt.</u>
Florian: Je voudrais faire une surprise à mon oncle. Il a une collection <u>de cartes postales des années vingt.</u>
Frédéric: Mais je pense <u>à quelque chose</u>. Il y a un antiquaire très sympa, près d'ici. <u>Dans sa boutique</u>, on va trouver un cadeau pour ton oncle.

4 Ne regarde pas! *(§ 57)*

a ▶ Mettez les verbes à l'impératif. Utilisez la forme négative et trouvez le pronom si nécessaire.

«Je cache quelque chose.»
regarder
→ Ne regarde pas!

«Cette veste est moche.»
acheter

«Ce thé est trop chaud.»
boire tout de suite

«Ce film n'est pas intéressant.»
aller

«Il n'est pas bon.»
manger

«Vous allez bientôt pouvoir marcher.»
s'inquiéter

b ▶ Mettez maintenant les phrases que vous avez faites à la forme affirmative.

5 Jeu de sons

▶ Travaillez à deux. Lisez les textes, choisissez un jeu de sons et dites-le trois fois à votre voisin(e).

1. Un chasseur[1]
   sachant chasser[2]
   doit savoir chasser
   sans son chien.

2. Je suis fruitière[3]
   ma vie[4] entière[5]
   C'est à la Halle[6]
   Que je m'installe[7],
   C'est à Paris
   Que je vends mes fruits.
   (Lequeux)

3. Charmant[8] chat[9] couché[10]
   tu n'entends pas les souris[11]
   danser à trois les entrechats[12]
   sur le plancher.[13]
   (Lequeux)

Vocabulaire: 1 **un chasseur** [ɛ̃ʃasœr] ein Jäger 2 **sachant chasser** der jagen kann 3 **la fruitière** die Obsthändlerin 4 **la vie** das Leben 5 **entier/entière** ganz 6 **la Halle** die (ehemalige) Markthalle in Paris 7 **s'installer** sich hinstellen 8 **charmant** reizend 9 **un chat** eine Katze 10 **couché** ruhend 11 **une souris** eine Maus 12 **un entrechat** ein Luftsprung 13 **le plancher** der (Holz)Fußboden

ACTIVITES

6 Pour trouver son chemin

> On dit

1. Dans la rue:
- Pardon, madame/monsieur, | je cherche la rue Balard. |
où est la rue Saint-Charles, |
où se trouve la gare, | s'il vous plaît?
pour aller à Montmartre, |

- Vous | allez/continuez tout droit (jusqu'à …), | puis vous …
prenez | la rue … (jusqu'à …),
la | première | rue à droite/à gauche,
deuxième
troisième
tournez à droite/à gauche,

2. Dans le métro:
- Pardon, madame/monsieur, pour aller à (la station) «Abbesses», c'est quelle direction, s'il vous plaît?
- Vous prenez d'abord la direction «Porte Dauphine», puis vous changez à «Pigalle» et vous prenez la direction «Porte de la Chapelle». Et vous descendez à la station «Abbesses».

À vous ▶ Regardez le plan du métro à la fin du livre. Qu'est-ce qu'il faut faire pour aller en métro: 1. de la tour Eiffel à Montmartre (station «Abbesses») 2. de la gare de l'Est à la station «Balard»?

7 L'histoire que tu as racontée (§ 54)

a ▶ Lisez le poème.　　b **À vous** ▶ Imaginez d'autres petits textes:

L'histoire que tu as imaginée
L'histoire que tu as racontée
L'histoire que j'ai écoutée
L'histoire que j'ai notée
L'histoire que je n'ai pas oubliée.

D'après un poème de Jacques Prévert.

Le texte
Le texte que …
Les photos
Les photos …

prendre
faire
écrire
lire
mettre
regarder

8 [Sans dictionnaire] (§ 55)

▶ Complétez avec *ce qui, ce que, ce qu'*.

Pauvre Katharina! Elle n'a pas de dictionnaire, ~ est un problème quand on est en France pour la première fois. Mais quand elle ne comprend pas ~ Mme Garrigue lui dit, Carole lui explique ~ sa mère veut dire, ~ est très sympa. ~ est intéressant pour Katharina, c'est d'être dans une famille française. Mais ~ ne lui plaît pas, c'est de ne pas pouvoir dire ~ elle veut, surtout pendant les repas.

9 A propos du vocabulaire

a Voilà des mots en français standard et en français familier.
▶ Trouvez les mots qui vont ensemble.

le garçon	la discothèque	le travail	le self-service
le professeur	les mathématiques	fatigué(e)	le/la correspondant/e
la récréation	sympathique	la géographie	l'ami/l'amie
la bande dessinée	la télévision	l'interrogation	
la disco	la géo	le self	la télé
le/la prof	la récré	le/la corres	le copain/la copine
sympa	l'interro	les maths	crevé(e)
le mec	le boulot	la BD	

b ▶ Traduisez en français standard.

1. Mario, le corres de Françoise, est au collège. 2. Il n'aime pas les interros de maths. 3. Mais il adore la géo. 4. «Il est sympa», disent les copines. 5. Son cadeau pour Françoise, c'est une BD! 6. Pendant la récré, Françoise présente son corres au prof d'histoire-géo. 7. Au self, elle n'a pas le temps de lire sa BD. Et elle a beaucoup de boulot pour demain, ce n'est pas le pied! 8. Et Mario? Le soir, il est trop crevé pour aller dans une disco avec ses copains, alors il regarde la télé.

10 ✎ La carte de Katharina

Katharina a écrit une carte à ses parents et la montre à Carole.

▶ Aidez Carole à traduire la carte.

> Liebe Eltern,
> ich schicke euch eine Karte, die mir sehr gut gefällt. Auf der Karte kann man Mona Lisa sehen, die die Franzosen la Joconde nennen. Ich habe den Louvre, wo dieses Bild sich befindet, mit Carole besichtigt. Wir sind mit der Metro dorthin gefahren. Alain hat uns in ein tunesisches Restaurant mitgenommen, wo wir Couscous gegessen haben. Es schmeckt echt sehr gut! Bis bald.
> Schöne Grüße
> *Katharina*

11 [Tout le monde aime la quiche.] (§ 58)

Ce soir, il y a une quiche chez les Garrigue. Carole a fait 12 parts. Mme Garrigue n'a pas très faim; elle veut seulement deux parts. M. Garrigue prend trois parts comme toujours. Alain, lui, a très faim ce soir et il veut six parts de quiche. Mais Carole n'est pas d'accord parce qu'elle veut trois parts comme son père.

▶ Combien de parts est-ce qu'il va rester pour Alain? Regardez la quiche et calculez combien les personnes de la famille Garrigue vont en manger, puis donnez la réponse. Attention: Il y a douze parts de quiche. Pour calculer, il faut utiliser les fractions.

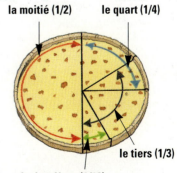

la moitié (1/2) le quart (1/4)
le tiers (1/3)
le douzième (1/12)

Leçon 10

La Pointe du Raz (Bretagne)

APPROCHE

Enfin les vacances! (§ 59)

M. Moreau: **Qui est-ce qui** a mis ce sac ici?
Julie: C'est moi, papa. Attention, il y a mes CD et ma radio dans le sac!

Julie: Mais **qu'est-ce que** tu emportes là? On n'a plus de place pour ton bateau!

Mme Moreau: **Qu'est-ce qui** ne va pas, Sébastien?
Sébastien: Je veux emporter mon bateau, mais Julie dit qu'il n'y a plus de place dans la voiture.
Olivier: Julie, on part! **Qui est-ce que** tu appelles encore?
Julie: J'appelle Mélanie pour lui dire au revoir!

Die Moreaus stellen Fragen, die mit vier verschiedenen Frageformen gebildet werden: Schaut euch die vier Situationen genau an.

a ▶ An welchem Teil der Frageform erkennst du jeweils, ob nach Personen oder Sachen (bzw. Sachzusammenhängen) gefragt wird? Wie lauten das Fragewort für Personen und das Fragewort für Sachen?

b ▶ Der andere Teil der Frageform ist ein Relativpronomen. Worüber gibt es Auskunft?

On part dans dix minutes.

Dix minutes avant le départ, Julie appelle sa copine Mélanie pour lui dire au revoir. Mélanie est en train de faire du baby-sitting. Dans la pièce où elle est, il y a beaucoup de bruit, alors elle n'entend pas bien et pose des questions à Julie.

▶ Voilà les réponses de Julie. Trouvez les questions de Mélanie.

1. *Sébastien et Olivier* sont déjà dans la voiture.
2. Nous avons préparé *un pique-nique* pour midi.
3. *La Bretagne* intéresse beaucoup mes parents.
4. On va rencontrer *des amis de l'an dernier*.
5. Mais pour moi, les vacances de rêve, c'est *partir avec les copains*.
6. *Tu* vas me manquer.
7. Heureusement, j'ai emporté *des CD*.
8. Je vais t'envoyer *des cartes postales*.
9. Maintenant, je dois te dire au revoir. *Tout le monde* m'attend dans la voiture. Allez, salut et à bientôt!

TEXTE

Sur la route des vacances

❶ Vendredi 12 juillet. Enfin les vacances! Les Moreau ferment la boulangerie pour quinze jours. Comme l'année dernière, ils partent à Concarneau où ils ont loué une maison près de la mer … Chez les Moreau, on adore la Bretagne, mais personne n'aime le long voyage entre Paris et Concarneau. Et en plus, aujourd'hui il fait très chaud, et Julie n'est pas
5 contente: ses copines de classe font du camping en Provence, son copain Christophe est en Autriche, chez son correspondant, et elle, à dix-sept ans, elle doit encore partir en Bretagne avec papa et maman!
A neuf heures et quart, la voiture est chargée. M. et Mme Moreau regardent une dernière fois leur liste: Non, ils n'ont rien oublié. Tout le monde monte dans la voiture et c'est le
10 grand départ. Dans le quartier, il n'y a pas encore beaucoup de circulation, mais quand ils arrivent sur le périphérique, rien ne va plus!

❷ *Mme Moreau:* J'ai l'impression que ce n'est pas une bonne idée de partir aujourd'hui. On va avoir des bouchons …
M. Moreau: Mais non, tu vas voir. Ça va s'arranger sur l'autoroute …
15 *Olivier:* Attends, on peut mettre «Autoroute FM»,
il est juste neuf heures et demie …
La radio: «… un bouchon de 10 km sur l'autoroute
A 11 après la sortie de Chartres. Et maintenant …»
M. Moreau: Ça commence bien! Peux-tu regarder
20 sur la carte si on peut prendre une autre route?
Olivier: … On peut passer par Châteaudun et Nantes, mais c'est beaucoup plus long!
M. Moreau: Alors, qu'est-ce qu'on fait?
Mme Moreau: Ça ne fait rien, on prend l'autoroute. Si on en a marre, on peut s'arrêter et
25 pique-niquer. Au fait, Olivier et Julie, où avez-vous mis le panier avec le pique-nique? … Mais qu'est-ce qu'il y a? Pourquoi est-ce que vous ne dites rien?
Julie: Demande à Olivier. Moi, personne ne m'a dit de le mettre dans la voiture …
Mme Moreau: Alors, qui est-ce qui l'a rangé dans la voiture? C'est toi, Olivier?
Olivier: Euh … je l'ai vu à la cuisine, mais j'ai pensé que Julie …
30 *Julie:* Mais non, pas du tout!
M. Moreau: Zut alors! Et comment va-t-on faire pour pique-niquer, maintenant?
Mme Moreau: On ne va quand même pas faire demi-tour pour ça! On peut acheter quelque chose à manger dans une station-service. Et pour le panier …
Olivier: … On peut téléphoner aux voisins, on leur a laissé les clés. Enfin, j'espère! Tu as
35 bien donné les clés aux Mercier, Julie?
Julie: Oh, ça va, ne m'énerve pas!
Sébastien: Dis, maman, c'est encore loin où on va?

❸ Après dix heures de route et des kilomètres de bouchons, les Moreau arrivent enfin à Concarneau. Ils sont très fatigués, mais Olivier et Sébastien veulent tout de suite aller à la
40 plage: peut-être que les copains de l'an dernier sont là … Mais il est déjà tard et ils ne rencontrent personne! Et Julie? Elle aide les parents à décharger la voiture et à monter les sacs dans les chambres. Depuis l'histoire du panier, elle ne veut plus parler à Olivier.

ACTIVITÉS

1 A propos du texte

a ▶ C'est vrai ou c'est faux? Lisez les phrases et répondez, puis expliquez votre réponse.

1. Les Moreau partent en Bretagne pour la première fois. 2. Ils vont passer le mois de juillet à Concarneau. 3. Ils vont habiter dans un camping près de la mer. 4. Julie n'est pas contente parce qu'il fait très chaud aujourd'hui. 5. Sur l'autoroute, il y a beaucoup de circulation. 6. Les Moreau n'ont rien oublié. 7. Tout à coup, ils décident de faire demi-tour. 8. Le voyage en voiture est long.

b *A vous* ▶ Une famille de Marseille part en vacances à la montagne. Faites un sketch.

2 Franck et Guillaume (§ 61)

Dans l'équipe de judo de Frédéric, il y a deux nouveaux: Franck et Guillaume. Ce sont deux frères, mais ils sont très différents!

> ne … plus / ne … jamais
> ne … personne / personne ne …
> ne … rien / rien ne …
> toujours / tout / tout le monde

a ▶ Lisez d'abord le portrait de Franck.

1. Franck **n'**arrive **jamais** au club à l'heure. *(niemals)*
2. Quand il ne peut pas venir, il téléphone **toujours**.
3. Il va **encore** au collège.
4. A l'école, **rien ne** lui plaît. *(nichts)*
5. Dans sa classe, **tout le monde** le trouve excité.
6. A la maison, **tout** l'énerve.
7. Dans sa chambre, il range **tout**, mais il **ne** range **jamais** la cuisine.
8. Il dit bonjour à **tout le monde**, mais il **ne** raconte **jamais** de blagues, alors **personne ne** le trouve cool. *(niemand)*

b ▶ Décrivez maintenant son frère. N'oubliez pas: Guillaume, c'est le contraire de Franck.

Exemple: 1. Guillaume arrive **toujours** à l'heure.

3 Pendant la pause sur l'autoroute (§ 60)

A la station-service où les Moreau ont acheté des sandwichs pour le pique-nique, un journaliste pose des questions aux touristes. Il demande aux Moreau:

1. d'où ils viennent,
2. où ils veulent aller,
3. s'ils vont en Bretagne pour la première fois,
4. à quelle heure ils sont partis ce matin,
5. s'il y a eu beaucoup de bouchons sur la route,
6. si on trouve des belles plages là où ils vont.

a ▶ Ecrivez les questions du journaliste et donnez les réponses des Moreau. Utilisez l'interrogation par inversion.

Exemple: – D'où **venez-vous**?
– Nous venons de Paris.

b *A vous* ▶ Travaillez à deux et trouvez encore d'autres questions que le journaliste peut poser à des touristes.

cent quinze

B TEXTE

Le port de Concarneau

… Hmm! …

… bon vent!

Le journal de Julie

Samedi 13 juillet: Mon premier jour de vacances en Bretagne. Ici, il fait un temps super. Ce matin, on s'est levés à dix heures. Après le petit déjeuner, je suis allée faire les courses avec Olivier. (Demain, tout est fermé: c'est le 14 juillet.) L'après-midi, nous sommes allés sur le port avec Sébastien et les parents. Après, on a fait une promenade sur la plage.
5   On a voulu se baigner, mais avec la marée basse, on n'a pas pu!

Dimanche 14 juillet: Hier soir, à onze heures, on a regardé le feu d'artifice sur le port: La mer, les couleurs et la vieille ville, génial! Puis, papa et maman sont allés au bal. Olivier et moi, on n'a pas voulu y aller … Le bal du 14 juillet, c'est pour les vieux! J'ai préféré rester à la maison pour écrire mon journal. Mais à deux heures du matin, je me
10 suis réveillée. J'ai entendu du bruit dehors … alors, j'ai descendu les escaliers et j'ai regardé dans le jardin. Mais là, je n'ai rien remarqué, je n'ai vu personne … Alors, je suis rentrée dans la maison. Aujourd'hui, nous avons passé la journée sur la plage. Après, nous sommes allés nous promener dans la vieille ville. On est entrés dans la crêperie «Le Troadec»: on a mangé des crêpes et des galettes et on a bu du cidre.

15 **Lundi 15 juillet:** Mon premier cours de voile s'est très bien passé. La voile, ce n'est pas toujours facile. Avec le vent, il faut faire attention, surtout quand on veut tourner. Olivier, lui, a choisi de faire de la planche à voile cette année, et j'ai l'impression qu'il s'amuse bien, lui aussi. Je l'ai vu tomber à l'eau une dizaine de fois! Pendant son cours, il a rencontré un Breton très cool (Pierrick). Il me l'a présenté après le cours, et Pierrick nous
20 a proposé de nous emmener un soir dans une discothèque. Olivier, cet idiot, lui a dit qu'il n'aime pas beaucoup les discos! Mais moi, j'ai dit oui tout de suite et on va sans doute y aller mercredi soir.

la crêperie «Le Troadec»…

Où est Obélix?

un Robin des Bois breton!

🔴 *Mercredi 17 juillet*: Hier, on a vu beaucoup de vieilles pierres! Nous sommes allés à Carnac pour voir les menhirs. Sébastien pense que ce sont les menhirs d'Obélix! Des menhirs, il en a déjà vu dans «Astérix le Gaulois» … Le soir, on est allés à «L'Albatros» avec Pierrick. C'est la disco branchée de Concarneau. Et de quoi est-ce que Pierrick et Olivier ont parlé pendant des heures? De bateaux, de pêche et de voile! Ce n'est pas la spécialité d'Olivier, mais ça, il ne l'a pas dit! Et moi, après deux heures, je lui ai dit: «Olivier, tu ne veux pas aller nous chercher des cocas pendant que je danse avec Pierrick?»!!!

🔴 *Samedi 20 juillet*: Ohé, ohé! Aujourd'hui, on est partis en mer avec Pierrick et son oncle (M. Le Goff) qui est pêcheur. Nous avons traversé la baie de Concarneau jusqu'à la pointe de Beg-Meil. Mais quand nous avons voulu revenir, le vent s'est levé tout à coup et le ciel est devenu tout gris. Il y a eu des vagues énormes et Olivier et moi, on a commencé à avoir peur. L'oncle de Pierrick n'a pas voulu essayer de rentrer à Concarneau avec ce temps. Après une heure, on est arrivés à Pont-Minaouët. M. Le Goff a décidé d'attendre la fin de l'orage sur le bateau, mais Pierrick, Olivier et moi, nous avons préféré faire de l'auto-stop pour rentrer à Concarneau. On est enfin arrivés à la maison et Olivier (encore vert de peur!) a raconté notre histoire.

🔴 *Dimanche 21 juillet*: Depuis que nous sommes rentrés sous la pluie, Olivier et moi, on a un gros rhume. Il pleut depuis deux jours … Aujourd'hui, papa, maman et Sébastien sont allés voir l'Aquarium. Olivier et moi, nous sommes restés à la maison. Par la fenêtre, je regarde la pluie qui tombe …
Il pleut, il pleut, il pleut. Je me demande ce qu'on va faire s'il continue à pleuvoir. Mais … ça alors! Il y a de la lumière dans la cabane au fond du jardin!

🔴 *Lundi 22 juillet*: Quand Pierrick est arrivé hier après-midi, je lui ai parlé de la lumière dans la cabane et il a proposé d'aller voir. Quand on s'est approchés, on a entendu des voix … Pierrick a ouvert la porte, et là, on a trouvé deux garçons, trempés de la tête aux pieds. Ils nous ont raconté qu'ils ont passé leur bac en juin, à Rennes. Ensuite, ils ont trouvé un job intéressant au Faouët (c'est un petit village près d'ici). Ils ont joué un petit rôle pendant le tournage du film sur Marion du Faouët, une sorte de Robin des Bois qui a été très célèbre dans la région il y a deux siècles. Depuis deux semaines, le tournage est fini et ils cherchent maintenant des petits boulots pour pouvoir passer le reste des vacances ici. Mais leur tente n'a pas aimé la pluie, alors ils sont venus dans notre cabane … et ce n'est pas la première fois! Papa et maman ont été très surpris quand ils les ont trouvés avec nous dans la cuisine. Mais ils n'ont rien dit, ils ont seulement demandé: «Ce sont encore des copains du club de voile?»

ACTIVITÉS

1 ✎ A propos du texte

a ▶ De quoi parle Julie dans son journal? Faites une liste des endroits, des personnes et des activités et résumez les vacances de Julie.

b ▶ A votre avis, quelle journée est-ce que Julie a préférée? Pourquoi?

c *A vous* ▶ Est-ce que vous préférez la mer ou la montagne? Dites pourquoi. ▽

2 Julie téléphone à Mélanie. (§§ 59, 63)

> ce que (2x) / de quoi (2x) / comment / à quoi / à quelle heure / si / avec qui / quand

a ▶ Complétez.

Le 21 juillet, Julie téléphone à sa copine Mélanie pour lui raconter comment ses vacances se passent. Mélanie pose beaucoup de questions à Julie. Elle veut d'abord savoir ~ Julie trouve Concarneau, ~ il fait beau en Bretagne, ~ Julie et Olivier font le soir, ~ ils vont au lit. Elle demande aussi à Julie ~ elle fait de la voile, ~ on a besoin pour faire de la voile, ~ Sébastien joue sur la plage et ~ on peut faire en Bretagne quand il pleut. Julie répond aux questions de sa copine. Puis, elle lui raconte qu'elle a rencontré un garçon super qui s'appelle Pierrick. Alors, Mélanie lui demande ~ elle parle avec Pierrick et ~ son copain Christophe ne lui manque pas … Et à la fin, bien sûr, elle veut savoir ~ les Moreau rentrent à Paris.

b ▶ Retrouvez maintenant les questions que Mélanie a posées à Julie.
Quand vous pouvez, répondez à ces questions.

3 Au Café de la plage (§§ 59, 63)

a Après le cours de voile, Grégory, un Breton, a invité Caroline, une fille de Rouen, à prendre un verre avec lui. ▶ Complétez les questions.

Grégory: ~ te plaît à Concarneau?
Caroline: J'aime beaucoup le vieux port. Et le cours de voile est super.
Grégory: ~ tu fais encore comme sport?
Caroline: Je fais du tennis. Mais tu sais, j'aime surtout la musique! Et toi? Tu aimes la musique aussi?
Grégory: Euh …, j'aime bien Patrick Bruel.
Caroline: Dis, ~ tu fais ce soir?
Grégory: Je vais aller à un «fest-noz».
Caroline: Et avec ~ est-ce que tu y vas?
Grégory: Je ne sais pas encore.
Caroline: Et ~ tu regardes, là, sur la plage?
Grégory: Je ne regarde rien. Mais Gaëlle, ma copine, arrive.
Caroline: Ah, tu attends une copine. Salut! Je dois partir, maintenant.

b ▶ Racontez la scène au café. Utilisez le discours indirect. Commencez vos phrases avec *d'abord, puis, ensuite, et, à la fin*.

Exemple: D'abord, Grégory **demande à** Caroline **ce qui** lui plaît à Concarneau.
Caroline **dit/répond qu'**elle aime beaucoup … et **que** le cours de voile …

4 Quel temps fait-il?

On dit

– Quel temps fait-il, aujourd'hui?
– Il | fait | très | beau.
     | ne fait pas | trop | mauvais.
     | | | chaud.
     | | | froid.

– Il y a | du soleil.
         | des nuages.
         | du vent.
         | une tempête.
         | un orage.

– Il pleut/Il neige.

– Quelle température fait-il?
– Il fait 20 degrés/moins deux.

a ▶ Lisez les expressions. Faites une liste pour le beau temps et une autre pour le mauvais temps.

b ▶ Regardez le texte 10 B. Quel temps a-t-il fait le 13, le 20 et le 21 juillet?

c *A vous* ▶ Discutez en classe. Quel temps est-ce que vous préférez? Dites pourquoi. Parlez de vos activités pendant les vacances quand il fait beau/mauvais/etc. ▽

5 Un copain, mais une copine …

a ▶ Regardez les mots et trouvez la forme qui manque (féminin ou masculin).

un élève	un Autrichien	un journaliste	un sportif
une étudiante	un prof	un Breton	une skieuse
un marchand	une amie	un spécialiste	un moniteur
une vendeuse	un voisin	une musicienne	une architecte
un surveillant	un étranger	une Suisse	une collègue
un espion	une employée	un correspondant	un fils
un frimeur	une jeune	un Savoyard	un touriste

b ▶ Choisissez cinq ou six mots et écrivez une petite histoire avec ces mots. ▽

6 [Une catastrophe] (§ 62)

eau(x)   eu(x)   aux   oux   al

a ▶ Complétez.
Hier soir, quelqu'un a mis le f~ au chât~ de Kerjean. Tout est perdu: les tabl~ de famille, la collection de chap~ et les bij~ de Madame. Madame, elle, est à l'hôpit~. Là, elle écrit son journ~. Mais tout va s'arranger. Demain, on va commencer les trav~ pour faire un nouveau chât~. Pendant deux mois, les propriétaires vont habiter sur leur bat~.

b ▶ Classez les mots que vous avez trouvés. Donnez aussi le singulier/le pluriel.

7 Jeu de sons

[in] [ŋ]

Quand ma copine Marine a fini son jogging sur le parking du camping, elle fait du baby-sitting dans la cuisine de sa voisine.

[ɲ]

Agnès et Sonia habitent en Bretagne, à Lannion. Elles aiment la montagne et l'Allemagne, mais pas les oignons!

cent dix-neuf

ACTIVITÉS

8 Pierrick et Sébastien

Pierrick est venu dire bonjour aux Moreau. Il discute avec Sébastien dans le jardin.

▶ Reconstituez le dialogue. (Stellt den Dialog wieder her.)

Pierrick: Est-ce que tu veux / ton bateau? / montrer / me
Sébastien: Oui. Est-ce que tu peux / aider à / porter / m' / sur la plage? / le
Pierrick: Bien sûr! / Je vais aussi / comment on fait / mettre à la mer / expliquer / t' / pour le
Sébastien: Super! / moi, je / être pêcheur! / Mais tu sais, / ne veux plus
Pierrick: Pourquoi? / Ah bon?
Sébastien: Tu as proposé / à Olivier et Julie / de / emmener / les / sur le bateau de ton oncle.
Pierrick: Et alors, / leur / a plu! / ça
Sébastien: Oui, mais ils ont fini par / ils ont eu très peur de l'orage. / dire qu' / me

9 [L'après-midi de Julie] (§ 64)

Cet après-midi, tout le monde a fait la sieste chez les Moreau … sauf Julie!
Elle raconte dans son journal comment elle a passé l'après-midi.

▶ Mettez les verbes au passé composé. Attention à l'accord du participe passé!

> Elle **a** mont**é** les escaliers. ← monter → Elle **est** mont**ée** dans sa chambre.

Je (sortir) un livre de mon sac, puis je (sortir) de ma chambre. Je (descendre) les escaliers. Dans le couloir, j'ai vu le bateau et les chaussures de Sébastien. Je les (monter) dans sa chambre, puis je (redescendre) et je (sortir) de la maison. Je (descendre) sur la plage. Mais je ne me suis pas baignée à cause de mon rhume. Je (sortir) le livre de mon sac de plage et j'ai commencé à lire. Ensuite, Pierrick est arrivé. Alors, je (rentrer) mon livre dans mon sac et nous sommes allés au club de voile. Là, nous (monter) dans un bateau et nous avons passé un après-midi super! Nous (rentrer) à six heures seulement.

10 [Pendant les vacances]   **pendant / pendant que**

▶ Complétez.

1. Julie passe les vacances en Bretagne avec sa famille ~ ses copines font du camping en Provence. 2. ~ la première semaine, Julie rencontre un Breton très sympa qui s'appelle Pierrick. 3. A la discothèque, Julie danse avec Pierrick ~ son frère va chercher des boissons. 4. Julie écrit souvent son journal ~ Olivier écoute des cassettes. 5. Sébastien joue avec son bateau ~ Julie et Olivier sont à l'école de voile. 6. ~ la visite du port, Sébastien dit qu'il veut être pêcheur. 7. Dans la nuit du 13 au 14 juillet, Julie entend du bruit dans le jardin ~ ses frères dorment. 8. Un jour, ~ les parents visitent l'Aquarium, Julie trouve deux garçons dans la cabane au fond du jardin. 9. Les deux garçons viennent de Rennes. Ils ont participé au tournage du film sur Marion du Faouët ~ leurs vacances.

11 ✎ Une carte postale et une lettre officielle

a Voilà une carte postale qu'Olivier a envoyée à Florence:

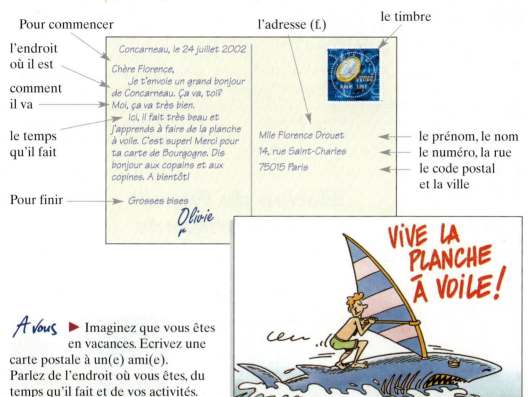

Pour commencer

l'endroit où il est

comment il va

le temps qu'il fait

l'adresse (f.)

le timbre

le prénom, le nom
le numéro, la rue
le code postal et la ville

Pour finir

Concarneau, le 24 juillet 2002

Chère Florence,
Je t'envoie un grand bonjour de Concarneau. Ça va, toi? Moi, ça va très bien.
Ici, il fait très beau et j'apprends à faire de la planche à voile. C'est super! Merci pour ta carte de Bourgogne. Dis bonjour aux copains et aux copines. A bientôt!

Grosses bises
Olivier

Mlle Florence Drouet
14, rue Saint-Charles
75015 Paris

À vous ▶ Imaginez que vous êtes en vacances. Ecrivez une carte postale à un(e) ami(e). Parlez de l'endroit où vous êtes, du temps qu'il fait et de vos activités. Dites aussi comment vous allez.

b Voilà une lettre officielle que Thomas Bauer a envoyée au Syndicat d'initiative de Concarneau.

À vous 1. ▶ Imaginez que vous allez passer vos vacances en France. Ecrivez une lettre au Syndicat d'initiative pour demander des informations sur l'hébergement et les activités.

2. ▶ Pendant les vacances d'été, vous voulez travailler dans une colonie de vacances comme moniteur/monitrice. Ecrivez une lettre au CIDJ[1] pour demander des informations:
   – Présentez-vous (nom, âge, nationalité, école, langues, activités sportives).
   – Demandez des informations sur le travail que vous allez faire et sur l'argent que vous allez gagner. ▽

[1] **le CIDJ:** le Centre d'Information et de Documentation Jeunesse

Thomas Bauer   *Stuttgart, le 15 mai 2002*
Blumenstr. 27
D-70180 Stuttgart

Madame, Monsieur,
Je vais passer deux semaines à Concarneau cet été, et je voudrais des informations sur votre ville. Pouvez-vous me dire s'il y a un camping ou un gîte pas trop cher à Concarneau? Peut-on aussi louer des vélos?

Merci d'avance.

Veuillez agréer, Madame, Monsieur, l'expression de mes sentiments distingués.

Thomas Bauer

cent vingt et un

Le plaisir de lire

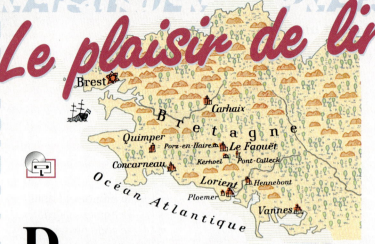

De 1735 à 1755, une jeune femme, «Marion du Faouët», fait peur à la Bretagne. Avec sa bande[3], elle vole les riches[4] sur les routes de la région[5]. Voilà l'histoire de Marion et de sa bande.

Carole Richert a joué le rôle de Marion dans le film «Marion du Faouët».

Marion du Faouët Chef[1] de brigands[2]

Marion du Faouët, de son vrai nom Marie Louise Tromel, est née[6] le 6 mai 1717 dans le petit village de Porz-en-Haire, près du Faouët. Comme beaucoup de gens, Marion et sa mère sont pauvres. A l'époque[7] de Louis XV, cela veut dire avoir faim, avoir froid et mendier[8] pour pouvoir manger. Mais la jeune Marion n'accepte[9] pas cette vie[10] de misère et sans espoir. Dans la ville de Lorient, elle voit des marchands avec des enfants de son âge: Ils n'ont jamais faim, ils sont bien habillés, ils vont à l'école, ils ont un lit. Marion ne comprend pas: Pourquoi est-ce que les riches mangent à leur faim et pourquoi est-ce que les pauvres ont faim? Marion cherche une justice[11], mais elle ne la trouve pas. Alors, elle décide de réagir: elle veut apprendre à lire et à écrire pour avoir une vie comme les riches marchands de Lorient.

Dix-huit ans et déjà chef de bande

A 18 ans, Marion rencontre Henry Perzon, l'homme de sa vie. Il est pauvre comme elle. Pendant l'hiver de 1736, Henri travaille dans les forêts du Marquis de Pont-Calleck avec cinq autres hommes. Marion est avec eux pour faire la cuisine. Il fait froid et ils travaillent du matin au soir. Le travail est dur[12] et mal payé, mais ils peuvent manger.

C'est dans les forêts que Marion et sa bande attaquent et volent les riches paysans et les marchands qui rentrent chez eux.

Mais un jour, le propriétaire n'a plus besoin d'eux … D'un jour à l'autre, les hommes n'ont plus de travail, plus rien à manger. Marion décide alors de faire elle-même[13] la justice: *« Je veux lever une bande[14] pour prendre aux riches ce qu'ils ont volé aux pauvres qui travaillent pour eux.»* C'est ainsi que[15] Marion, à l'âge de dix-huit ans, devient[16] le chef d'une bande qui va bientôt être très célèbre[17] en Bretagne.

Marion et sa bande vont aux marchés et aux foires[18] de la région. Ils attendent que les riches marchands sortent des auberges[19] et ils les attaquent[20] quand ils rentrent chez eux. Ils leur prennent leur argent, leurs chapeaux et leurs chaussures, mais ensuite ils les laissent tranquilles. Marion ne veut pas de violence[21].

Une femme de cœur

Marion organise les activités de sa bande dans le village de Kerhoel, près du Faouët.
Bientôt, Marion et ses hommes commencent à avoir de l'argent. Avec l'argent, ils mangent et boivent dans les auberges de la région. Et quand il n'y a plus d'argent, ils recommencent à voler.
Marion a enfin réussi: Sa famille n'a plus faim. Elle est riche, s'habille comme la femme d'un riche marchand et peut même s'acheter des bijoux. La vie est facile quand on a de l'argent.

Pendant la famine[22] de 1740-1741, Marion montre aussi, qu'elle a un cœur. La nuit de Noël, quand Marion sort de l'église avec les autres riches du village, elle voit les pauvres qui mendient devant l'église. Elle se souvient alors qu'elle a mendié, elle aussi. Marion a pitié[23] de ces gens et les invite chez sa mère. Des centaines[24] de pauvres vont avoir une soupe[25] chaude le soir de Noël.
Maintenant, Marion est célèbre dans la région, mais bientôt les problèmes vont commencer.

La fin d'un rêve

Un jour, ses hommes attaquent une ferme pour y voler des bouteilles de cidre. Le paysan appelle les archers[26] qui se mettent[27] à la recherche des brigands. Le 24 mars 1743, on arrête Henry et ses hommes et on les met en prison[28].

Marion réussit à libérer[29] ses hommes de la prison de Hennebont et la bande (il y a maintenant 80 hommes!) reprend[30] ses activités, de Quimper à Vannes, de Ploemer à Carhaix. Mais c'est le début[31] de la fin: Peu de temps après, on arrête[32] une deuxième fois Henry et le 28 mars 1747, il monte sur l'échafaud[33].

„Interrogée de son nom, surnom, âge, qualité et demeure. Répond en langue française se nommer Marie Tromel …"

L'auberge de Loivisy où la bande à Marion vient boire et manger

Marion continue sans lui, mais en 1755, on l'arrête et on la juge[34]. Mais quand on lui demande le nom de ses hommes, elle ne veut rien dire. Cette fois, il n'y a plus d'espoir … Marion meurt[35] sur l'échafaud à Quimper, le 2 août 1755.

Marion et ses hommes sont morts[36] depuis plus de deux siècles. Mais en Bretagne, on parle encore de cette jeune femme, de sa vie et de ses idées. Personne n'a oublié Marion du Faouët, chef de brigands, mais femme de cœur.

Vocabulaire: 1 **un chef de brigands** ein Räuberhauptmann (hier: Chefin einer Räuberbande) 2 **un brigand** ein Straßenräuber 3 **une bande** eine Bande 4 **riche** reich 5 **une région** eine Region 6 **né,e** geboren 7 **une époque** eine Epoche 8 **mendier** betteln 9 **accepter** annehmen 10 **la vie** das Leben 11 **la justice** die Gerechtigkeit 12 **dur,e** hart 13 **elle-même** selbst 14 **lever (une bande)** eine Bande ausheben 15 **C'est ainsi que …** So … 16 **devenir** werden 17 **célèbre** berühmt 18 **une foire** ein (Jahr-) Markt 19 **une auberge** eine Herberge 20 **attaquer** angreifen 21 **la violence** die Gewalt 22 **une famine** eine Hungersnot 23 **avoir pitié de qn** mit jdm Mitleid haben 24 **centaines de …** hunderte von 25 **une soupe** eine Suppe 26 **un archer** ein Bogenschütze 27 **se mettre à qc** etwas beginnen 28 **une prison** ein Gefängnis 29 **libérer** befreien 30 **reprendre qc** etwas wieder aufnehmen 31 **le début** der Anfang 32 **arrêter qn** jdn festnehmen 33 **l'échafaud** das Schafott 34 **juger qn** jdn verurteilen 35 **elle meurt (inf.: mourir)** sie stirbt 36 **mort,e** tot

▶ Dies ist ein Cartoon der französischen Zeichnerin Claire Brétécher.
Auf den ersten Blick habt ihr von dem Text in den Sprechblasen sicherlich nicht viel verstanden, aber bei genauerem Hinsehen wird euch einiges klar werden.

1. Seht euch zunächst nur die Bilder an und beschreibt die dargestellte Situation.

2. Welche Namen benutzen die beiden Jungen zur Anrede des dritten (Zeichnung 3/4)? An welche Wörter aus dem Lateinischen bzw. Englischen erinnern euch diese Namen?

3. In der 5. Zeichnung nennt der fremde Junge seinen Namen. Wie klingt er?

4. Warum wirken die Jungen im 6. Bild überrascht?

5. Vergleicht Zeichnung und Sprechblase der 3. und 7. Zeichnung. Was hat sich geändert? Warum?

6. Welche Wörter konntet ihr aus dem Zusammenhang ermitteln (präzise oder annäherungsweise)?

Wenn ihr in Frankreich seid, werdet ihr nicht alles, was die Leute sagen, verstehen. Das ist aber ganz normal: Einiges versteht ihr aber schon – durch die Begleitgeräusche, der Art der Stimmführung und natürlich durch die Vokabeln, die ihr schon kennt.

a ▶ Hört die drei Szenen einmal an. Welche Überschrift paßt zu welcher Szene?
– Une nouvelle en 3e F
– Attention au stop!
– La rentrée, c'est super.

b ▶ Hört die Texte noch ein zweites Mal an und beantwortet die Fragen zu den drei Texten. Antwortet mit „oui" oder „non".

Scène 1:
– Aurélie est là.
– Le prof de maths, c'est M. Godin.
– Marc aime les profs de la 3e F. Florence aussi.

Scène 2:
– Florence a cours, maintenant.
– Carole aime le collège.
– Carole aime les boulevards et les cinémas de Paris.

Scène 3:
– C'est Mme Garrigue.
– Les Garrigue habitent rue des Ardennes.
– La police est dans la rue.

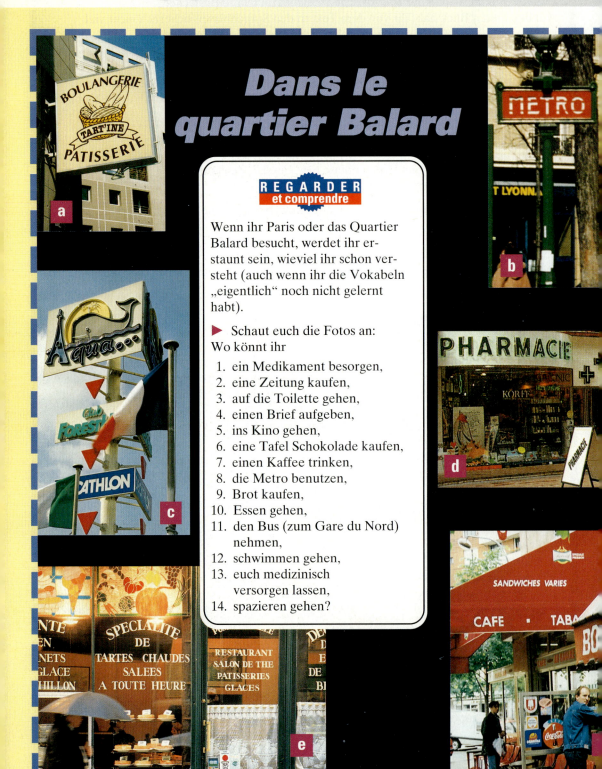

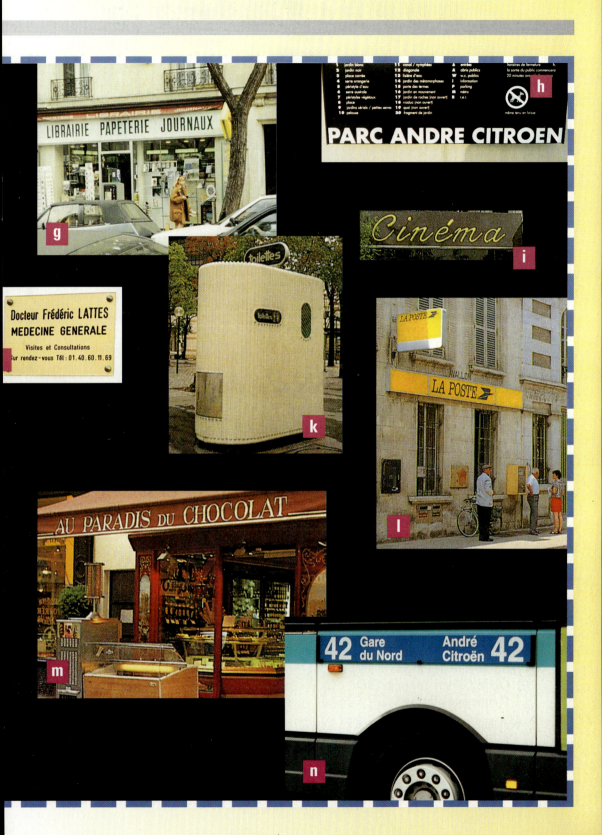

SUPPLEMENT 3

ECOUTER et comprendre — **Jacques au Centre Pompidou**

❶ C'est dimanche après-midi. Mamie et l'oncle Gilbert montrent le Centre Pompidou à Jacques, un cousin de l'oncle Gilbert. Jacques, 25 ans, est de Montréal et il est en vacances à Paris.

Au Centre Pompidou, il y a un musée d'art moderne, des expositions, des salles de cinéma et une bibliothèque.

a ▶ In dem Text sind manche Vokabeln für euch neu. Aber ihr könnt sie aus dem Deutschen oder Englischen ableiten.

b ▶ Lisez les questions: 1. Est-ce que l'oncle Gilbert aime l'art moderne?
2. Qu'est-ce que mamie aime au Centre Pompidou?

c ▶ Maintenant, écoutez le texte 1 sur la cassette/le CD du professeur et répondez aux questions 1 et 2.

❷ Le musée du Centre Pompidou est un des grands musées d'art moderne du monde. Dans le musée, on trouve des tableaux de peintres comme Picasso, Chagall, Matisse, etc. Sur la photo, il y a un tableau de Picasso.

a ▶ Regardez la photo. Wie könnt ihr *tableau* und *peintre* verstehen? Was kann wohl *le monde* bedeuten?

b ▶ Ecoutez maintenant le texte 2.

1. Répondez. C'est vrai ou c'est faux?
   Quand c'est faux, corrigez les phrases.
   – Le tableau de Picasso a 20 ans.
   – Oncle Gilbert adore les BD.
   – Il aime aussi Picasso.

2. Welcher Titel passt am besten zu Text 2?
   «Oncle Gilbert est un peintre classique.»
   «Mamie n'aime pas les BD.»
   «Picasso et les BD: on aime ou on n'aime pas!»

128 cent vingt-huit

❸ Au Centre Pompidou, il y a des ateliers pour les enfants. Il y a des ateliers de peinture et un atelier multimédia. A l'atelier multimédia, les enfants de 9 à 12 ans travaillent avec des ordinateurs. Ils font des films multimédia.

a ▶ 1. Wie könnt ihr *enfant* und *peinture* erschließen?
2. Wie kann man «atelier» in diesem Kontext übersetzen?

b ▶ 1. Ecoutez le texte 3.
2. Complétez le texte:

A ~ multimédia, l'oncle Gilbert a ~ de jouer avec ~. Mais c'est pour ~ de 9 à 12 ans. Mamie ~ les ordinateurs, mais elle aime ~.

❹ Il y a aussi des concerts de musique classique et de musique moderne au Centre Pompidou. Vous aimez la musique d'avant-garde? A l'institut de musique du Centre, les compositeurs d'aujourd'hui font la musique de demain.

a ▶ 1. Wie könnt ihr *un compositeur* erschließen? Was kann wohl *demain* bedeuten?
2. Welche Art Musik wird im Centre Pompidou gespielt?

b ▶ Ecoutez le texte 4 et répondez.

1. Est-ce que l'oncle Gilbert aime la musique d'avant-garde?
2. Qu'est-ce qu'il aime comme musique?

❺ Voilà le cybercafé du Centre Pompidou: le café Internet. Vous cherchez des informations sur le collège André Citroën? Vous cherchez un ami ou une amie aux Etats-Unis? Vous cherchez l'adresse de la copine de mamie? Alors, allez au cybercafé du Centre Pompidou!

a ▶ Regardez la photo. Was kann wohl *cybercafé* bedeuten?

b ▶ Lisez d'abord:
on peut boire un coca: man kann eine Cola trinken; *dans le monde entier:* in der ganzen Welt.

c ▶ Ecoutez le texte 5 et répondez aux questions:
1. Dans un cybercafé, qu'est-ce qu'on fait?
2. Pourquoi est-ce que mamie, l'oncle Gilbert et Jacques vont au cybercafé?

cent vingt-neuf **129**

SUPPLEMENT 4

ECOUTER et lire — L'enfant au walkman¹

Il ne sait même pas² compter³
Jusqu'à⁴ trois, mais il connaît⁵
Les noms de tous⁶ les groupes anglais
L'enfant au walkman.

Pas besoin⁷ d'aller à l'école
Pour vivre⁸ comme ses idoles⁹
Il ferme les yeux¹⁰ et il s'envole¹¹
L'enfant au walkman.

On dirait¹² qu'il plane¹³
L'enfant au walkman
Ciel¹⁴ de cellophane¹⁵.

Il ne nous voit pas, il plane
Attend-il dans les décibels¹⁶
Les ondes¹⁷ d'un monde parallèle¹⁸
Qui lui ressemble¹⁹ et qui l'appelle²⁰?

Il ne nous voit pas
Il plane, il plane.
Il voit la vie²¹ en vidéo
Et dans sa tête, c'est bien plus beau²²
Que dans tous les livres d'histoire
Où les héros²³
Sont tristes²⁴ à voir.

Quand on lui parle d'avenir²⁵
Il nous répond par un sourire²⁶
Pour dire qu'il ne veut pas grandir²⁷
L'enfant au walkman
Ciel de cellophane.
Il ne nous voit pas, il plane, il plane …

Paroles de Luc Plamondon
Musique de Julien Clerc et Jean Roussel
© 1986 by Editions Crécelles et Sidonie
24 place des Vosges, 75003 Paris

Vocabulaire: **1 un walkman** ein Walkman **2 il ne sait même pas** er kann nicht einmal **3 compter** zählen **4 jusqu'à** bis **5 connaître** kennen **6 tous** alle **7 pas besoin de …** es ist nicht nötig … **8 vivre** leben **9 une idole** ein Idol **10 les yeux** die Augen **11 il s'envole** er hebt ab **12 on dirait que …** es ist, als ob … **13 il plane** er schwebt **14 le ciel** der Himmel **15 la cellophane** Cellophan **16 un décibel** ein Dezibel **17 les ondes** die Wellen **18 parallèle** parallel **19 qui lui ressemble** die ihm ähnelt **20 appeler** rufen **21 la vie** das Leben **22 bien plus beau que** viel schöner als **23 le héros** der Held **24 triste** traurig **25 l'avenir** die Zukunft **26 un sourire** ein Lächeln **27 grandir** wachsen/groß werden

REGARDER et comprendre — L'école en France

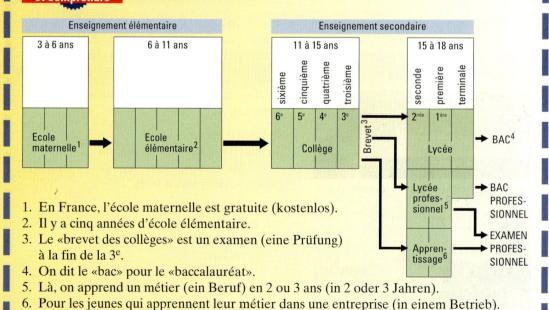

1. En France, l'école maternelle est gratuite (kostenlos).
2. Il y a cinq années d'école élémentaire.
3. Le «brevet des collèges» est un examen (eine Prüfung) à la fin de la 3ᵉ.
4. On dit le «bac» pour le «baccalauréat».
5. Là, on apprend un métier (ein Beruf) en 2 ou 3 ans (in 2 oder 3 Jahren).
6. Pour les jeunes qui apprennent leur métier dans une entreprise (in einem Betrieb).

▶ Répondez.

1. Patrick a 10 ans. Il va au collège?
2. Combien de classes est-ce qu'il y a au collège?
3. Les trois classes du lycée sont …
4. A quel âge est-ce qu'on entre au lycée?
5. Mireille a 16 ans. Elle n'a plus envie d'aller à l'école. Qu'est-ce qu'elle fait?
6. La 4ᵉ dans un collège français correspond (entspricht) à quelle classe en Allemagne?
7. Combien d'années est-ce que les élèves vont à l'école en France?
8. A la fin du lycée, il y a un examen. Qu'est-ce que c'est?

Le professeur demande à Damien:
– *Mais pourquoi est-ce que tu arrives toujours trop tard?*
– *C'est à cause du¹ panneau², madame!*
– *Quel³ panneau, Damien?*
– *Celui où est marqué⁴: «Attention, école, ralentir⁵!»*

Vocabulaire: 1 **à cause de** wegen 2 **le panneau** das Schild 3 **quel** welches 4 **Celui où est marqué** wo geschrieben steht 5 **Ralentir!** Langsam fahren!

LIRE et comprendre — La leçon

Le Professeur: Combien font un et un?
L'Élève: Un et un font deux.
Le Professeur: Oh, mais c'est très bien. Combien font deux et un?
L'Élève: Trois.
Le Professeur: Trois et un?
L'Élève: Quatre.
Le Professeur: Quatre et un?
L'Élève: Cinq.
Le Professeur: Cinq et un?
L'Élève: Six.
Le Professeur: Six et un?
L'Élève: Sept.
Le Professeur: Sept et un?
L'Élève: Huit.
Le Professeur: Sept et un?
L'Élève: Huit … bis¹.
Le Professeur: Sept et un?
L'Élève: Huit … ter¹.
Le Professeur: Parfait. Excellent. Sept et un?
L'Élève: Huit quater¹. Et parfois neuf.
Le Professeur: Magnifique². Vous êtes magnifique. Je vous félicite chaleureusement³, Mademoiselle.

Eugène Ionesco, «La leçon» (1950)
© Editions Gallimard

▶ Lisez le texte deux fois, puis répondez aux questions:

1. Qui parle?
2. Comment est-ce que le professeur trouve l'élève? Pourquoi?
3. Comment est-ce que vous trouvez cette scène? Pourquoi? (Répondez en allemand.)

Vocabulaire: 1 **bis, ter, quater** zum zweiten Mal, zum dritten Mal, zum vierten Mal 2 **magnifique** großartig 3 **Je vous félicite chaleureusement.** Herzlichen Glückwunsch!

SUPPLEMENT 5

ECOUTER et comprendre *Ecoutez Radio-Javel.*

a Les Français parlent vite, surtout à la radio. ▶ Lisez d'abord:

la publicité (la pub) die Werbung; *le prix* [ləpri] der Preis; *«Minou-Sport»*, *«Pridou»*: noms de magasins; *«La Pagode»*: nom d'un cinéma; *la séance* die Vorstellung

b ▶ Maintenant, écoutez Radio-Javel une première fois (ein erstes Mal), puis répondez: Qu'est-ce qu'il y a comme pubs sur Radio-Javel?

c ▶ Ecoutez Radio-Javel encore une ou deux fois et notez dans votre cahier:

1. l'heure
2. le prix du gâteau au chocolat
3. le prix des quatre avocats
4. le prix des T-shirts
5. la date de la fête du collège
6. le nom du film

Attention! Vous entendez les prix en francs! Ils font combien en euros? ▶ Calculez.

SUPPLEMENT 6

LIRE et comprendre *Déjeuner du matin*

Il a mis le café
Dans la tasse
Il a mis le lait¹
Dans la tasse de café
Il a mis le sucre²
Dans le café au lait
Avec la petite cuiller³
Il a tourné⁴
Il a bu⁵ le café au lait
Et il a reposé⁶ la tasse
Sans me parler
Il a allumé⁷
une cigarette⁸

Il a fait des ronds⁹
Avec la fumée¹⁰
Il a mis les cendres¹¹
Dans le cendrier¹²
Sans me parler
Sans me regarder
Il s'est levé¹³
Il a mis
Son chapeau sur sa tête
Il a mis son manteau de pluie¹⁴
Parce qu'il pleuvait¹⁵
Et il est parti

Sous la pluie
Sans une parole¹⁶
Sans me regarder
Et moi j'ai pris
Ma tête dans ma main
Et j'ai pleuré¹⁷

Jacques Prévert, Paroles (1946)
© Editions Gallimard

a ▶ Qui sont les deux personnes? Où sont-ils? Quelle est leur situation?

b ▶ Faites du poème „Déjeuner du matin" un poème optimiste.

c ▶ Trouvez une suite à l'histoire (en prose).

Vocabulaire: 1 **le lait**: Milch 2 **le sucre**: der Zucker 3 **la petite cuiller**: kleiner Löffel 4 **tourner**: umrühren 5 **boire** (p. c.: bu): trinken 6 **reposer**: zurückstellen 7 **allumer**: anzünden 8 **une cigarette**: eine Zigarette 9 **les ronds**: (Rauch-)Ringe 10 **la fumée**: der Rauch 11 **les cendres** (f): Asche 12 **le cendrier**: Aschenbecher 13 **se lever**: aufstehen 14 **le manteau de pluie**: Regenmantel 15 **il pleuvait**: es regnete 16 **la parole**: Wort 17 **pleurer**: weinen

SUPPLEMENT 7

ECOUTER et comprendre — On fait les courses.

a ▶ Préparez un tableau dans votre cahier:

titre (Überschrift)?	Cliente/client?	Qu'est-ce qu'elle/il achète?	Combien est-ce que ça coûte?	
			▶ Notez en francs.	▶ Calculez en euros.
Scène 1				
Scène 2				

b ▶ Ecoutez les quatre scènes une première fois, puis écrivez les quatre titres dans le bon ordre:
Au marché. | A la boucherie. | A la boulangerie. | A l'épicerie.

c ▶ Ecoutez les quatre scènes encore une ou deux fois et complétez le tableau.

REGARDER et comprendre — Il y a du courrier?

1
– Vous avez des lettres pour moi?
– Non, madame, je n'en ai pas.

2
– Vous avez du courrier pour moi?
– Non, madame, je n'en ai pas.

3

4
– Tiens! Aujourd'hui, elle n'est pas là.

5
– Je vais lui dire …

6
– Non, madame, je n'en ai pas.

Copyright © by Diogenes Verlag AG Zürich

SUPPLEMENT 8

REGARDER et comprendre — **Une cliente frustrée**

Madame Legros veut s'acheter un pantalon. Elle entre dans une boutique …
▶ Continuez à raconter l'histoire. Utilisez les mots et les phrases proposés à la page 135.

© Claire Bretécher, Paris

1. dire – chercher – pantalon – vendeuse – demander: «Quelle est votre taille (Kleidergröße)?»; cliente – répondre: «Je fais du 38.»
2. montrer – beau – pantalon – modèle – collection de printemps
3. entrer – une cabine (Umkleidekabine) – essayer – pantalon
4. ressortir – cabine – pouvoir fermer – pantalon – trop petit
5. vendeuse – aider qn à faire qc – pied – ventre – réussir à faire qc
6. se regarder – la glace (Spiegel) – trop petit – vendeuse – dire

▶ Que dit la vendeuse à votre avis?

– Ce n'est pas le pantalon qui est trop petit …!
– Il vous va très bien, ce pantalon!
– Vous avez de la chance, le tissu est élastique!
– Alors, c'est vrai, vous ne voulez pas essayer le 44?
– ....

7. revenir – cabine – marcher – respirer (atmen)
8. quitter (ausziehen) – pantalon – se trouver moche – en avoir marre
9. sortir – magasin – acheter – pantalon – frustrée (frustriert) – penser

▶ Que pense la cliente quand elle sort du magasin?

– La fondue au chocolat, c'est fini!
– Je déteste cette vendeuse!
– Je vais cacher le pantalon dans mon armoire!
– Cette nouvelle mode, c'est nul!
– ....

REGARDER et comprendre — *Une laverie (ein Waschsalon) dans le quartier Balard*

▶ Regardez bien cette photo, puis répondez aux questions:

1. Quand est-ce qu'on peut aller à la laverie?
2. Jusqu'à quelle heure est-ce qu'on peut laver ses vêtements?
3. Combien de machines est-ce qu'il faut pour laver 17 kg de vêtements?
   Combien est-ce qu'il faut payer?

LIRE et comprendre

La vie devant soi

Dans La vie[1] devant soi[2], *Mohammed – un jeune garçon qu'on appelle Momo – raconte sa vie dans le quartier de Belleville, à Paris. Il habite chez Madame Rosa, une vieille femme qui s'occupe[3] d'enfants de prostituées.*

Madame Rosa s'occupe de moi seulement pour gagner de l'argent à la fin du mois. Quand je l'ai appris, à 6 ou 7 ans, j'ai eu mon premier grand chagrin[4] et je me suis dit: Madame Rosa ne m'aime pas pour rien[5].
Madame Rosa est née[6] en Pologne comme Juive[7], et elle a travaillé comme prostituée au Maroc et en Algérie pendant des années. Elle parle l'arabe comme vous et moi. Elle sait aussi le juif et on se parle souvent dans cette langue. Dans notre immeuble, il y a surtout des Noirs. Le reste de la rue et du boulevard de Belleville est surtout juif et arabe.

La mère de Momo est morte, mais Momo ne le sait pas encore.

Un jour, j'ai demandé à Madame Rosa: «Et moi, elle est où, ma mère?» Madame Rosa m'a expliqué: «Ta mère te voit. Si tu veux la retrouver un jour, tu dois avoir une vie honnête.» Alors je lui ai dit: «Madame Rosa, bon, pour ma mère, je sais que ce n'est pas possible, mais est-ce que je ne peux pas avoir un chien à la place?[8]»

Madame Rosa n'a pas été d'accord, mais elle n'a pas réagi quand j'ai volé un petit chien et que je l'ai apporté à la maison … Ce chien, je l'aime beaucoup. Quand je le sors, je suis quelqu'un d'important, parce que je suis tout pour lui.
Je l'ai tant[9] aimé que je l'ai donné. A neuf ans, on pense déjà, sauf peut-être quand on est heureux[10]. Alors, quand Super (c'est le nom de mon chien) a commencé à être grand, j'ai voulu lui faire une vie, une vie comme j'en rêve, mais ce n'est pas possible. Il y a une dame qui m'a demandé: «Il est à vendre?» Je lui ai vendu Super pour cinq cents francs et il a fait vraiment une bonne affaire[11]. Vous comprenez, chez nous, il n'y a pas la sécurité, avec la vieille Madame Rosa, malade et sans argent: ce n'est pas une vie pour un chien.

D'après Romain Gary (Emile Ajar),
«*La vie devant soi*»
© *Mercure de France, 1975*

Vocabulaire: 1 **la vie** das Leben 2 **(avoir) la vie devant soi** das Leben noch vor sich haben 3 **s'occuper de qn** sich um jdn kümmern 4 **le chagrin** der Kummer 5 **pour rien** umsonst 6 **qn est né(e)** hier: jd wurde geboren 7 **un Juif/une Juive** ein Jude/eine Jüdin 8 **à la place** statt dessen hier: an ihrer Stelle 9 **tant … que** so sehr, dass 10 **heureux,-se** glücklich 11 **une bonne affaire** ein gutes Geschäft

▶ Lisez le texte et répondez aux questions.
Attention! Il y a des mots nouveaux qui ne sont pas expliqués dans le vocabulaire, mais vous pouvez les comprendre quand même. (Regardez à la page 12 et à la page 48..)

1. Qu'est-ce que vous savez sur la mère de Momo?
2. Pourquoi est-ce que Momo veut un chien?
3. Pourquoi est-ce qu'il vend son chien?
4. Qu'est-ce que Momo veut dire, quand il dit: «A neuf ans, on pense déjà, sauf peut-être quand on est heureux.»?

ECOUTER et comprendre — C'est déjà ça

Voilà une chanson d'Alain Souchon qui parle aussi des étrangers et de leurs problèmes. Dans cette chanson, un Africain qui habite dans le quartier Belleville parle de sa vie à Paris et du Soudan[1] où il est né.

▶ Parlez des problèmes de l'Africain et des problèmes de Momo. Comparez.
1. Pourquoi est-ce que leur vie est difficile?
2. Qu'est-ce qu'ils font pour oublier leurs chagrins?
3. Comment est-ce que les gens (Madame Rosa et les passants) réagissent?
4. Quels sont les rêves de l'Africain et les rêves de Momo?

Vocabulaire: 1 **le Soudan** der Sudan 2 **rien ne ...** nichts 3 **C'est déjà ça** Das ist auch schon etwas 4 **si** so 5 **bas** leise 6 **un pays** [ɛ̃pei] ein Land 7 **se soulever** sich erheben 8 **au bout de** am Ende von 9 **un bras** ein Arm 10 **une djellaba** ein langes nordafrikanisches Gewand 11 **sourire** lächeln 12 **un air** eine Melodie 13 **casser** hier: ausschlagen 14 **une dent** [dã] ein Zahn 15 **celui** derjenige 16 **une parole** ein Wort 17 **échanger** austauschen 18 **être assis,e** sitzen 19 **le milieu** die Mitte 20 **une foule** eine Menschenmenge 21 **hémophile** an der Bluterkrankheit leidend 22 **couler** fließen

Je sais bien que rue d'Belleville
Rien[2] n'est fait pour moi
Mais je suis dans une belle ville
C'est déjà ça[3]
Si[4] loin de mes antilopes
Je marche tout bas[5]
Marcher dans une ville d'Europe c'est déjà ça

Refrain:
Oh oh oh et je rêve
Que Soudan mon pays[6] soudain se soulève[7]
Oh oh rêver c'est déjà ça
C'est déjà ça

Y'a un sac de plastique vert
Au bout[8] de mon bras[9]
Dans mon sac vert il y a de l'air
C'est déjà ça
Quand je danse en marchant
Dans ces djellabas[10]
Ça fait sourire[11] les passants
C'est déjà ça

Refrain:
C'est déjà ça, déjà ça
Déjà ...

Pour vouloir la belle musique
Soudan mon Soudan
Pour un air[12] démocratique
On t' casse[13] les dents[14]
Pour vouloir le monde parlé
Soudan mon Soudan
Celui[15] d' la parole[16] échangée[17]
On t' casse les dents

Refrain:
Je suis assis[18] rue d' Belleville
Au milieu[19] d'une foule[20]
Et là le temps hémophile[21]
Coule[22]

Refrain (bis)
C'est ... dé ... jà ... ÇA

Paroles: Alain Souchon, Musique: Laurent Voulzy
© 1992, BMG Music Publishing France

SUPPLEMENT 10

REGARDER et comprendre — Le tour de Gaule d'Astérix

Astérix a fait un pari avec les Romains. Il va faire le tour de Gaule et leur rapporter des spécialités. Voilà des scènes du voyage d'Astérix et d'Obélix:

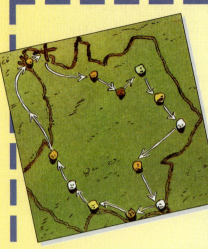

© Les Editions Albert René/
Goscinny-Uderzo

   a ▶ Astérix et Obélix ont visité Agen, Bordeaux, Cambrai, Lyon, Marseille, Nice, Paris, Reims, Rouen et Toulouse. Retrouvez les mots latins (die lateinischen Wörter) pour ces villes.

   b ▶ Faites une liste des villes et de leurs spécialités.

   c ▶ Décrivez maintenant le voyage d'Astérix et d'Obélix. Utilisez:

- Ils partent de …
- Ils | vont | vers …
      | marchent |
      | se dirigent |
- Ils traversent …   (un fleuve/une région/une ville)
- Ils passent par …
- Ils suivent (un fleuve)
- Ils arrivent à …

Vocabulaire: **Le tour de Gaule:** Rundreise durch Gallien; **faire un pari:** wetten; **un Romain:** ein Römer; **rapporter qc:** etwas zurückbringen; **une marche:** eine Wanderung; **p'têt ben qu'oui (peut-être bien que oui):** kann sein; **quelques denrées:** einige Lebensmittel; **voici:** hier sind; **un saucisson:** eine Art Salami; **une quenelle:** ein Fleischklößchen; **une salade nicaoise (niçoise):** Nizzasalat; **excellent:** hervorragend; **se diriger vers:** aller vers; **un régal:** ein Genuß; **un pruneau(x):** eine Backpflaume; **fameux(se):** berühmt; **s'installer:** Platz nehmen; **un sanglier:** ein Wildschwein; **une amphore:** eine Amphore; **une huître:** eine Auster; **les mets:** die Speisen; **un jambon:** ein Schinken; **une bouillabaisse:** eine Fischsuppe; **traverser:** überqueren; **un fleuve:** ein Fluss; **passer par:** gehen/fahren durch; **suivre:** (entlang) folgen

cent trente-neuf **139**

SUPPLEMENT 10

 **La météo**

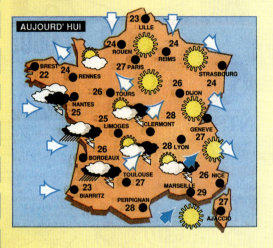

a ▶ Regardez d'abord la carte météo (die Wetterkarte) de France 3, puis travaillez à deux.
  – Quel temps fait-il aujourd'hui à Dijon?
  – Il y a du soleil et du vent, il fait 26 degrés.

b Dimanche, M. Moreau veut faire du bateau. Il écoute la météo à la radio.
  ▶ Ecoutez la météo une première fois. Est-ce que M. Moreau peut partir en mer dimanche? Dites pourquoi.
  ▶ Ecoutez la météo une deuxième fois. Est-ce que M. Moreau peut partir samedi? Dites pourquoi.

c ▶ Regardez l'indice de pollution (Angabe zur Luftverschmutzung) à Paris, dans le journal «Le Monde». Puis, travaillez à deux:
  – Quelle va être la qualité de l'air (die Luftverhältnisse) le premier juin?
  – L'air (die Luft) va être assez bon. ▶ Continuez.

d Carole est à Paris. Elle veut faire du jogging dans le parc André Citroën, mais avant, elle demande l'indice de pollution par téléphone.
  ▶ Ecoutez le répondeur (der Anrufbeantworter) de la météo une première fois:
    – Quel jour est-on? – Quelle température fait-il?
  ▶ Ecoutez le répondeur encore une fois:
    – Quand est-ce qu'il ne faut pas sortir? Pourquoi?
    – Quand est-ce que Carole doit faire son jogging?

IL PLEUT IL PLEUT
IL FAIT BEAU
IL FAIT DU SOLEIL
IL EST TOT
IL SE FAIT TARD
IL
IL
IL
TOUJOURS IL
TOUJOURS IL QUI PLEUT ET QUI NEIGE
TOUJOURS IL QUI FAIT DU SOLEIL

Un poème

TOUJOURS IL
POURQUOI PAS ELLE
JAMAIS ELLE
POURTANT ELLE AUSSI
SOUVENT SE FAIT BELLE!

Jacques Prévert, Spectacle
(Extrait de «Refrains enfantins») © Hachette

VOCABULAIRE

Lautzeichen

Vokale

[a]	madame; wie das deutsche *a*.
[e]	café, manger, regardez; geschlossenes *e*, etwa wie in *geben*.
[ɛ]	mer, mais, il est, merci; offenes *ä*, etwa wie in *Ärger*.
[i]	il, l'amie; geschlossener als das deutsche *i*, Lippen stark spreizen.
[ɔ]	pomme, alors; offenes *o*, offener als in *Loch*.
[ø]	deux, monsieur; geschlossenes *ö*, etwa wie in *böse*.
[o]	photo, allô, aussi, cadeau; geschlossenes *o*, wie in *Rose*.
[œ]	sœur, neuf, heure; offenes *ö*, bei kurzem Vokal etwa wie in *Röcke*.
[ə]	le, repas; der Laut liegt zwischen [œ] und [ø], näher bei [œ].
[u]	groupe, où, bonjour; geschlossenes *u*, etwa wie in *Ufer*.
[y]	tu, rue, salut; ähnlich dem deutschen *ü* in *Tüte*.

Nasalvokale

[ɛ̃]	un, bien, lundi, copain, voisin; nasales [ɛ]
[õ]	on, sont, nom; nasales [o]
[ã]	dans, danse, chambre, je prends; nasales [ɑ]

Die Nasalvokale haben im Deutschen keine Entsprechung.

Beachte: *un, lundi:* Neben [ɛ̃] hört man in Frankreich auch [œ̃] = nasales [œ].

Konsonanten

[f]	frère, photo; wie das deutsche *f* in *falsch*.
[v]	vague, voilà, rêver, il arrive; wie das deutsche *w* in *werden*.
[s]	sœur, c'est, ça, rester, récréation; stimmloses *s*, wie in *Los*; als Anlaut vor Vokal ist *s* immer stimmlos.
[z]	phrase, maison, ils arrivent, zéro; stimmhaftes *s*, wie in *Esel*; zwischen zwei Vokalen ist *s* stimmhaft.
[ʒ]	je, bonjour, géographie, gens; wie *j* in *Journalist*.
[ʃ]	je cherche, chouette; stimmloses *sch*, wie in *schön*.
[ɲ]	magnétophone; etwa wie in *Kognak*.
[ŋ]	in Wörtern aus dem Englischen, z.B. baby-sitting, jogging.
[r]	regarder, porte, jour; Zäpfchen-Reibelaut; wird auch am Wortende und vor Konsonant deutlich ausgesprochen.

Die nicht erwähnten Konsonanten sind den deutschen sehr ähnlich.
Bei [p], [b], [t], [d], [k], [g] ist jedoch darauf zu achten, dass sie ohne „Hauchlaut" gesprochen werden.

Halbkonsonanten

[j]	bien, fille; weicher als das deutsche *j* in *ja*.
[w]	oui, toi; flüchtiger [u]-Laut, gehört zum folgenden Vokal.
[ɥ]	cuisine, je suis, huit; flüchtiger [y]-Laut, gehört zum folgenden Vokal.

Hinweise zum Aufbau des Vocabulaire

Das *Vocabulaire* hat drei Spalten.

Die linke Spalte enthält das neue Wort bzw. die neue Redewendung sowie die Lautschrift. Die rechte Spalte führt die deutsche Übersetzung auf.
Die mittlere Spalte hilft dir beim Lernen der Vokabeln. Decke die linke Spalte ab und versuche das neue Wort aus dem Satzzusammenhang in der mittleren Spalte zu erschließen. Es ist dort durch eine **Tilde** (~) ersetzt.
Die Tilde kann ein einzelnes Wort oder auch eine Folge von mehreren Wörtern ersetzen. Verändert sich das Wort im Beispielsatz, so findest du in einer Fußnote die richtige Form.

Die mittlere Spalte hat noch andere Funktionen:

– Sie zeigt dir in französischen Beispielsätzen eine typische Verwendung des neuen Wortes.
– Du findest dort auch nützliche Hinweise oder Besonderheiten. Diese sind immer **fett** gedruckt.

Das Zeichen ← → bedeutet, dass du auf einen bestimmten Unterschied achten sollst. Meist geht es um Unterschiede zwischen den Sprachen, z.B. um Unterschiede im grammatischen Geschlecht.

Vocabulaire

Symbole und Abkürzungen		*f.*	*féminin* (= feminin)
→	Vergleiche mit …	*m.*	*masculin* (= maskulin)
≠	das Gegenteil von …	*pl.*	*pluriel* (= Plural)
←→	Achte auf den Unterschied zwischen …	*qc*	*quelque chose* (= etwas)
F	Französisch	*qn*	*quelqu'un* (= jemand)
D	Deutsch	*etw.*	etwas
E	Englisch	*jdn*	jemanden
L	Lateinisch	*jdm*	jemandem
fam.	*familier* (= umgangssprachlich)	*u.a.*	unter anderem
ugs.	umgangssprachlich	⟨ ⟩	fakultativ

Leçon 1

une leçon [ynləsõ]	F = leçon ←→ E = lesson	eine Lektion
un = 1 [ɛ̃]	la leçon ~	eins
Salut! *(fam.)* [saly]		Hallo! *(ugs.)*
le français [ləfrɑ̃sɛ]		die französische Sprache
en français *(m.)* [ɑ̃frɑ̃sɛ]		auf Französisch
Bien sûr! [bjɛ̃syr]		Natürlich!/Klar!

 Marc … les copains et les copines!

un texte [ɛ̃tɛkst]	F = texte ←→ D = Text	ein Text
moi [mwa]		ich *(betont)*
je/j' [ʒə/ʒ]		ich *(unbetont)*
je m'appelle [ʒəmapɛl]	Moi, ~ Marc.	ich heiße
j'habite [ʒabit]	F = j'habite ←→ L = habito	ich wohne
une rue [ynry]		eine Straße
c'est [sɛ]		das ist
à [a]	J'habite ~ Paris, rue Balard, bien sûr!	in
j'aime [ʒɛm]		ich liebe/mag
un boulevard [ɛ̃bulvar]		ein Boulevard *(breite Straße in einer Stadt)*
et [e]		und
le cinéma [ləsinema]		das Kino
mais [mɛ]	~ … c'est Marc. Salut!	aber
le stress [ləstrɛs]		der Stress
Non. [nõ]		Nein.
merci [mɛrsi]	Moi, le cinéma? – Non, ~!	danke
aussi [osi]		auch
le sport [ləspɔr]		der Sport
le foot *(fam.)* = le football [ləfut/ləfutbol]		der Fußball *(als Sportart)* *(ugs.)*
le tennis [lətenis]	J'aime ~ et aussi le foot.	das Tennis
Super! *(fam.)* [sypɛr]	Le tennis, c'est ~? – Bien sûr!	Super!/Klasse! *(ugs.)*
beaucoup [boku]	J'aime ~ Paris.	sehr
une BD = une **b**ande **d**essinée [ynbede/ynbɑ̃ddesine]	«Tintin», c'est ~.	ein Comicheft
surtout [syrtu]		vor allem
j'adore qc [ʒadɔr]		ich mag etw. sehr gern
un pain au chocolat [ɛ̃pɛ̃oʃɔkɔla]		*eine Art Schokocroissant*
le chocolat [ləʃɔkɔla]	F = le chocolat ←→ D = die Schokolade	die Schokolade

142   cent quarante-deux

Vocabulaire

voilà [vwala]		hier ist/hier sind
le collège [ləkɔlɛʒ]		das „Collège" *(weiterführende Schule für alle 11-15jährigen Schülerinnen und Schüler; etwa die Sekundarstufe 1)*
un copain/une copine *(fam.)* [ɛ̃kɔpɛ̃/ynkɔpin]	Salut, les ~ ¹!	ein Freund/eine Freundin
Bonjour! [bɔ̃ʒur]		Guten Tag!
les maths *(f., pl.) (fam.)* = les mathématiques [lemat/lematematik]		Mathe *(ugs.)*/Mathematik
un ordinateur [ɛ̃nɔrdinatœr]		ein Computer
je suis [ʒəsɥi]		ich bin
Bof! *(fam.)* [bɔf]		Na ja! *(ugs.) (Ausdruck der Gleichgültigkeit)*
C'est nul! *(fam.)* [sɛnyl]	≠ C'est super!	Das ist wertlos!/Das kann man vergessen! *(ugs.)*
le judo [ləʒydo]	J'adore le sport: surtout ~ et le tennis.	das Judo
le rock [lərɔk]		die Rockmusik
dans [dɑ̃]		in
un groupe [ɛ̃grup]	F = le group**e** ←→ D = die Grupp**e**	eine (Musik-)Band
Génial! *(fam.)* [ʒenjal]	Le groupe «Avalanche», c'est ~!	Großartig!/Genial! *(ugs.)*
de [də]	Voilà un boulevard ~ Paris.	von
il [il]		er *(unbetont)*
il habite [ilabit]		er wohnt
Euh … [ø]		Äh … *(Ausdruck des Zögerns)*
la nature [lanatyr]		die Natur
l'histoire *(f.)* [listwar]		die Geschichte
la science-fiction [lasjɑ̃sfiksjɔ̃]		Sciencefiction
tu [ty]	tu aimes → tu habites	du *(unbetont)*
une crêpe [ynkrɛp]	Les ~ ², c'est génial!	ein Pfannkuchen
tu es [tyɛ]	~ une copine de Florence.	du bist
très [trɛ]		sehr
sympa *(fam.)* = sympathique [sɛ̃pa/sɛ̃patik]	Florence, tu es très ~.	nett *(ugs.)*
elle [ɛl]	~ aime → il aime	sie
il/elle est de [il/ɛlɛdə]	Aurélie ~ la Martinique.	er/sie ist/kommt aus
la mer [lamɛr]		das Meer/die See
une vague [ynvag]	F = la vagu**e** ←→ D = die Wog**e**	eine Welle
l'été *(m.)* [lete]		der Sommer
la mode [lamɔd]	Aurélie adore ~ de Paris.	die Mode
la danse [ladɑ̃s]	F = **la** danse ←→ D = **der** Tanz	der Tanz/das Tanzen
la musique [lamyzik]	F = musi**que** ←→ E = musi**c**	die Musik
le reggae [ləregɛ]		der Reggae
Chouette! *(fam.)* [ʃwɛt]	C'est chouette! ≠ C'est nul!	Prima!/Klasse! *(ugs.)*
…, non?	→ Non (merci).	…, oder?

A Activités

une activité [ynaktivite]		eine (Freizeit-)Beschäftigung; *hier:* eine Übung

---

¹ copains/copines — ² crêpes

Vocabulaire

3 **A vous.** [avu] | = C'est ~ . | Jetzt seid ihr dran.
toi [twa] | → moi | du *(betont)*
tu t'appelles [tytapɛl] | → je m'appelle | du heißt
Comment ... ? [kɔmɑ̃] | Tu t'appelles ~? – Je m'appelle Olivier. | Wie ... ?

C'est la rentrée.

la rentrée [larɑ̃tre] — der Schulbeginn *(nach den Sommerferien)*

Ça va?/! *(fam.)* [sava] — Wie geht's? Geht's (dir) gut? / Es geht (mir) gut! *(ugs.)*

Oui. [wi] | ≠ Non. | Ja.
Tiens! [tjɛ̃] | ~! Voilà les copains et les copines! | Da!/Sieh mal!
madame = Mme [madam] | Bonjour, ~ ! | Frau *(in der Anrede)*
madame Rocher [madamrɔʃe] | | Frau Rocher
un/une prof *(fam.)* = un professeur [ɛ̃prɔf(ɛsœr)] | | ein Lehrer/eine Lehrerin *(ab dem "Collège")*
la nouvelle [lanuvɛl] | | *hier:* die Neue (Schülerin)
elles [ɛl] | | sie *(f., pl.)*
elles sont [ɛlsɔ̃] | ~ sympa, les copines de Carole. | sie sind
en [ɑ̃] | → ~ français | in
la 3ᵉ F = la troisième F [latrwazjɛmɛf] | | entspricht der 9. Klasse. Klassenbezeichnung: F
une fille [ynfij] | Florence et Aurélie sont des ~¹. | ein Mädchen
vous [vu] | | ihr/Sie
vous êtes [vuzɛt] | ~ un groupe de musique de rock. | ihr seid
une salle [ynsal] | en ~ 1 | ein (Klassen-)Raum
deux = 2 [dø] | | zwei
Au revoir! [ɔrvwar] | ≠ Bonjour! | Auf Wiedersehen!
Qui est-ce? [kiɛs] | ~? – C'est la fille de madame Rocher. | Wer ist es/das?
Ah! ... [a] | | Ach! ... *(Ausdruck der Überraschung)*
ils [il] | Olivier, Marc et Florence, ~ sont rue Saint-Charles. | sie *(m., pl.)*
on [ɔ̃] | Carole et moi, ~ habite rue des Cévennes. | wir/man
d'où [du] | ~ est Florence? – Elle est de Paris. | woher
où [u] | → d'où | wo
maintenant [mɛ̃tnɑ̃] | Je suis ~ en salle 2. | nun/jetzt
trois = 3 [trwa] | → la troisième | drei
Oh là là! [olala] | | So so! ... /Hoho ... ! *(man ahnt etwas voraus)*

---

¹ filles

Vocabulaire

Pourquoi? [purkwa]		Warum?
Attention! [atɑ̃sjɔ̃]		Pass auf/Passt auf! *(hier ironisch gemeint)*
Ha! ha! ha! [hahaha]		Ha! Ha! Ha! *(Ausdruck des Lachens)*
Oh! [o]		Ach!
ça [sa]	~ va.	das/es
ça sonne [sasɔn]		es klingelt
nous sommes [nusɔm]	~ = on est	wir sind
On y va!/? [ɔ̃niva]		Jetzt gehen wir!/Lasst uns gehen! (Gehen wir?)

B Activités

2 **une baguette** [ynbagɛt] — ein Baguette *(frz. Stangenweißbrot)*

3 **être** [ɛtr] — sein

6 **on dit** [ɔ̃di] — man sagt/so wird etwas ausgedrückt

mademoiselle = Mlle [madmwazɛl] — Fräulein *(in der Anrede)*
monsieur = M. [məsjø] — Herr *(in der Anrede)*
bien [bjɛ̃] — gut *(Adverb)*
mal [mal]   mal ≠ bien — schlecht *(Adverb)*
Salut! *(fam.)*   = Au revoir! — *hier:* Tschüss!

Révisions

je/tu – moi/toi

Moi, je m'appelle Olivier.	**Toi, tu** t'appelles Carole.	*(ich/du betont)*
J'aime la nature.	**Tu** aimes l'histoire.	*(ich/du unbetont)*

Attention!
Toi, tu es Carole? – Oui, c'est **moi**. Et Aurélie, c'est **toi**, non?

Les copains de la 3ᵉ F

Marc [mark]	**Florence** [flɔrɑ̃s]	**Frédéric** [frederik]
Olivier [ɔlivje]	**Aurélie** [ɔreli]	**Carole** [karɔl]

Marc habite rue Balard. [rybalar]
Florence habite rue Saint-Charles. [rysɛ̃ʃarl]
Frédéric habite rue des Cévennes. [rydesevɛn]

Ihr findet die Eigennamen auch am Ende des Buchs unter den Rubriken *Prénoms masculins*, *Prénoms féminins* und *Noms divers* nach der alphabetischen *Liste des mots*, Seite 196.

Vocabulaire

Leçon 2

APPROCHE

une approche [ynapʀɔʃ]		eine Annäherung; *hier:* Lektionsteil: Einführung
un chiffre [ɛ̃ʃifʀ]	F = **un** chiffre ←→ D = **eine** Ziffer	eine Ziffer
un mot [ɛ̃mo]	«Baguette» est ~ français.	ein Wort
Qu'est-ce que …? [kɛskə]	~ tu aimes?	Was …?
Qu'est-ce que c'est? [kɛskəsɛ]	~, un collège?	Was ist das?
un journal/des journaux [ɛ̃ʒuʀnal/deʒuʀno]		eine Zeitung/Zeitungen
un stylo [ɛ̃stilo]		ein Kugelschreiber
un frisbee [fʀizbi]	Où est le ~ d'Aurélie?	ein Frisbee
une cassette [ynkasɛt]		eine Kassette
un quartier [ɛ̃kaʀtje]	Le ~ Balard est très sympa.	ein (Stadt-)Viertel
un pont [ɛ̃põ]		eine Brücke
un croissant [ɛ̃kʀwasɑ̃]	Marc adore les ~[1], et toi?	ein Croissant/(Butter-)Hörnchen
un appareil photo [ɛ̃napaʀɛjfɔto]		ein Fotoapparat
une photo [ynfɔto]	J'aime beaucoup la ~ de Frédéric et d'Olivier.	ein Foto
un magnétophone [ɛ̃maɲetɔfɔn]		ein Kassettenrekorder
la cuisine [lakɥizin]		die Küche
un frigo *(fam.)* = **un réfrigérateur** [ɛ̃fʀigo/ɛ̃ʀefʀiʒeʀatœʀ]	Le ~ est dans la cuisine.	ein Kühlschrank *(ugs.)*
une piscine [ynpisin]		ein Schwimmbad
un sac [ɛ̃sak]	F = un sac ←→ D = ein Sa**ck**	eine (Schul-)Tasche

 «Pourquoi pas»… Pourquoi pas?

Pourquoi pas? [puʀkwapa]	→ Pourquoi?	Warum nicht?; *hier:* Name einer Schülerzeitung
avoir [avwaʀ]	Tu ~[2] un stylo? – Oui, dans le sac.	haben
une minute [ynminyt]		eine Minute
il y a [ilja]	F = il y a ←→ E = there is/there are	es gibt
encore [ɑ̃kɔʀ]		noch
avoir cours [avwaʀkuʀ]	Nous ~[3] dans cinq minutes.	Unterricht haben
Vite! [vit]		Schnell!
avec [avɛk]		mit
ou [u]	ou ←→ où	oder
entrer (dans) [ɑ̃tʀe]	Ils ~[4] dans la piscine.	betreten
un reportage [ɛ̃ʀəpɔʀtaʒ]	F = **un** reportage ←→ D = **eine** Reportage	ein Bericht/eine Reportage
Eh bien! [ebjɛ̃]		Nun gut!
préparer qc [pʀepaʀe]	Tu ~[5] le sac avec le magnétophone?	etw. vorbereiten
chercher qc/qn [ʃɛʀʃe]	Frédéric ~[6] le stylo.	etw./jdn suchen
sur [syʀ]	un reportage/un texte ~ la danse	über *(ein Thema)*

[1] croissants – [2] as – [3] avons cours – [4] entrent – [5] prépares – [6] cherche

146 cent quarante-six

Vocabulaire

un journaliste/une journaliste [ɛ̃/ynʒurnalist]		ein Journalist/eine Journalistin
Justement! [ʒystəmɑ̃]		Eben.
pour [pur]	C'est ~ toi! – Oh, merci!	für
visiter qc [vizite]	Tu ~¹ Paris avec Carole.	etw. besichtigen
D'accord?/! [dakɔr]		Einverstanden?/!/O.K.
un jeune/une jeune [ɛ̃ʒœn/ ynʒœn]		ein Jugendlicher/eine Jugendliche
une idée [ynide]		eine Idee
un élève/une élève [ɛ̃nelɛv/ ynelɛv]		ein Schüler/eine Schülerin
Rendez-vous … [rɑ̃devu]	~ rue Saint-Charles pour le reportage.	*hier:* Wir treffen uns …
mercredi *(m.)* [mɛrkrədi]		am Mittwoch
à 2 heures [adøzœr]		um 2 Uhr

Activités

2 **un exercice** [ɛ̃nɛgzɛrsis]	⎡F⎤ = exerc**i**ce ⟵⟶ ⎡E⎤ = exerc**i**se	eine Übung
moins [mwɛ̃]		minus/weniger
plus [plys]	≠ moins	plus/und
Dix moins deux font huit. [dismwɛ̃døfɔ̃ɥit]		Zehn minus zwei macht/sind acht.
3 **discuter** [diskyte]	Elle ~² avec la prof de maths.	(miteinander) reden/ sich unterhalten
déjà [deʒa]		schon

Vite, vite, une photo!

aujourd'hui [oʒurdɥi]		heute
alors [alɔr]		also/dann
faire qc [fɛr]	Nous **faisons** un reportage, et vous, qu'est-ce que vous **faites**?	etw. tun/machen
un parc [ɛ̃park]		ein Park
trouver qc/qn [truve]	Je ~³ le sac de Carole en salle quatre.	etw./jdn finden
une question [ynkɛstjɔ̃]		eine Frage
Est-ce que … ? [ɛskə]		*Frageformel*
là [la]	là ⟵⟶ la	da/dort
proposer qc [prɔpoze]	Qu'est-ce qu'on fait? – Je ~⁴ un reportage.	etw. vorschlagen
noter qc [nɔte]		etw. notieren/aufschreiben
une réponse [ynrepɔ̃s]	⎡F⎤ = **ré**ponse ⟵⟶ ⎡E⎤ = **res**ponse	eine Antwort
poser une question [pozeynkɛstjɔ̃]	Ils ~⁵ les questions sur l'Aquaboulevard.	eine Frage stellen
souvent [suvɑ̃]		oft
ici [isi]	ici ⟵⟶ là	hier
le mercredi [ləmɛrkrədi]		jeden Mittwoch/mittwochs
l'après-midi *(m.)* [laprɛmidi]		der Nachmittag/nachmittags
après [aprɛ]	~ le reportage, la piscine!	nach/danach/später
nager [naʒe]		schwimmen
regarder qc [rəgarde]	Elles ~⁶ le journal d'aujourd'hui.	etw. (an)sehen/(an)schauen
sur	Il y a des journalistes ~ le pont.	auf/über *(örtlich)*

---

¹ visites – ² discute – ³ trouve
⁴ propose – ⁵ posent – ⁶ regardent

cent quarante-sept

Vocabulaire

Ça alors! [saalɔr] — Na, so was! *(Ausdruck der Überraschung)*

rencontrer qn [rãkõtre] — jdn treffen
jouer de qc [ʒwe] — *(ein Instrument)* spielen
une guitare [yngitar]   F = guitare ←→ D = Gitarre   eine Gitarre
ou bien [ubjɛ̃] — oder auch
jouer à qc   Il ~[1] au tennis.   *(eine Sportart/ein Spiel)* spielen

poser qc [poze]   → poser une question   etw. (hin)legen/(hin)stellen

par terre [partɛr] — auf den/dem Boden

 Activités

2 **un café** [ɛ̃kafe]   On a rendez-vous au ~ à deux heures.   eine Kneipe
un/une touriste [ɛ̃/ynturist] — ein Tourist/eine Touristin
4 **travailler** [travaje] — arbeiten
5 **une carte** [ynkart]   L'après-midi, nous jouons aux ~[2].   eine (Spiel-/Land-)Karte
un piano [ɛ̃pjano]   Marc joue du ~.   ein Klavier

Une surprise pour M. et Mme Moreau

une surprise [ynsyrpriz]   → E = a surprise   eine Überraschung
samedi *(m.)* [samdi] — am Samstag
ce soir *(m.)* [səswar] — heute Abend
un film [ɛ̃film] — ein Film
cher [ʃɛr]   La piscine, ici, c'est ~, mais c'est super!   teuer
une vidéo [ynvideo]   Magali fait ~ sur l'Aquaboulevard.   ein Video/eine Videokassette

chez qn [ʃe]   Florence est ~ Frédéric.   bei jdm
papa *(m.)* [papa] — Papa/Vati
maman *(f.)* [mamã] — Mama/Mutti
un concert [ɛ̃kõsɛr]   Le groupe «Avalanche» prépare ~ pour samedi.   ein Konzert
une invitation [ynɛ̃vitasjõ]   Alice a ~ au concert de rock.   eine Einladung
Que ... ?   → qu'est-ce que   Was ... ?
une pizza [ynpidza] — eine Pizza
une salade [ynsalad]   F = **la salade** ←→ D = **der** Salat   ein Salat
apporter qc [apɔrte]   Attention, j'~[3] les pizzas!   etw. (mit)bringen
montrer qc à qn [mõtre]   Florence et Frédéric ~[4] Paris à Carole.   jdm etw. zeigen
sans [sã]   ≠ avec   ohne
une tête [yntɛt]   J'ai une idée dans la ~.   ein Kopf
donner qc à qn [dɔne]   Christophe, tu ~[5] le stylo à Olivier?   jdm etw. geben
rigoler *(fam.)* [rigɔle]   Avec la prof de maths, on ~[6] souvent.   lachen *(ugs.)*
devant [dəvã] — vor *(örtlich)*
avoir faim *(f.)* [avwarfɛ̃]   F = faim ←→ L = fames   Hunger haben

---

[1] joue – [2] cartes – [3] apporte
[4] montrent – [5] donnes – [6] rigole

Vocabulaire

 Activités

1 **vrai** [vrɛ]		richtig/echt/wahr
faux [fo]	≠ vrai	falsch
2 **un CD / des CD**	[F] = un CD ←→ [D] = eine CD	eine CD/CDs
[ɛ̃sede/desede]		
3 **un garçon** [ɛ̃garsõ]	Aurélie est une fille, Marc est ~.	ein Junge
une table [yntabl]	Olivier pose le CD sur la ~.	ein Tisch
une mousse au chocolat		eine Mousse au chocolat
[ynmusoʃɔkɔla]		*(eine Schokoladencreme)*
4 **comme** [kɔm]	Qu'est-ce que tu aimes ~ musique, et qu'est-ce que tu fais ~ sport?	als
le ski [ləski]	Samedi, Frédéric fait du ~.	das Skifahren/der Ski
faire du ski		Ski laufen/fahren

Révisions

Les chiffres

1	un	[ɛ̃]		11	onze	[õz]
2	deux	[dø]		12	douze	[duz]
3	trois	[trwa]		13	treize	[trɛz]
4	quatre	[katr]		14	quatorze	[katɔrz]
5	cinq	[sɛ̃k]		15	quinze	[kɛ̃z]
6	six	[sis]		16	seize	[sɛz]
7	sept	[sɛt]		17	dix-sept	[disɛt]
8	huit	[ɥit]		18	dix-huit	[dizɥit]
9	neuf	[nœf]		19	dix-neuf	[diznœf]
10	dix	[dis]		20	vingt	[vɛ̃]

Verbes

préparer	je prépare, tu prépares, il/elle/on prépare, nous préparons, vous préparez, ils/elles préparent
être	je suis, tu es, il/elle/on est, nous sommes, vous êtes, ils/elles sont
avoir	j'ai, tu as, il/elle/on a, nous avons, vous avez, ils/elles ont
faire	je fais, tu fais, il/elle/on fait, nous faisons, vous faites, ils/elles font

Lerntechnik: Vokabeln lernen

1. Lerne Vokabeln **in kurzen zeitlichen Abständen**. 3 × 10 Minuten an einem Tag sind wirksamer als 1 × 30 Minuten.
2. Lerne und wiederhole jeweils eine **begrenzte Anzahl** von Vokabeln. Etwa 20 Vokabeln pro Lerneinheit von 10 Minuten.
3. Lerne Wörter, wenn möglich, in **Gegensatzpaaren** (vrai ≠ faux).
4. Lerne Wörter, wenn möglich, in **Wortfamilien** (en français/la France) oder in Form eines Vokabelnetzes.
5. Schreibe schwierige Vokabeln auf **Karteikärtchen** (die Vorderseite auf Deutsch, die Rückseite auf Französisch). Sortiere dann die aus, die du gelernt hast.

Vocabulaire

Leçon 3

APPROCHE

une famille [ynfamij]		eine Familie
un quart [ɛ̃kar]	→ un quartier	ein Viertel
... et quart *(m.)*		Viertel nach ...
le petit déjeuner [ləp(ə)tideʒœne]		das Frühstück
de ... à ...	de Paris à Marseille → de 17 heures à 17 heures 30	von ... bis ...
trois heures et demie *(f.)*		halb vier
le père [ləpɛr]		der Vater
midi *(m.)* [midi]	Il est ~.	zwölf Uhr (mittags)
manger qc [mɑ̃ʒe]	Qu'est-ce que tu ~[1] à midi?	etw. essen
la mère [lamɛr]	Le père et ~ d'Olivier sont au cinéma.	die Mutter
un hôpital [ɛ̃ɔpital]	F = l'**hô**pital ←→ D = das **Hos**pital	ein Krankenhaus
... moins le quart [mwɛ̃lkar]	≠ ... et quart	... Viertel vor
minuit [minɥi]	à ~ ≠ à midi	zwölf Uhr (nachts)
la télé *(fam.)* = **la télévision** [latele/latelevizjɔ̃]	Il y a un film à ~.	das Fernsehen *(ugs.)*
Il est quelle heure? [kɛlœr]		Wie spät ist es?
arriver de/à [arive]	F = arriver ←→ E = to arrive	(an)kommen von/in
ne ... pas/n' ... pas	Je ne m'appelle pas Florence et je n'aime pas les pizzas!	nicht
faire la cuisine		kochen

 Dimanche matin

dimanche *(m.)* [dimɑ̃ʃ]		am Sonntag
le matin [ləmatɛ̃]	le matin ≠ le soir	morgens/vormittags
un lit [ɛ̃li]		ein Bett
parce que/parce qu' ... [parskə/parsk]	Nous regardons la télé ~[2] nous aimons le foot.	weil ...
rentrer [rɑ̃tre]	A quelle heure est-ce que tu ~[3] à la maison?	(nach Hause) gehen/ kommen
tard [tar]	Il n'est pas ~, il est 20 heures.	spät
toujours [tuʒur]	Le dimanche, Gérard travaille ~ au café.	immer
avoir rendez-vous avec qn	Nous ~[4] au Centre Pompidou avec les copains à 14 heures.	sich mit jdm treffen
l'âge *(m.)* [laʒ]		das Alter
Tu as quel âge *(m.)*? [tyakɛlaʒ]		Wie alt bist du?
un an [ɛ̃nɑ̃]		ein Jahr
avoir 18 ans *(m.)*		18 Jahre alt sein
ne ... plus/n' ... plus [nə ... ply]	Je n'ai pas 17 ans, mais je n'ai plus 15 ans.	nicht mehr
comme	Au cinéma, c'est ~ à la télé, on regarde des films.	wie *(beim Vergleich)*
une salle de bains [ynsaldəbɛ̃]		ein Badezimmer
libre [libr]	→ L = liber	frei
le temps [lətɑ̃]		die Zeit
avoir le temps de faire qc	Vous ~[5] de visiter le Centre Pompidou?	Zeit haben etw. zu tun
le téléphone [lətelefɔn]	F = **télé**ph**o**ne ←→ D = **Te**le**f**on	das Telefon

---

[1] manges — [2] parce que — [3] rentres
[4] avons rendez-vous — [5] avez le temps

Vocabulaire

Si. [si]	Tu ne regardes pas la télé dimanche soir? ~, bien sûr!	Doch.
appeler qn [aple]	Frédéric ~ [1] Aurélie.	jdn anrufen
Allô? [alo]		Hallo? *(am Telefon)*
mamie *(f.) (fam.)* [mami]		Oma *(ugs.)*
peut-être [pøtɛtr]		vielleicht
le déjeuner	→ le petit déjeuner	das Mittagessen
avoir envie *(f.)* **de faire qc** [avwarãvi]	Nous n'avons pas envie de jouer au frisbee!	Lust haben etw. zu tun
un dessert [ɛ̃desɛr]	La mousse au chocolat est ~.	ein Nachtisch
une heure	Il est 1 heure. *(ein Uhr)* ←→ dans une heure *(eine Stunde)*	eine Stunde
une catastrophe [ynkatastrɔf]		eine Katastrophe

 Activités

3 **le minitel** [ləminitɛl]		entspricht dem deutschen BTX-System (Bildschirmtext)
une fête [ynfɛt]	Samedi soir, je fais ~ à la maison.	eine Fete/ein Fest
une adresse [ynadrɛs]	⃞F = a**d**resse ←→ ⃞E = a**dd**ress	eine Adresse
zéro = 0 [zero]		null
4 **le bonheur** [ləbɔnœr]	L'ordinateur, c'est ~?	das Glück
écouter qc/qn [ekute]	Ce soir, elle ~[2] des CD.	etw. (an)hören/jdm zuhören
un repas [ɛ̃rəpa]	Le déjeuner, c'est le ~ de midi.	ein Essen/eine Mahlzeit
5 **Pardon!** [pardɔ̃]		Verzeihung!/Entschuldigung!
s'il vous plaît/s'il te plaît [silvuplɛ/siltəplɛ]		bitte (schön)
un week-end [ɛ̃wikɛnd]	Le ~, c'est le samedi et le dimanche.	ein Wochenende
7 **Qui … ?**		Wer … ? *(Fragepronomen)*
Quand … ? [kɑ̃]	~ est-ce qu'ils arrivent? – Tout à l'heure.	Wann … ?
dans la rue		auf der Straße
acheter qc [aʃte]	Julien achète un stylo.	etw. einkaufen

 Mamie arrive dans une heure.

il faut [ilfo]		man muss
ranger qc [rɑ̃ʒe]		etw. aufräumen
les courses *(f., pl.)* [lekurs]		die Einkäufe/Besorgungen
faire les courses	Après l'école, Florence et François ~[3].	Einkäufe machen/einkaufen gehen
un légume [ɛ̃legym]	⃞F = **les** légumes ←→ ⃞D = **das** Gemüse	ein Gemüse
un problème [ɛ̃prɔblɛm]	J'ai ~, le téléphone ne sonne pas.	ein Problem
aller [ale]	→ On y va!	gehen/fahren
une boulangerie [ynbulɑ̃ʒri]	A la ~, on achète des baguettes.	eine Bäckerei
une épicerie [ynepisri]		ein (kleines) Lebensmittelgeschäft
un aspirateur [ɛ̃naspiratœr]		ein Staubsauger
passer l'aspirateur [paselaspiratœr]	Je ~[4] dans la cuisine.	Staub saugen
un appartement [ɛ̃napartəmɑ̃]	⃞F = a**pp**artement ←→ ⃞E = a**p**artment	eine Wohnung

[1] appelle – [2] écoute – [3] font les courses – [4] passe l'aspirateur

Vocabulaire

une salle de séjour [ynsaldəseʒur]	→ une salle de bains	ein Wohnzimmer
une chambre [ynʃɑ̃br]		ein (Schlaf-)Zimmer
par exemple = p. ex. [parɛgzɑ̃pl]	F = par exemple ←→ E = for example	zum Beispiel
Bon alors! [bõalɔr]		Also gut!
faire la vaisselle [fɛrlavɛsɛl]		(Geschirr) spülen
Allez!	~, on va au cinéma!	Los!/Nun!
un avocat [ɛ̃navɔka]	F = **un** avocat ←→ D = **eine** Avocado	eine Avocado
une pomme de terre [ynpɔmdətɛr]	trois pomme**s** de terre	eine Kartoffel
un camembert [ɛ̃kamɑ̃bɛr]		ein Camembert *(ein Käse aus der Normandie)*
les parents *(m., pl.)* [leparɑ̃]	Le père et la mère sont ~.	die Eltern
une boucherie [ynbuʃri]		eine Fleischerei/Metzgerei
ne ... plus de	Elle **ne** mange **plus de** chocolat.	kein(e) ... mehr
un poulet [ɛ̃pulɛ]		ein Hähnchen
un bifteck [ɛ̃biftɛk]	→ E = beefsteak	ein Beefsteak
un couloir [ɛ̃kulwar]		ein Flur
le bazar [ləbazar]		das Durcheinander/das Chaos
cacher qc [kaʃe]		etw. verstecken
une armoire [ynarmwar]		ein (Kleider-)Schrank
un livre [ɛ̃livr]	→ L = liber	ein Buch
sous [su]	≠ sur	unter
derrière [dɛrjɛr]	≠ devant	hinter
une étagère [ynetaʒɛr]	Les livres de science-fiction sont sur l'~.	ein Regal
une maison [ynmɛzõ]	Je rentre à la ~ parce qu'il est tard.	ein Haus
une chaise [ynʃɛz]	Dans la salle de séjour, il y a cinq ~[1] et une table.	ein Stuhl
un apéritif *(m.)* [ɛ̃naperitif]		ein Aperitif
un oncle [ɛ̃nõkl]	F = **on**cle ←→ E = **un**cle	ein Onkel
rester [rɛste]	D'accord, nous ~[2] pour le déjeuner.	bleiben

Activités

3 **fermer qc** [fɛrme]	Nous ~[3] l'épicerie de Gilbert.	etw. zumachen/schließen
un tableau/des tableaux [ɛ̃tablo/detablo]	Le ~ est devant les élèves.	eine (Wand-)Tafel/Tafeln
6 **un cousin/une cousine** [ɛ̃kuzɛ̃/ynkuzin]		ein Cousin/eine Cousine

Révisions

Les chiffres

20	**vingt**		28	vingt-huit
21	vingt **et** un		29	vingt-neuf
22	vingt-deux		30	**trente**
23	vingt-trois		31	trente **et** un
24	vingt-quatre		32	trente-deux
25	vingt-cinq		40	**quarante...**
26	vingt-six		50	**cinquante...**
27	vingt-sept		60	**soixante...**

---

[1] chaises – [2] restons – [3] fermons

Vocabulaire

Verbes	
aller	je vais, tu vas, il/elle/on va, nous allons, vous allez, ils/elles vont

Sagen, wie es einem geht

- Ça va?
- Oui. Ça va (bien).
  Et toi, comment ça va?
- Moi, ça va.
  Moi, ça ne va pas.

- Wie geht's?
- Gut.
  Und wie geht's dir?
- Mir geht's gut.
  Mir geht's nicht gut.

Non und **si**

- Aurélie, tu n'aimes pas les crêpes?
- Frédéric, tu n'aimes pas les BD?

- **Non.** (Nein.)
- **Si.** (Doch.)

Leçon 4

APPROCHE

une fille	→ F = une fille = ein Mädchen	eine Tochter
un fils [ɛ̃fis]	une fille ≠ un fils	ein Sohn
un enfant [ɛ̃nɑ̃fɑ̃]	→ D = infantil	ein Kind
un chien [ɛ̃ʃjɛ̃]		ein Hund
une sœur [ynsœr]	Laure et Elodie sont mes ~¹.	eine Schwester
un frère [ɛ̃frɛr]	≠ une sœur	ein Bruder
un ami/une amie [ɛ̃nami/ynami]	Charlotte et Jacques sont deux ~².	ein Freund/eine Freundin

 Une lettre d'Allemagne

une lettre (de) [ynlɛtr]	F = une lettre ←→ E = a letter	ein Brief (aus)
une école [ynekɔl]	Dans ~, il y a des professeurs et des élèves.	eine Schule
intéressant [ɛ̃teresɑ̃]		interessant
un emploi du temps [ɛ̃nɑ̃plwadytɑ̃]		ein Stundenplan
un correspondant/une correspondante = un corres/une corres [ɛ̃kɔrɛspõdɑ̃/ynkɔrɛspõdɑ̃t]		ein Brieffreund/eine Brieffreundin
bientôt [bjɛ̃to]	Ma sœur et moi, on va ~ partir à Montréal.	bald
un voyage [ɛ̃vwajaʒ]	Marc fait ~ en Allemagne.	eine Reise

---
¹ sœurs — ² amis

cent cinquante-trois 153

Vocabulaire

demander qc à qn [dəmɑ̃de]	Aurélie ~¹ un stylo à son frère.	jdn um etw. bitten/fragen
une information [ynɛ̃fɔrmasjɔ̃]	Aurélie donne des ~² sur la Martinique.	eine Auskunft/Information
A bientôt!	→ bientôt	Bis bald!
une classe [ynklas]	Dans notre ~, il y a trente élèves.	eine Klasse
l'allemand *(m.)* [lalmɑ̃]	→ l'Allemagne	das Deutsche/die deutsche Sprache
un/une collègue	un collègue [ɛ̃kɔlɛg] ←→ un collège [ɛ̃kɔlɛʒ]	ein Kollege/eine Kollegin
envoyer qc à qn [ɑ̃vwaje]	Nous ~³ une cassette à Christophe.	jdm etw. schicken/senden
le CDI = le Centre de Documentation et d'Information [ləsedei/ləsɑ̃tr(ə)də dɔkymɑ̃tasjɔ̃edɛ̃fɔrmasjɔ̃]		Dokumentations- und Informationsstelle einer Schule *(befindet sich oft in der Bibliothek)*
une brochure [ynbrɔʃyr]	→ E = brochure	eine Broschüre
trop [tro]		zu (sehr)/zu viel
difficile [difisil]	F = difficile ←→ E = difficult	schwer/schwierig
faire du français		Französisch lernen/haben
depuis [dəpɥi]	Viens au cinéma, tu travailles déjà ~ deux heures!	seit
un mois [ɛ̃mwa]	Il y a douze ~ dans un an.	ein Monat
seulement [sœlmɑ̃]	Elodie aime ~ les livres sur les voyages.	nur/erst
parler de qn/qc à qn [parle]	Nous ~⁴ de nos corres à la prof.	mit jdm über etw./jdn sprechen
quelque chose = qc [kɛlkəʃoz]	Mercredi, tu fais ~? – Oui, je vais à la piscine.	etwas
bien	Charlotte travaille ~ à l'école.	gut/viel *(Adv.)*

Activités

2 **une semaine** [ynsəmɛn]	~ a sept jours.	eine Woche
Chut! [ʃyt]		Psst!
un accent [ɛ̃naksɑ̃]	Carole a l'~ de Marseille.	ein Akzent
3 **pendant** [pɑ̃dɑ̃]	~ la semaine, Carole va à l'école.	während

Le collège André Citroën

cher/chère [ʃɛr]	Cher Frank, chère Anne, chers amis ...	lieber/liebe *(Anrede im Brief)*
penser (à qn/qc) [pɑ̃se]	Ils ~⁵ au week-end de judo.	(an jdn/etw.) denken
... que/qu' [kə/k]	Nous trouvons ~⁶ l'accent de Julia est super.	..., dass *(Konjunktion)*
un/une spécialiste [ɛ̃/ynspesjalist]	F = spécialiste ←→ D = Spezialist	ein Spezialist/eine Spezialistin
dire qc à qn [dir]	Qu'est-ce que vous ~⁷?	jdm etw. sagen
la (salle de) permanence [lasaldəpɛrmanɑ̃s]	~ est une salle pour les élèves.	Arbeitsraum für Schüler/innen, wenn sie keinen Unterricht haben

---

¹ demande – ² informations –
³ envoyons – ⁴ parlons – ⁵ pensent –
⁶ que – ⁷ dites

Vocabulaire

quand	→ F = quand ←→ D = wann	wenn/jedesmal wenn
lire qc [lir]	Nous ~¹ le texte sur Montréal.	etw. lesen
écrire qc à qn [ekrir]	Nous ~² le texte pour la vidéo.	jdm etw. schreiben
les devoirs *(m., pl.)* [ledəvwar]		die (Haus-)Aufgaben
un surveillant/une surveillante [ɛ̃syrvɛjɑ̃/ynsyrvɛjɑ̃t]	Le ~ est en permanence avec les élèves.	ein Betreuer/eine Betreuerin von Schülern/Schülerinnen
si	→ F = Si. ←→ D = Doch.	ob *(indirekte Frage)*
Ben ... *(fam.)* = Eh bien [bɛ̃]		Ausdruck des Zögerns oder der Verlegenheit *(ugs.)*
attendre qc/qn [atɑ̃dr]	On ~³ Simon au café Balard.	auf etw./jdn warten
la récréation = la récré *(fam.)* [larekreasjɔ̃]		die Pause *(in der Schule)*
une infirmerie [ynɛ̃firməri]		ein Krankenzimmer/ eine Krankenstation
malade [malad]	Quand on est ~, on va à l'infirmerie.	krank
une interro *(fam.)* = une interrogation [ynɛ̃terɔgasjɔ̃]		eine Klassenarbeit
un «self» *(fam.)* [ɛ̃sɛlf]	→ E = self-service	eine Kantine mit Selbstbedienung *(ugs.)*
une spécialité [ynspesjalite]		eine Spezialität
les frites *(f.)* [lefrit]	On fait ~ avec des pommes de terre.	Pommes frites
un bruit d'enfer *(fam.)* [ɛ̃brɥidɑ̃fɛr]	F = le bruit ←→ D = der Lärm	ein Höllenlärm *(ugs.)*
entendre qc [ɑ̃tɑ̃dr]	Tu ~⁴ le bruit de l'aspirateur?	etw. hören
la cour [lakur]	→ **le** cours	der (Schul-)Hof
rendre qc à qn [rɑ̃dr]	Je ~⁵ le CD à Olivier.	jdm etw. zurückgeben
un théâtre [ɛ̃teatr]	F = th**éâ**tre ←→ E = th**ea**ter	ein Theater
un club [ɛ̃klœb]	Au collège, il y a aussi un ~ journal et un ~ de foot.	eine Freizeit- (bzw. hier: Theater-)Gruppe in einer Schule
Ouf! [uf]		Uff!/Puh! *(Ausdruck der Erleichterung)*
la fin (de qc) [lafɛ̃]	~ du concert est à onze heures.	das Ende (von etw.)

B Activités

2 **un voisin/une voisine** [ɛ̃vwazɛ̃/ynvwazin]		ein Nachbar/eine Nachbarin
3 **répondre à qn** [repɔ̃dr]	→ la réponse	jdm antworten
ne ... pas beaucoup	≠ beaucoup	nicht viel
un jour [ɛ̃ʒur]	→ Bonjour!	ein Tag
une page [ynpaʒ]	Le livre de Ionesco a cent ~⁶.	eine Seite
4 **un nom** [ɛ̃nɔ̃]	Tu t'appelles comment? – Mon ~ est Magali.	ein Name
5 **différent** [diferɑ̃]	En Allemagne, c'est ~: il n'y a pas de self à l'école.	anders/unterschiedlich
une visite [ynvizit]	F = **une** visite ←→ E = **a** visit	ein Besuch
les vacances *(f., pl.)* [levakɑ̃s]	En été, nous sommes en ~ à la mer.	die Ferien
le printemps [ləprɛ̃tɑ̃]		der Frühling

---

¹ lisons – ² écrivons – ³ attend – ⁴ entends – ⁵ rends – ⁶ pages

Vocabulaire

Révisions

Une famille

* les grands-parents	die Großeltern	la fille	die Tochter
* la grand-mère	die Großmutter	le fils	der Sohn
* le grand-père	der Großvater	la sœur	die Schwester
les parents	die Eltern	le frère	der Bruder
la mère	die Mutter	la cousine	die Cousine
le père	der Vater	le cousin	der Cousin
un enfant	ein Kind		

* Wörter, die hier zur Vervollständigung zusätzlich erwähnt werden. Sie werden in den folgenden Lektionen nicht als bekannt vorausgesetzt.

En France

L'école en France

Französische Kinder gehen in der Regel von 6 bis 11 Jahren in die Grundschule (*l'école primaire* [primɛr]). Sie hat fünf Klassenstufen.
Danach beginnt das *Collège*. In diese Schule gehen alle 11- bis 15-jährigen Schülerinnen und Schüler. Das *Collège* hat vier Klassenstufen. Sie heißen: 6e = sixième, 5e = cinquième, 4e = quatrième, 3e = troisième.
Der Eintrittsklasse des *Collège*, der 6e, entspricht in Deutschland das 6. Schuljahr.
Nach dem *Collège* haben die französischen Schülerinnen und Schüler die Möglichkeit, einen Beruf zu erlernen oder in einem *Lycée* das Abitur zu machen. Das *Lycée* entspricht der Sekundarstufe II. Es hat drei Klassenstufen. Man legt also das Abitur, wenn alles gut geht, mit 18 Jahren ab. Das Abitur heißt auf Französisch *le baccalauréat* [ləbakalɔrea] oder kurz *le bac*.

C Le collège en 2076

programmer qc [prɔgrame]		etw. programmieren
la technologie [latɛknɔlɔʒi]		Technologie *(als Unterrichtsfach)*
la pause (de midi) [lapoz]	Pierre mange au self à la ~.	die (Mittags-)Pause
apprendre qc [aprɑ̃dr]	Nous ~¹ l'anglais en cours.	etw. lernen
partout [partu]	Céline cherche ~ son stylo.	überall
le monde [ləmɔ̃d]	[F] = **dans** le monde ←→ [D] = **auf** der Welt	die Welt/Erde
comprendre qc [kɔ̃prɑ̃dr]	Je ~² ton problème.	etw. verstehen
expliquer qc [ɛksplike]	Nous ~³ le problème de technologie à Luc.	etw. erklären
l'anglais *(m.)* [lɑ̃glɛ]	Est-ce que le film est en ~, en français ou en allemand?	das Englische/die englische Sprache
etc. [ɛtsetera]		usw.
une langue [ynlɑ̃g]	[F] = langue ←→ [E] = language ←→ [L] = lingua	eine Sprache
la pollution [lapɔlysjɔ̃]	→ [E] = pollution	die (Umwelt-)Verschmutzung
prendre qc	→ apprendre → comprendre	etw. nehmen
une ville [ynvil]	Paris et Marseille sont deux ~⁴ de France.	eine Stadt

---

[1] apprenons – [2] comprends
[3] expliquons – [4] villes

Vocabulaire

Patate! *(fam.) (f.)* [patat]	une pomme de terre = une patate *(fam.)*	*hier:* Trottel! *(Schimpfwort) (ugs.)*
une femme [ynfam]	Notre prof d'histoire est ~. Elle s'appelle madame Barroc.	eine Frau
le pain [ləpɛ̃]	On achète ~ à la boulangerie.	das Brot
la misère [lamizɛr]	⟦F⟧ = misère ←→ ⟦E⟧ = misery	das Elend/die Not
mai *(m.)* [mɛ]	Le mois de ~ est au printemps.	Mai
le roi [lərwa]	Louis XIV est un ~.	der König
un château/des châteaux [ɛ̃ʃato]	A Versailles, il y a le ~ de Louis XIV.	ein Schloss/Schlösser
les gens *(m., pl.)* [leʒɑ̃]	En France, ~ vont souvent au cinéma.	die Leute
le retour [lərətur]	→ ⟦E⟧ = to return	die Rückkehr/Rückfahrt
ensemble [ɑ̃sɑ̃bl]	Nous allons toujours ~ au collège.	zusammen/gemeinsam
un code [ɛ̃kɔd]		ein Kode
«surfer» [sœrfe]	→ ⟦E⟧ = to surf	"surfen" *(durchs Internet)*
taper qc [tape]	⟦F⟧ = taper ←→ ⟦D⟧ = ti**pp**en	etw. (ein)tippen
pas mal	Ça va? – Oui, ~.	nicht schlecht/ziemlich gut
Quelque chose ne va pas.		Da stimmt etwas nicht.

C Activités

2 **une saison** [ynsɛzɔ̃]	Il y a quatre ~[1]: l'hiver, le printemps, l'été et l'automne.	eine Jahreszeit
une date [yndat]	La ~ du rendez-vous, c'est le 20.05.2076.	ein Datum
une année [ynane]	→ un an	ein Jahr
l'hiver *(m.)* [livɛr]		der Winter
l'automne *(m.)* [lotɔn]		der Herbst
On est le combien? [ɔ̃nɛləkɔ̃bjɛ̃]	= Nous sommes le combien?	Den Wievielten haben wir heute?
le premier/la première [ləprəmje/laprəmjɛr]	Janvier est le ~[2] mois de l'année.	der/die/das erste
l'anniversaire *(m.)* [lanivɛrsɛr]	Franck fait une fête samedi pour son ~.	der Geburtstag
3 **un café** [ɛ̃kafe]	→ le café Balard	ein Kaffee
5 **la vie** [lavi]	⟦F⟧ = vie ←→ ⟦L⟧ = vita	das Leben

Spezielles Vokabular im Text «Le collège en 2076»

Diese Wörter findest du in keinem Wörterbuch, die gibt es nämlich noch gar nicht. Aber im Jahre 2076?

Malabar F3:	*Name eines Computers*	**l'Histonet:**	*Computerprogramm für Geschichte*
un module:	*ein Unterrichtsfach*		
la futurolangue:	*die Sprache der Zukunft*	**un mémo:**	*eine Art elektronischer Terminkalender/Schaltpult*
le Giganet:	*eine Computerautobahn*		
une mobilauto:	*ein automatisches Auto*	**le cybercollège:**	*eine Schule, die an das Computernetz angeschlossen ist*
une multi-carte:	*eine multifunktionelle Karte*		
		cybergénial:	*ein Wortspiel mit «supergénial»*

---

[1] saisons – [2] premier

Vocabulaire

Révisions

Verbes	
dire	je dis, tu dis, il/elle/on dit, nous disons, vous dites, ils/elles disent
écrire	j'écris, tu écris, il/elle/on écrit, nous écrivons, vous écrivez, ils/elles écrivent
attendre	j'attends, tu attends, il/elle/on attend, nous attendons, vous attendez, ils/elles attendent
prendre	je prends, tu prends, il/elle/on prend, nous prenons, vous prenez, ils/elles prennent

Les jours de la semaine							
lundi	Montag	**jeudi**	Donnerstag	**samedi**	Samstag/Sonnabend		
mardi	Dienstag	**vendredi**	Freitag	**dimanche**	Sonntag		
mercredi	Mittwoch						

Leçon 5

APPROCHE

une cave [ynkav]		ein Keller
téléphoner à qn [telefɔne]	F = télé**ph**oner ←→ D = tele**f**onieren	mit jdm telefonieren
un magnéto *(fam.)*		*Abkürzung von "un magnétophone"*
toujours	Il est six heures et Laure n'arrive ~ pas!	immer noch
tout de suite [tudsɥit]	Tu viens ~?	sofort
partir [partir]	Céline va au Canada. Elle ~¹ tout de suite.	weggehen/-fahren/aufbrechen
dormir [dɔrmir]	Vous ~² dans la chambre de David.	schlafen
sortir [sɔrtir]	Ce soir, Sophie et François ~³ au théâtre.	ausgehen

 ## *Le 10, rue des Cévennes*

venir [vənir]	Tu ~⁴ avec moi à la piscine?	kommen
faire des études [fɛrdezetyd]	F = études ←→ E = studies	studieren
la physique [lafizik]		die Physik
une université [ynynivɛrsite]	F = université ←→ E = university	eine Universität
petit/petite [pəti/pətit]	Olivier a un ~⁵ ordinateur pour sa chambre.	klein
un loyer [ɛlwaje]	Les ~⁶ sont très chers à Paris.	eine Miete
un étudiant/une étudiante [ɛnetydjã/ynetydjãt]	Christine est ~⁷.	ein Student/eine Studentin

---

¹ part – ² dormez – ³ sortent – ⁴ viens – ⁵ petit – ⁶ loyers – ⁷ étudiante

Vocabulaire

faire du baby-sitting [fɛrdybebisitiŋ]		als Babysitter/Babysitterin tätig sein/Baby sitten
garder qn [garde]	Quand on fait du baby-sitting, on ~¹ des enfants.	jdn betreuen/auf jdn aufpassen
un immeuble [ɛ̃nimœbl]	→ ⟦D⟧ = die Immobilie	ein (Miets-)Haus
agréable [agreabl]		angenehm
animé/animée [anime]	Ce soir, la rue est ~².	belebt
un magasin [ɛ̃magazɛ̃]	La boulangerie et la boucherie sont des petits ~³.	ein Laden/Geschäft
en plus [ɑ̃plys]	→ plus	zudem/außerdem
un supermarché [ɛ̃sypɛrmarʃe]	⟦F⟧ = supermar**ché** ←→ ⟦E⟧ = super**mar**ket	ein Supermarkt
près (de) [prɛ]	J'habite ~⁴ la rue Balard.	in der Nähe (von)
tout près (de) [tuprɛ]		ganz in der Nähe (von)
fatigué/fatiguée [fatige]	Le soir, après le travail, les Drouet sont ~⁵.	müde
beaucoup	Je nage ~ à la piscine.	viel
un peu [ɛ̃pø]	≠ beaucoup	ein wenig/ein bisschen
repartir [rəpartir]	→ partir	abfahren/zurückfahren/-gehen
préférer qc [prefere]	Je préfère la mer et vous préférez la piscine.	etw. bevorzugen/lieber mögen
manquer à qn [mɑ̃ke]	La Martinique et la mer ~⁶ à Aurélie.	jdm fehlen
«métro-boulot-dodo» [metrobulododo]	boulot *(fam.)* = travail - dodo *(fam.)* = **do**rmir	frz. Ausdruck, der das stressige Leben von Paris bezeichnet
jusque/jusqu' … [ʒysk(ə)]	Nous prenons le métro ~⁷ au Louvre.	bis …
un stage [ɛ̃staʒ]	Pendant l'été, je vais faire ~.	ein Praktikum
une chaîne de télévision [ynʃɛndətelevizjɔ̃]		ein Fernsehsender
joli/jolie [ʒɔli]	Magali a deux ~⁸ étagères.	schön/hübsch
bon/bonne [bɔ̃/bɔn]	J'ai une ~⁹ idée: ce soir nous allons au ciné.	gut
un restaurant = un resto *(fam.)* [ɛ̃rɛstɔrɑ̃]	Pendant les vacances, on mange au ~ le soir.	ein Restaurant
branché/branchée *(fam.)* [brɑ̃ʃe]		"in" *(ugs.)*
un métier [ɛ̃metje]	Mme Rocher est prof, c'est son ~.	ein Beruf
un/une architecte [ɛ̃/ynarʃitɛkt]	Nous sommes ~¹⁰ à Paris.	ein Architekt/eine Architektin
formidable [fɔrmidabl]		hervorragend/erstklassig
un projet [ɛ̃prɔʒɛ]	Nous avons ~ de vacances pour l'été.	ein Projekt/ein Vorhaben
grand/grande [grɑ̃/grɑ̃d]	Boris et Charlotte sont ~¹¹.	groß
un bureau/des bureaux [ɛ̃byro]	Le journal est dans mon ~.	ein Büro/Büros
détester qc/qn [detɛste]	≠ adorer	etw./jdn hassen
de temps en temps [dətɑ̃zɑ̃tɑ̃]		von Zeit zu Zeit/ab und zu
tenir qc [tənir]	M. Dupré ~¹² un restaurant à Tours.	etw. halten; *hier:* bewirtschaften
un hôtel [ɛ̃nɔtɛl]	Dans la chambre d'~, il y a la télévision.	ein Hotel
revenir [rəvənir]	→ venir	zurückkommen

---

¹ garde – ² animée – ³ magasins
⁴ près de – ⁵ fatigués – ⁶ manquent
⁷ jusqu' – ⁸ jolies – ⁹ bonne
¹⁰ architectes – ¹¹ grands – ¹² tient

Vocabulaire

bien aimer [bjɛ̃nɛme]	Pierre ~¹ les enfants. Il fait du baby-sitting.	gerne mögen/sehr mögen
une tartine [yntartin]	Au petit déjeuner, Nathalie mange ~.	*eine Scheibe Brot mit Butter bzw. Marmelade*
raconter qc à qn [rakɔ̃te]	En cours, le prof nous ~² l'histoire de Louis XIV.	jdm etw. erzählen

Activités

2 **une situation** [ynsitɥasjɔ̃] — eine Position/Situation; *hier: eine Szene*

3 **une discussion** [yndiskysjɔ̃] → discuter — eine Diskussion
une solution [ynsɔlysjɔ̃] ≠ un problème — eine Lösung

Révisions

Une maison/Un appartement/*Les meubles

le couloir	der Flur	***la vaisselle**	das Geschirr
la chambre	das Schlafzimmer	**la cuisine**	die Küche
la salle	das (große) Zimmer	***la pièce**	das Zimmer
l'étagère *(f.)*	das Regal	**la salle de séjour**	das Wohnzimmer
la salle de bains	das Badezimmer	**le lit**	das Bett
la cave	der Keller	**l'ordinateur** *(m.)*	der Computer
***le garage**	die Garage	**le téléphone**	das Telefon
l'armoire *(f.)*	der Schrank	**le piano**	das Klavier
la chaise	der Stuhl	**le minitel**	*etwa: BTX-System*
la table	der Tisch	**l'aspirateur** *(m.)*	der Staubsauger
***le tableau**	das Bild		

* Wörter, die hier zur Vervollständigung zusätzlich erwähnt werden. Sie werden in den folgenden Lektionen nicht als bekannt vorausgesetzt.

 «Avalanche»

pouvoir [puvwar]		können
pouvoir faire qc	Nous ne ~³ pas acheter ça!	etw. tun können
un musicien/une musicienne [ɛ̃myzisjɛ̃/ynmyzisjɛn]	→ la musique	ein Musiker/eine Musikerin
vouloir [vulwar]		wollen
avoir besoin de qc [avwarbəzwɛ̃də]	Nous ~⁴ un magnéto pour le reportage.	etw. brauchen
une répétition [ynrepetisjɔ̃]	La ~ de théâtre est à vingt heures ce soir.	eine Probe
réagir [reaʒir]	Pourquoi est-ce que tu ne ~⁵ pas aujourd'hui?	reagieren
une (petite) annonce [ynanɔ̃s]	A la fin du journal, on trouve toujours les petites ~.	eine (Klein-)Anzeige
jeune	→ les jeunes	jung/jugendlich
un garage [ɛ̃garaʒ]	F = **un** garage ←→ D = **eine** Garage	eine Garage
une pièce [ynpjɛs]	→ une salle	ein Zimmer/ein Raum

---

¹ aime bien – ² raconte – ³ pouvons
⁴ avons besoin d' – ⁵ réagis

Vocabulaire

coûter [kute]	→ E = to cost	kosten
l'euro *(m.)* = € [løro]	deux euros [døzøro]	der Euro *(europ. Währungseinheit)*
par [par]	Gérard va à la piscine deux soirs ~ semaine.	pro/je
l'électricité *(f.)* [lelɛktrisite]		die Elektrizität
l'avis *(m.)* [lavi]		die Meinung/Ansicht
être de l'avis de …	Carole est de mon avis.	gleicher Meinung sein wie …
ancien/ancienne [ɑ̃sjɛ̃/ɑ̃sjɛn]	Alice est l'~[1] copine de David.	alt/ehemalig
une usine [ynyzin]		eine Fabrik
avoir raison [avwarrɛzõ]	Anne ~[2], c'est vrai. Je suis de son avis.	Recht haben
réfléchir [refleʃir]		überlegen
finir qc [finir]	Attends, je ~[3] mes devoirs!	etw. fertig machen/beenden
finir par faire qc		schließlich/zuletzt etw. tun
un jour		*hier:* eines Tages
aider qn [ɛde]	Christophe ~ Laure à faire la vaisselle.	jdm helfen
porter qc [pɔrte]		etw. tragen
marcher [marʃe]	Notre aspirateur ~[4] bien.	gehen; *hier:* funktionieren/klappen
Ça marche? *(fam.)*		Klappt es?/Wie läuft's? *(ugs.)*
une voiture [ynvwatyr]		ein Auto
l'argent *(m.)* [larʒɑ̃]		das Geld
quelqu'un = qn [kɛlkɛ̃]	→ quelque chose	jemand
pour faire qc		um etw. zu tun
prévenir qn	Je te ~[5], l'appareil photo ne marche pas.	jdn warnen/benachrichtigen
vide [vid]	Après le concert, la salle est ~.	leer
tout [tu]	Magali prépare ~ pour la fête.	alles
Tenez!	→ Tiens!	Da!/Nehmt!/Nehmen Sie!
une clé [ynkle]		ein Schlüssel
tout ça		all das/das alles
à mon avis [amõnavi]	~, c'est un bon journal, et à ton avis?	meiner Meinung nach
d'abord [dabɔr]		zuerst/zunächst
une veste [ynvɛst]	≠ D eine Weste	eine Jacke
une chaussure [ynʃosyr]	Claire porte des jolies ~[6].	ein Schuh
aller	La veste lui ~[7] très bien!	*hier:* passen/stehen *(bei Kleidern)*
un chapeau/des chapeaux [ɛ̃ʃapo]	David a ~ sur sa tête.	ein Hut/Hüte
choisir [ʃwazir]	Au restaurant: – Qu'est-ce que tu ~[8]?	(aus)wählen
rétro *(fam.)* [retro]	≠ branché	im Stil der zwanziger Jahre *(ugs.)*
une carte postale [ynkartpɔstal]	des cartes postales	eine Postkarte
un antiquaire [ɛ̃nɑ̃tikɛr]		ein Antiquitätenhändler
la chance [laʃɑ̃s]	Tu as de ~, tu as un cousin français.	das Glück
gratuit/gratuite [gratɥi/gratɥit]		kostenlos
un T-shirt [ɛ̃tiʃœrt]	Les jeunes aiment les ~[9].	ein T-Shirt
plus tard	→ tard	später

---

[1] ancienne – [2] a raison – [3] finis – [4] marche – [5] préviens – [6] chaussures – [7] va – [8] choisis – [9] T-shirts

Vocabulaire

 Activités

3 **Bonne chance!**	Je cherche un appartement: – ~!	Viel Glück!
4 **une discothèque** = une disco [yndiskɔtɛk]	Samedi soir, Pierre et Florence vont à la ~.	eine Diskothek
quand même [kɑ̃mɛm]	Nous sommes fatigués, mais nous venons ~.	trotzdem/dennoch
un autre/une autre [ɛ̃notr/ynotr]	Où sont les ~[1]?	ein Anderer/eine Andere
Bravo! [bravo]		Bravo!
vraiment [vrɛmɑ̃]	→ vrai	wirklich *(Adv.)*
7 **la place** [laplas]	Le livre n'est pas à sa ~, je ne le trouve pas.	der Platz/der Raum

Révisions

Un quartier

un appartement	eine Wohnung	**un hôtel**	ein Hotel
une boucherie	eine Metzgerei	**un immeuble**	ein (Miets-)Haus
une boulangerie	eine Bäckerei	**un magasin**	ein Laden
un boulevard	eine breite Straße in Paris	**une maison**	ein Haus
*****une boutique**	ein kleiner Laden	**une piscine**	ein Schwimmbad
un bureau	ein Büro	**un restaurant**	ein Restaurant
un café	eine Kneipe	**une rue**	eine Straße
un cinéma	ein Kino	**un supermarché**	ein Supermarkt
une discothèque	eine Diskothek	**une université**	eine Universität
une école	eine Schule	**une usine**	eine Fabrik
une épicerie	ein Lebensmittelgeschäft	**des voitures**	Autos
un hôpital	ein Krankenhaus		

* Wörter, die hier zur Vervollständigung zusätzlich erwähnt werden. Sie werden in den folgenden Lektionen nicht als bekannt vorausgesetzt.

Verbes

pouvoir	je peux, tu peux, il/elle/on peut, nous pouvons, vous pouvez, ils/elles peuvent
vouloir	je veux, tu veux, il/elle/on veut, nous voulons, vous voulez, ils/elles veulent
sortir	je sors, tu sors, il/elle/on sort, nous sortons, vous sortez, ils/elles sortent
réfléchir	je réfléchis, tu réfléchis, il/elle/on réfléchit, nous réfléchissons, vous réfléchissez, ils/elles réfléchissent

---

[1] autres

Vocabulaire

Leçon 6

un télésiège [ɛ̃telesjɛʒ]		ein Sessellift
le ski de fond [ləskidfɔ̃]	Les parents d'Aurélie font du ~ depuis deux ans.	(der) Langlauf(ski)
le ski de piste	≠ le ski de fond	(der) Abfahrtslauf
un moniteur/une monitrice [ɛ̃mɔnitœr/ynmɔnitris]		ein (Ski-)Lehrer/eine (Ski-)Lehrerin
une station de ski [ynstasjɔ̃dəski]		ein Skiort
un village [ɛ̃vilaʒ]	≠ une ville	ein Dorf

APPROCHE

passer des vacances	Florence a ~¹ d'hiver dans les Alpes. *les vacances fem. pl.*	Urlaub verbringen
une montagne [ynmɔ̃taɲ]	F = montagne ←→ E = mountain	ein Berg/Gebirge
un gîte [ɛ̃ʒit]		eine Unterkunftsmöglichkeit für Touristen
inviter qn	→ une invitation	jdn einladen
un mec (fam.) [ɛ̃mɛk]		ein Typ/ein Kerl (ugs.)
même		sogar
une descente [yndesɑ̃t]		eine Abfahrt
puis [pɥi]	Nous allons au ciné. ~ nous rentrons à la maison.	dann
Internet [ɛ̃tɛrnɛt]		Internet
un cybercafé [ɛ̃sibɛrkafe]	Au ~, Olivier a «surfé» sur Internet pendant une demi-heure pour 3,50 €.	ein Lokal, in dem auch Computer mit Internet-Anschluss stehen
la géo (fam.) = la géographie [laʒeo/laʒeɔgrafi]	En cours de ~, on a regardé un film sur les Alpes.	die Erdkunde/Geografie
une piste [ynpist]	Il y a des ~² de ski et des ~ de danse.	eine Piste
la neige [lanɛʒ]		der Schnee

 Le premier soir à Ornon

un/une propriétaire [ɛ̃/ynprɔprietɛr]	→ E = property	ein Besitzer/eine Besitzerin
une autoroute [ynɔtɔrut]	En France, l'~ coûte cher.	eine Autobahn
l'air (m.) [lɛr]	F = l'air ←→ E = the air	die Luft
pur/pure [pyr]		rein
le calme [ləkalm]	≠ le bruit	die Ruhe
savoir qc [savwar]	Luc, tu ~³ qu'on n'a pas cours de géo aujourd'hui?	etw. wissen
ce [sə]	~ n'est pas difficile.	es/das
facile [fasil]	≠ difficile	einfach/leicht
devoir faire qc	→ les devoirs	etw. tun müssen
un kilomètre = un km [ɛ̃kilɔmɛtr]	De Paris à Marseille, il y a 652 ~⁴.	ein Kilometer
un travail [ɛ̃travaj]	→ travailler	eine Arbeit
quand	F quand = D wenn	als
un meuble	→ un immeuble	ein Möbelstück

---

¹ passé ses vacances – ² pistes – ³ sais
⁴ kilomètres

cent soixante-trois

Vocabulaire

le dernier/la dernière [lədɛrnje/ladɛrnjɛr]	≠ le premier/la première	der/die/das letzte
décider de faire qc [deside]	⬜F = décider ←→ ⬜E = to decide	etw. zu tun beschließen
une ferme	⬜F = ferme ←→ ⬜E = farm	ein Bauernhof
ouvrir qc [uvrir]	Le magasin est ouvert. ≠ Le magasin est fermé.	etw. öffnen/aufmachen
le lycée [ləlise]	Après le collège, on va au ~.	entspricht der Sek. II/ der Oberstufe des Gymnasiums
loin [lwɛ̃]	loin de ≠ près de	weit
le bac [ləbak]		Schulabschluß, der dem deutschen Abitur entspricht
le bac S		Abitur mit math. Schwerpunkt
passer le bac	En France, on ~¹ à 17/18 ans.	das Abitur machen
demain [dəmɛ̃]	Aujourd'hui, c'est jeudi. ~, c'est vendredi.	morgen
qn est désolé	⬜F = **Nous** sommes désolés. ←→ ⬜D = Es tut **uns** Leid.	es tut jdm Leid
noir/noire	Les pistes ~² sont difficiles.	schwarz
avant [avɑ̃]	avant le concert ≠ après le concert	vorher/vor *(zeitlich)*
voir qc [vwar]	Aujourd'hui, nous ~³ bien les montagnes.	etw. sehen
avoir honte [avwarɔ̃t]		sich schämen
le plaisir [ləplezir]	⬜F = plaisir ←→ ⬜E = pleasure	das Vergnügen/der Spaß

 Activités

2 **un foyer** [ɛ̃fwaje]		ein (Studenten-)Heim
3 **hors** [ɔr]	Le ski ~ piste n'est pas sur les pistes.	außer(halb)
un skieur/une skieuse [ɛ̃skjœr/ynskjøz]	→ le ski	ein Skifahrer/eine Skifahrerin
une avalanche	→ le groupe «Avalanche»	eine Lawine
surveiller qc/qn	→ un surveillant	etw./jdn überwachen
faire attention à qc	Faites attention aux avalanches!	auf etw. aufpassen
monter sur qc		auf etw. steigen/etw. besteigen
4 **skier** [skje]	= faire du ski	Ski fahren
un pied [ɛ̃pje]		ein Fuß
un plâtre [ɛ̃platr]	A l'hôpital, on a fait ~ à Armelle.	ein Gips(-verband)
chanter qc [ʃɑ̃te]		etw. singen
Pas ça! *(fam.)*		Das nicht! *(ugs.)*
le poker [ləpɔkɛr]	On joue au ~ avec des cartes.	Poker
C'est cool! *(fam.)* [sɛkul]	Alain va nous donner un cours de ski. ~!	Das sieht locker/cool aus!/Das ist "voll" gut! *(ugs.)*
5 **neiger**	Il ~⁴ sur les pistes de l'Alpe d'Huez!	schneien
Dis donc! [didɔ̃k]	→ dire	Sag mal!

 A l'Alpe d'Huez

donc [dɔ̃k]	→ Dis donc!	also/folglich
perdre qc [pɛrdr]	≠ trouver qc	etw. verlieren
un bonnet [ɛ̃bɔnɛ]		eine Mütze

---

¹ passe le bac – ² noires – ³ voyons
⁴ neige

Vocabulaire

l'altitude *(f.)* [laltityd]	Avec les télésièges, on monte en ~.	die Höhe(-nlage)
C'est le pied! *(fam.)*	≠ C'est nul!	Das ist Spitze! *(ugs.)*
ne … même pas	→ même	nicht (ein)mal
une fois [ynfwa]	→ deux fois	einmal/ein Mal
un mètre = 1 m	Un kilomètre, c'est mille ~[1].	ein Meter
un croque-monsieur [ɛ̃krɔkməsjø]		mit Käse überbackener Schinkentoast
rouge [ruʒ]		rot
une tasse [yntas]	~ **de** café	eine Tasse
chaud/chaude [ʃo/ʃod]	Le bonnet de Pierre est très ~[2].	heiß/warm
un chocolat chaud		eine heiße Schokolade
je voudrais [ʒəvudrɛ]		ich möchte gern/ich hätte gern
le brouillard [ləbrujar]		der Nebel
commencer qc [kɔmɑ̃se]	Marc et Luc ont ~[3] la piste noire.	etw. anfangen/beginnen
commencer à faire qc	François a ~[4] à chercher son bonnet.	anfangen/beginnen etw. zu tun
la peur [lapœr]		die Angst
avoir peur de qc/qn	Nous ~[5] des avalanches.	Angst vor etw./jdm haben
enfin [ɑ̃fɛ̃]	→ la fin	endlich/schließlich
crevé/crevée *(fam.)* [krəve]	Ce soir, nous sommes ~[6]!	erschöpft/fertig *(ugs.)*
avoir mal à qc	Florence ~[7] à la tête.	etw. tut jdm weh
froid/froide [frwa/frwad]		kalt
Elle a froid.	≠ Elle a chaud.	Ihr ist kalt.
savoir comme …	Tu ~[8] nous devons travailler!	wissen wie (sehr) …
sans le savoir	→ sans le dire/sans le vouloir	ohne es zu wissen
un panneau/des panneaux [ɛ̃pano/depano]	A l'école, il y a ~ d'information.	ein Schild/Schilder
une blague [ynblag]	Pierre adore raconter des ~[9].	ein Witz/ein Scherz
La bonne blague!		Das ist aber witzig! *(ironisch)*
tomber [tɔ̃be]	La neige ~[10] en hiver.	(hin)fallen
trente-six fois [trɑ̃tsifwa]	Non, pas la vidéo, on a déjà vu le film ~!	x-mal
bleu/bleue [blø]	Les pistes ~[11] sont faciles.	blau
appeler qn	→ appeler au téléphone	jdn rufen
une nuit [ynnɥi]	la nuit ≠ le jour	eine Nacht
C'est l'horreur! [sɛlɔrœr]	→ L = horror	Es/Das ist schrecklich!
tout à coup [tutaku]		plötzlich
un pisteur [ɛ̃pistœr]	→ une piste	ein Pistenwart

B Activités

1 une bise [ynbiz]		ein (Wangen-)Kuss
Grosses bises!		Viele Grüße/Küsse!
2 le départ [lədepar]	F = départ ←→ E = depar**ture**	der Anfang/die Abfahrt/ der Aufbruch
4 un médecin [ɛ̃medsɛ̃]	F = Elle est médecin. ←→ D = Sie ist Ärztin.	ein Arzt/eine Ärztin
un docteur [ɛ̃dɔktœr]		ein Doktor
une ordonnance [ynɔrdɔnɑ̃s]		ein (medizinisches) Rezept
une grippe		eine Grippe

---

[1] mètres – [2] chaud – [3] commencé – [4] commencé – [5] avons peur – [6] crevés/crevées – [7] a mal – [8] sais comme – [9] blagues – [10] tombe – [11] bleues

Vocabulaire

L'Alpe d'Huez ou Ornon?

à … de …	Frédéric habite à 200 m de chez Carole.	… entfernt von …
tout le monde	~ est arrivé?	alle/jeder
un style [ɛstil]	Les vacances à l'hôtel, ce n'est pas mon ~.	ein Stil/eine Art
entre	Alice habite ~ l'école et la boucherie.	zwischen
une personne [ynpɛrsɔn]	F = perso**nn**e ←→ E = perso**n**	eine Person
un office de tourisme [ɛnɔfisdəturism]		ein Fremdenverkehrsamt
un canon à neige [ɛ̃kanɔ̃anɛʒ]	F = **un** canon ←→ D = **eine** Kanone	eine Schneekanone
Il faut dire que …		Man muss sagen, dass …
une patinoire		eine Eisbahn
un Parisien/une Parisienne [ɛ̃parizjɛ̃/ynparizjɛn]	Les ~[1] habitent à Paris.	ein Pariser/eine Pariserin
recevoir [rəsəvwar]	Ce soir, je ~[2] mes amis de Grenoble.	bekommen; *hier:* empfangen
continuer [kɔ̃tinɥe]	→ E = to continue	fortfahren/weitermachen
un/une écologiste [ɛ̃/ynekɔlɔʒist]	→ D = die **Ö**kologie	ein Umweltschützer/eine Umweltschützerin
abîmer qc [abime]	La pollution ~[3] la nature.	etw. beschädigen/kaputt machen
un animal/des animaux [ɛ̃nanimal/dezanimo]	→ E = animal	ein Tier/Tiere
un hébergement [ɛ̃nebɛrʒəmɑ̃]	→ D = eine Herberge	eine Unterkunft
calme		ruhig/still
savoyard/savoyarde [savwajar/savwajard]		aus dem Savoyen/savoyardisch
une fondue [ynfɔ̃dy]	F = une fondue savoyarde ←→ D = ein Käsefondue	ein Fondue

Activités

2 un rêve [ɛ̃rɛv]		ein Traum
un garçon (de café)	→ un garçon	ein Kellner
3 Noël [nɔɛl]	~, c'est le 25 décembre.	Weihnachten

Révisions

Le ski

le ski de fond	Langlauf(ski)	**faire du ski**	Ski fahren
le ski de piste	Abfahrtslauf	**faire une descente de ski**	eine Abfahrt machen
le télésiège	der Sessellift	**un moniteur/une monitrice**	ein/eine Skilehrer(in)
une station de ski	ein Skiort	**une avalanche**	eine Lawine
		un canon à neige	eine Schneekanone

---

[1] Parisiens – [2] reçois – [3] abîme

Vocabulaire

Le passé composé:	
Verben mit *avoir*	**Verben mit *être***
acheter – appeler – discuter – inviter – penser – poser – regarder	venir – arriver
avoir – être – faire	entrer – monter
lire, écrire	rester – aller
savoir – devoir – pouvoir – vouloir – recevoir	tomber
dormir – tenir – ouvrir – finir – réfléchir – choisir – réagir	sortir – partir
(com)prendre – attendre – entendre – rendre – répondre – perdre	

Verbes

ouvrir — j'ouvre, tu ouvres, il/elle/on ouvre, nous ouvrons, vous ouvrez,
j'ai ouvert   ils/elles ouvrent

recevoir — je reçois, tu reçois, il/elle/on reçoit, nous recevons, vous recevez,
j'ai reçu   ils/elles reçoivent

En France

L'Alpe d'Huez (1806 m)

liegt im Isèretal, ca. eine Autostunde von Grenoble entfernt. In der Nähe gehen die Ausläufer der Gebirgsmassive des Oisans und der Grandes Rousses ineinander über. Vom Pic du Lac Blanc (3458 m) hat man einen wunderbaren Blick auf die Écrins und den Mont Blanc.

Neben Val d'Isère und Tignes, Courchevel und les Arcs ist l'Alpe d'Huez einer der großen Wintersportorte der französischen Nordalpen. Er gehört zu jener zweiten Generation von Wintersportzentren, die sich um ein kleines hochgelegenes Gebirgsdorf mehr oder weniger organisch entwickelten. In einer dritten Generation setzten große Tourismusunternehmen „Ski-Total-Orte" wie Courchevel mit riesigen Appartmentblocks in eine bisher fast unberührte Landschaft, was zahlreiche Umweltprobleme nach sich zog.

Durch die Austragung der Olympischen Spiele in Grenoble (1968) erlebte l'Alpe d'Huez einen enormen Aufschwung, während Ornon sich bis heute seinen Charakter als ursprüngliches Gebirgsdorf und gemütlicher Wintersportort erhalten konnte.

Leçon 7

APPROCHE

un championnat [ɛ̃ʃɑ̃pjɔna]	F = champio**nn**at ←→ E = championship	eine Meisterschaft
junior [ʒynjɔr]		jugendlich/Junioren-/Jugend-
prochain/prochaine [prɔʃɛ̃/prɔʃɛn]	L'année ~¹, je vais faire du tennis.	nächster/nächste/nächstes
participer à qc	Jérémy ~² au championnat de foot.	an etw. teilnehmen
présenter qc à qn [prezɑ̃te]	F = présenter ←→ E = to present	jdm etw. vorstellen
une équipe [ynekip]	L'~ de Paris joue à Marseille aujourd'hui.	eine Mannschaft
gagner qc [gaɲe]	≠ perdre	etw. gewinnen
un entraîneur [ɑ̃ntrɛnœr]	F = **entraî**neur ←→ D = **Trai**ner	ein Trainer
un/une judoka [ɛ̃/ynʒydɔka]		ein/e Judoka
un espoir [ɛ̃nɛspwar]	F = l'espoir ←→ L = spes	eine Hoffnung; *hier:* ein Hoffnungsträger

[1] prochaine – [2] participe

Vocabulaire

un/une adversaire [ɛ̃/ynadvɛrsɛr]	F = advers**aire** ←→ E = advers**ary**	ein Gegner/eine Gegnerin
motivé/motivée	Les judokas de Paris sont très ~¹.	motiviert
le rugby [ləryɡbi]		das Rugby
avoir l'esprit sportif	→ E = spirit	eine sportliche Einstellung haben/fair sein
un tapis [ɛ̃tapi]	On fait du judo sur ~.	ein Teppich

 On va gagner!

un minibus [ɛ̃minibys]		ein kleiner Bus
la forme	Nous sommes en bonne ~.	die Kondition/Form
tranquille [trɑ̃kil]	Nous avons passé un après-midi ~.	ruhig
être tranquille		beruhigt sein
un frimeur/une frimeuse [ɛ̃frimœr/ynfrimøz]	Les ~² parlent beaucoup trop.	ein Angeber/eine Angeberin
un combat [ɛ̃kɔ̃ba]		ein Kampf
Bonsoir!	≠ Bonjour!	Guten Abend!; *hier:* Auf Wiedersehen!
le jogging [lədʒɔɡiŋ]	Le dimanche matin, nous faisons toujours du ~.	das Joggen
un tour	F = **un** tour ←→ D = **eine** Tour	eine Runde *(beim Sport)*
Vas-y! [vazi]	F = Vas-y! ←→ E = Go on!	Los!/Vorwärts!
réussir (à faire qc) [reysir]	F = J'ai ~³ ... ←→ D = Es ist mir gelungen ...	gelingen (etw. zu tun)/ etw. fertig bringen
un o-soto-gari		*Judowurftechnik*
contre [kɔ̃tr]	≠ avec	gegen
Ouais! *(fam.)* [wɛ]	→ oui	Ja! *(ugs.)*
rapide [rapid]	Frédéric réagit vite: il est ~.	schnell
énervé/énervée [enɛrve]	On est ~ quand on ne réussit pas à faire quelque chose.	aufgeregt/genervt
résister à qn/qc [reziste]	F = **r**ésist**er** ←→ E = to **r**esist	jdm/etw. Widerstand leisten
possible [pɔsibl]	→ E = possible	möglich
Ce n'est pas possible!		Das darf/kann doch nicht wahr sein!
être éliminé [ɛtrelimine]	Les garçons sont ~⁴ du championnat.	ausscheiden (müssen)
une médaille [ynmedaj]		eine Medaille
un uchi-mata		*Judowurftechnik*
bloquer qc/qn [blɔke]	Les voitures ~⁵ la rue.	etw./jdn blockieren/ sperren
le bronze [ləbrɔ̃z]		die Bronze

 *Activités*

1	**une partie** [ynparti]	Dans le texte, il y a cinq ~⁶ différentes.	ein Teil
	Quoi? [kwa]	Tu fais ~ demain?	Was?
2	**organiser qc** [ɔrganize]	Notre entraîneur a ~⁷ le voyage à Lille.	etw. organisieren/planen

---

¹ motivés – ² frimeurs/frimeuses –
³ réussi – ⁴ éliminés – ⁵ bloquent –
⁶ parties – ⁷ organisé

Vocabulaire

Révisions

Nom de pays		L'habitant(e)	Nationalité
l'Allemagne (f.)	Deutschland	l'Allemand,e	allemand,e
l'Angleterre (f.)	England	l'Anglais,e	anglais,e
(la Grande-Bretagne	Großbritannien)		
l'Autriche (f.)	Österreich	l'Autrichien,ne	autrichien,ne
la Belgique	Belgien	le (la) Belge	belge
le Danemark	Dänemark	le (la) Danois,e	danois,e
* l'Espagne (f.)	Spanien	l'Espagnol,e	espagnol,e
la France	Frankreich	le (la) Français,e	français,e
* la Grèce	Griechenland	le Grec, la Grecque	grec/grecque
l'Italie (f.)	Italien	l'Italien,ne	italien,ne
* le Luxembourg	Luxemburg	le (la) Luxembourgeois,e	luxembourgeois,e
les Pays-Bas (m., pl.)	die Niederlande	le (la) Néerlandais,e	néerlandais,e
la Hollande	Holland	le (la) Hollandais,e	hollandais,e
* la Pologne	Polen	le (la) Polonais,e	polonais,e
* le Portugal	Portugal	le (la) Portugais,e	portugais,e
* la République tchèque	die Tschechische Republik	le (la) Tchèque	tchèque
* la Russie	Russland	le (la) Russe	russe
* la Suède	Schweden	le (la) Suédois,e	suédois,e
la Suisse	die Schweiz	le (la) Suisse	suisse
* la Turquie	die Türkei	le Turc, la Turque	turc/turque
* les Etats-Unis (m., pl.)	die Vereinigten Staaten	l'Américain,e	américain,e
* l'Europe (f.)	Europa	l'Européen,ne	européen,ne
* l'Afrique (f.)	Afrika	l'Africain,e	africain,e
* le Japon	Japan	le (la) Japonais,e	japonais,e

* Wörter, die hier zur Vervollständigung zusätzlich erwähnt werden. Sie werden in den folgenden Lektionen nicht als bekannt vorausgesetzt.

B Les courses à Lille

les spaghettis (m., pl.) [lespageti]	⏐F⏐ = spaghetti**s** ⟷ ⏐D⏐ = Spaghetti		die Spaghetti
les spaghettis à la bolognaise [lespagetialabɔlɔɲɛz]			Spaghetti bolognese
un fruit [ɛ̃frɥi]	⏐F⏐ = un fruit ⟷ ⏐D⏐ = **eine** Frucht		eine Frucht
le gruyère [ləgryjɛr]	Pour faire une fondue savoyarde, il faut du ~.		der Greyerzer (Käse)
une tomate	⏐F⏐ = toma**te** ⟷ ⏐E⏐ = toma**to**		eine Tomate
la viande [lavjɑ̃d]	Qu'est-ce qu'on mange comme ~? Du poulet?		das Fleisch
la viande hachée [lavjɑ̃daʃe]	→ ⏐D⏐ = hacken		das Hackfleisch
l'huile (f.) [lɥil]			das Öl
le marché	→ le supermarché		der Markt
un marchand/une marchande	→ un marché		ein Händler/eine Händlerin
Qu'est-ce qu'il vous faut?			Was darf es sein?/Was hätten Sie gern?
Il nous faut …	⏐F⏐ = il faut ⟷ ⏐D⏐ = man braucht		Wir brauchen …

cent soixante-neuf

Vocabulaire

un kilo	→ un kilomètre	ein Kilo
une pomme	→ une pomme de terre	ein Apfel
Et avec ça?		Kommt noch was dazu?/Sonst noch etwas?
une orange [ynɔrɑ̃ʒ]		eine Orange
une dizaine [yndizɛn]	→ dix	ungefähr/ca. zehn
une banane	→ [E] = banana	eine Banane
Ça fait combien?	= Ça coûte combien?	Wie viel kostet das?/Was macht das?
cinquante (cents/centimes) [sɛ̃kɑ̃tsɛnt/sɑ̃tim]		50 Cent (100 cents = 100 centimes = 1 €)
mettre qc [mɛtr]	Jean ~¹ la clé dans son sac.	etw. legen/setzen/stellen
un kiwi [ɛ̃kiwi]	[F] = un kiwi ←→ [D] = eine Kiwi	eine Kiwi
un sportif/une sportive [ɛ̃spɔrtif/ynspɔrtiv]	*pl.:* des sportifs/des sportives	ein Sportler/eine Sportlerin
payer qc à qn [peje]	[F] = payer ←→ [E] = to pay	jdm etw. zahlen
passer (chez qn)	Sandra ~² chez Lucie à trois heures.	(bei jdm) vorbeigehen
une église [ynegliz]		eine Kirche
un marché aux puces [ɛ̃marʃeopys]	[F] = une puce ←→ [D] = ein Floh	ein Flohmarkt
un cadeau/des cadeaux [ɛ̃kado]	Voilà ~ pour ton anniversaire.	ein Geschenk/Geschenke
l'important *(m.)* [lɛ̃pɔrtɑ̃]	~ dans la vie, c'est le bonheur.	das Wichtige; *hier:* das Wichtigste
vendre qc à qn [vɑ̃dr]	La marchande ~³ des légumes.	jdm etw. verkaufen
une bêtise [ynbɛtiz]	Frédéric, le frimeur, a fait ~ au championnat.	eine Dummheit
une boîte [ynbwat]	*p. ex.:* ~ à chaussures	eine Schachtel, eine Dose
le reste [lərɛst]	→ rester	der Rest/die übrigen Sachen
un oignon [ɛ̃nɔɲõ]	[F] = un oignon ←→ [E] = an onion	eine Zwiebel
un paquet [ɛ̃pakɛ]	On achète le café en ~.	ein Paket
le sucre/un sucre	Tu prends combien de ~⁴ dans ton café? – Deux!	der Zucker/ein Stück Zucker
une boisson [ynbwasõ]	Gilles veut ~ chaude; il prend un café.	ein Getränk
une bouteille [ynbutɛj]	La ~ d'huile est vide.	eine Flasche
le rhum [lərɔm]	~ est une spécialité de la Martinique.	der Rum
boire qc [bwar]	Nous ~⁵ un café au petit déjeuner.	etw. trinken
l'alcool *(m.)* [lalkɔl]		der Alkohol

 *Activités*

2 **un litre**	C'est une bouteille de deux ~⁶.	ein Liter
3 **une sauce** [ynsos]		eine Soße
4 **un client/une cliente** [ɛ̃klijɑ̃/ynklijɑ̃t]	~ achète et un marchand vend.	ein Kunde/eine Kundin
C'est à qui? [sɛtaki]		Wer ist an der Reihe?/Bitte schön!
un citron [ɛ̃sitrõ]	[F] = un citron ←→ [D] = eine Zitrone	eine Zitrone

---

¹ met – ² passe – ³ vend – ⁴ sucres
⁵ buvons – ⁶ litres

Vocabulaire

Révisions

Les fruits

une banane	eine Banane	un kiwi	eine Kiwi
* une cerise	eine Kirsche	une orange	eine Orange
un citron	eine Zitrone	* une poire	eine Birne
* une fraise	eine Erdbeere	une pomme	ein Apfel

Les légumes

un avocat	eine Avocado	* des petits pois	Erbsen
* un haricot	eine Bohne	une pomme de terre	eine Kartoffel
un oignon	eine Zwiebel	une salade	ein Salat
		une tomate	eine Tomate

* Wörter, die hier zur Vervollständigung zusätzlich erwähnt werden. Sie werden in den folgenden Lektionen nicht als bekannt vorausgesetzt.

 Ce soir, on fait la fête.

les chips *(f., pl.)* [leʃips]	Anne adore ~ avec l'apéritif.	die Kartoffelchips
Tu rigoles!	→ rigoler	Das soll doch wohl ein Witz/Scherz sein!
assez (de) [ase]		genug *(bei Mengen)*
trop (de)	≠ assez (de)	zu viel *(bei Mengen)*
le sel [ləsɛl]	Il y a assez de ~ dans la sauce tomate.	das Salz
un peu (de) [ɛ̃pø]		ein bisschen/etwas *(bei Mengen)*
Zut! *(fam.)* [zyt]		Mist! *(ugs.)*
les herbes de Provence *(f., pl.)* [lezɛrbdəprɔvɑ̃s]		die Kräuter der Provence
une salle à manger	→ une salle de séjour	ein Esszimmer
un verre [ɛ̃vɛr]	Tu veux ~ ou une tasse?	ein Glas
un jus [ɛ̃ʒy]	Tu bois ~ de citron ou ~ d'orange?	ein Saft
la limonade [lalimɔnad]	→ E = lemon	die Limonade
le coca	Je voudrais un grand verre de ~ avec du citron.	die/das Cola
le flamenco [ləflamɛnko]	~ est une danse espagnole.	der Flamenco
danser	→ une danse	tanzen
Bref, … [brɛf]		Kurzum, …
sauf [sof]	On a tout acheté, ~ les herbes de Provence.	außer
faire plaisir à qn	La médaille leur a ~[1].	jdn (er)freuen
vers [vɛr]		gegen *(Uhrzeit)*
beaucoup (de)	≠ un peu (de)	viel *(bei Mengen)*
aller chercher qc		etw. holen
une bière [ynbjɛr]	F = une bière ←→ D = ein Bier	ein Bier
Chéri! *(m.)*/**Chérie!** *(f.)*	→ Cher/Chère … ,	Liebling! *(hier: ironisch gemeint)*
ensuite [ɑ̃sɥit]		dann/danach/außerdem
ne … pas (de)		kein *(bei Mengen)*
laisser [lɛse]	Martin a ~[2] son sac à la maison.	lassen
laisser tranquille		in Ruhe lassen
un minable *(fam.)*		eine „Niete", eine „Null" *(ugs.)*
ailleurs [ajœr]	La patinoire n'est pas ici, elle est ~.	anderswo(hin)

[1] fait plaisir – [2] laissé

Vocabulaire

Révisions

Les sports

les sports	die Sportarten
jouer au | football	Fußball spielen
faire du |	
jouer au | tennis	Tennis spielen
faire du |	
* jouer aux boules *(f.)* [bul]	„Boule" spielen
* jouer au ping-pong [piŋpõg]	Tischtennis spielen
* faire du skateboard	Skateboard fahren
* faire du patin à roulettes	Rollschuh laufen
* faire du patin à glace [patɛ̃aglas]	Schlittschuh laufen
* faire de la natation [natasjõ]	schwimmen *(als Sportart)*
nager [naʒe]	schwimmen *(zum Vergnügen)*
* faire du vélo [velo]	Fahrrad fahren
* faire de l'athlétisme *(m.)* [atletism]	Leichtathletik betreiben
faire du ski	Ski laufen
* faire du cheval [ʃval]	reiten

Dialogue

– Tu aimes le tennis?	– Magst du Tennis?
Tu aimes jouer au tennis?	Spielst du gern Tennis?
Tu aimes faire du tennis?	
– Je n'aime pas le tennis.	– Ich mag Tennis nicht.
Je n'aime pas jouer au tennis.	Ich spiele nicht gern Tennis.
Je n'aime pas faire du tennis.	

* Wörter, die hier zur Vervollständigung zusätzlich erwähnt werden. Sie werden in den folgenden Lektionen nicht als bekannt vorausgesetzt.

Activités

3 **un étage** [ɛ̃netaʒ]	M. Bouchon habite **au** premier ~.	ein Stockwerk/eine Etage
4 **le ventre** [ləvɑ̃tr]	Vincent a faim, il a ~ vide!	der Bauch
5 **ne ... plus (de)**		kein ... mehr

En France

Lille

Mit über einer Million Einwohnern ist der Großraum Lille-Roubaix-Tourcoing der viertgrößte Ballungsraum Frankreichs nach Paris, Lyon und Marseille.
Lille ist das Zentrum der dichtbesiedelten Region „Le Nord" (319 Einwohner/km² im Vergleich zu 103 im Landesdurchschnitt).
Bedingt durch den Niedergang der traditionell dort vertretenen Textil- und Schwerindustrie durchlebt die Region seit fast drei Jahrzehnten eine schwere Strukturkrise. Doch seit Eröffnung des TGV Nord (1993) und des Eurotunnels (1994) entwickelt sich Lille zur Drehscheibe der ersten Euro-Region (15 Millionen Einwohner), bestehend aus Kent, Nord-Pas-de-Calais, Wallonien, Flandern und Brüssel, mit einem hohen Anteil an Erwerbstätigen im Arbeitsplätze schaffenden Dienstleistungssektor.
Im Jahre 1667 eroberte Ludwig XIV. Lille für Frankreich und ließ es durch Vauban wegen seiner gefährdeten Randlage durch eine seiner berühmtesten Zitadellen (Festungsanlagen) schützen. Heute beginnt für Lille dank seiner geopolitischen Lage eine neue Epoche seiner Geschichte als Schaltstelle in einem durch TGV, Eurotunnel und Eurowährung immer schneller zusammenwachsenden Europa.

Vocabulaire

Leçon 8

APPROCHE

quel(s)/quelle(s)	→ Il est quelle heure?	welcher/welche/welches *(Fragebegleiter)*
un jean [ɛdʒin]	F = un jean ←→ D = eine Jeans	eine Jeans
ce/cet/cette/ces [sə/sɛt/sɛt/se]	→ ce soir	dieser/diese/dieses/diese*(pl.) (Demonstrativbegleiter)*
un anorak	→ E = anorak	ein Anorak
une couleur [ynkulœr]	De quelle ~ est ta voiture?	eine Farbe
moche *(fam.)* [mɔʃ]	≠ joli	hässlich *(ugs.)*
un pantalon [ɛ̃pɑ̃talɔ̃]	Yves a ~ jaune pour l'été.	eine Hose

«Sonia Arlain»

gagner qc	Céline a ~¹ de l'argent: elle a fait du baby-sitting.	etw. verdienen
une boutique [ynbutik]	Sonia a ~ de mode à Paris.	ein kleiner Laden
une marque [ynmark]	Il y a beaucoup de ~² de mode à Paris.	eine Marke
un vêtement [ɛ̃vɛtmɑ̃]	Au printemps, on range les ~ d'hiver.	ein Kleidungsstück
vieux/vieil/vieille [vjø/vjɛj/vjɛj]	un vieil ami ←→ une vieille amie	alt
une collection	F = une collection ←→ D = eine Kollektion	eine Kollektion
un carton [ɛ̃kartɔ̃]	Alice a trouvé ~ de cartes postales.	ein Karton
nouveau/nouvel/nouvelle [nuvo/nuvɛl/nuvɛl]	→ une nouvelle	neu
un présentoir [ɛ̃prezɑ̃twar]	→ présenter	ein Verkaufsregal/ein Verkaufsständer
un design [ɛ̃dizajn]	Le ~ de ce stylo est moche.	ein Design
beau/bel/belle [bo/bɛl/bɛl]	Les vieux immeubles de Paris sont ~³.	schön
il y a deux ans	≠ dans deux ans	vor zwei Jahren
gai/gaie [gɛ]	Le jaune citron est une couleur ~⁴.	fröhlich
classique [klasik]	Tu aimes la musique ~?	klassisch
rêver	→ un rêve	träumen
Je rêve!		Ich glaub', ich träume!/Ich träume wohl!
Bon, …		So, …
Voyons! [vwajɔ̃]	→ voir	Mal sehen!/Schauen wir mal!
un tissu [ɛ̃tisy]	Chez l'antiquaire, Sophie a trouvé des vieux ~⁵.	ein Stoff
un catalogue [ɛ̃katalɔg]	Michel nous présente son ~ de meubles.	ein Katalog
une fleur [ynflœr]	F = fleur ←→ E = flower	eine Blume
ou alors		oder auch
un cœur [ɛ̃kœr]	Le roi de ~ est une carte.	ein Herz
un accessoire [ɛ̃naksɛswar]	Un chapeau peut être ~ de mode.	ein Zubehör/Accessoire
Au boulot! *(fam.)*	→ «métro-boulot-dodo»	An die Arbeit! *(ugs.)*
dessiner qc [desine]	Les architectes ~⁶ des immeubles.	etw. zeichnen
un modèle [ɛ̃mɔdɛl]		ein Muster/eine Vorlage/ein Modell

---

¹ gagné – ² marques – ³ beaux – ⁴ gaie
⁵ tissus – ⁶ dessinent

cent soixante-treize 173

Vocabulaire

du matin au soir		den ganzen Tag *(ohne Unterbrechung)*
un employé/une employée [ɑ̃plwaje/ynɑ̃plwaje]	Les ~¹ de l'usine font des accessoires de voitures.	ein Angestellter/eine Angestellte
amuser qn		jdn zum Lachen bringen
quitter qn/qc [kite]	Bon, je vous ~². A demain!	jdn/etw. verlassen
à cause de [akozdə]	Ils sont restés à la maison ~ la neige.	wegen
pourtant [purtɑ̃]		dennoch/trotzdem

 *Activités*

1 **une ambiance** [ynɑ̃bjɑ̃s] — Il y a une bonne ~ à cette fête. — eine Atmosphäre/Stimmung
2 **discuter de qc** — → une discussion — etw. besprechen/über etw. diskutieren
4 **une dame** — → madame Sabion — eine Dame/Frau
5 **un homme** [ɛ̃nɔm] — ≠ une femme — ein Mann

 Une surprise au café

le lendemain [ləlɑ̃dmɛ̃]	→ demain	am nächsten Tag
il fait beau		das Wetter ist schön
se mettre	Nous ~³ à table.	sich hinsetzen
une terrasse [ynteras]	Les filles boivent un jus d'orange à la ~ d'un café.	eine Terrasse
commander qc	Chrystelle ~⁴ le pantalon rouge du catalogue, page dix.	etw. bestellen
un sandwich/des sandwichs [ɛ̃sɑ̃dwitʃ/desɑ̃dwitʃ]	Gilbert achète ~ au gruyère.	ein Sandwich/ein belegtes Baguette
bien s'entendre avec qn	Aurélie ~⁵ avec Sonia.	sich mit jdm gut verstehen
si	Je vais à la piscine ~ tu viens aussi.	wenn/falls *(Bedingung)*
s'arranger		besser werden *(Problem, Situation)*
autre	Allons dans une ~ discothèque aujourd'hui!	anderer/andere/anderes *(Adj.)*
en avoir marre de faire qc *(fam.)* [ɑ̃navwarmar]	Ils ~⁶ de travailler la nuit.	die Nase voll haben etw. zu tun *(ugs.)*
se taire [sətɛr]	Nous nous sommes **tus**.	schweigen
être en train de faire qc [ɛtrɑ̃trɛ̃]	Qu'est-ce que vous ~⁷ d'écrire?	gerade dabei sein etw. zu tun
Hé! [e]		He!
un trottoir [ɛ̃trɔtwar]		ein Gehweg/Bürgersteig
Et alors!		Na und!
s'habiller [sabije]	Le matin, je ~⁸, puis je pars sans manger.	sich anziehen
venir de faire qc	≠ aller faire qc	gerade etw. getan haben
terminer qc [tɛrmine]	≠ commencer qc	etw. beenden
se dépêcher [sədepeʃe]	~⁹ nous, le métro part dans 2 minutes!	sich beeilen
Garçon!	→ un garçon de café	Herr Ober!
une addition [ynadisjɔ̃]	→ D = addieren	eine Rechnung *(im Restaurant)*
se lever [sələve]	Le matin, Pierre ~¹⁰ à sept heures.	aufstehen
un coin [ɛ̃kwɛ̃]	La boulangerie est **au** ~ de la rue.	eine Ecke

¹ employés/employées – ² quitte
³ nous mettons – ⁴ commande
⁵ s'entend bien – ⁶ en ont marre
⁷ êtes en train – ⁸ m'habille
⁹ Dépêchons- – ¹⁰ se lève

Vocabulaire

sûr/sûre [syr]	→ E = sure	sicher
se souvenir de qc [səsuvənir]	Tu ~¹ de la photo de Carole et Frédéric?	sich an etw. erinnern
essayer qc [esɛje]	Gilles a ~² la voiture de son père.	etw. an-/ausprobieren
plaire à qn	→ s'il te plaît	jdm gefallen
copier qn/qc [kɔpje]	→ E = to copy	jdn/etw. nachmachen/kopieren
voler qc à qn	On lui a ~³ son bel appareil photo.	jdm etw. stehlen
étranger/étrangère [etrɑ̃ʒe/etrɑ̃ʒɛr]	Astrid parle deux langues ~⁴: l'anglais et l'espagnol.	ausländisch/fremd; *hier:* ein Ausländer/eine Ausländerin
accuser qn de qc [akyze]	Laurent ~⁵ Tino de copier les modèles.	jdn einer Sache beschuldigen
juste [jyst]	~ après les cours, nous allons au club de théâtre.	genau/gerade *(Adv.)*
une explication [ynɛksplikasjɔ̃]	F = expli**c**ation ←→ E = expla**n**ation	eine Erklärung/Erläuterung/Begründung
croire qn/qc [krwar]	Nous ~⁶ que tu vas gagner.	jdm/etw. glauben
un espion/une espionne [ɛ̃nɛspjɔ̃/ynɛspjɔn]	F = espion ←→ E = spy	ein Spion/eine Spionin

 Activités

4 **une demi-heure**	Une heure et demie, c'est trois ~⁷!	eine halbe Stunde
5 **décrire qn/qc**	→ écrire	jdn/etw. beschreiben
7 **essayer de faire qc**	Tu veux ~ de parler italien?	versuchen etw. zu tun
9 **un vendeur/une vendeuse** [vɑ̃dœr/ynvɑ̃døz]	→ un marchand/une marchande	ein Verkäufer/eine Verkäuferin

---

Verbes

plaire j'ai plu	je plais, tu plais, il/elle/on plaît, nous plaisons, vous plaisez, ils/elles plaisent
se taire je me suis tu(e)	je me tais, tu te tais, il/elle/on se tait, nous nous taisons, vous vous taisez, ils/elles se taisent
croire j'ai cru	je crois, tu crois, il/elle/on croit, nous croyons, vous croyez, ils/elles croient

---

Les vêtements

un anorak [ɛ̃nanɔrak]	ein Anorak	* **une jupe**	ein Rock
* **un blouson**	eine Jacke	* **un manteau/ des manteaux**	ein Mantel/Mäntel
* **une chaussette** [ynʃɔsɛt]	ein Kniestrumpf/ eine Socke	**un pantalon**	eine Hose
une chaussure	ein Schuh	* **un pull** *(fam.)*	ein Pulli *(ugs.)*
* **une chemise**	ein Hemd	* **une robe** [ynrɔb]	ein Kleid
* **un chemisier**	eine Bluse	* **un sweat** *(fam.)*	ein Sweatshirt *(ugs.)*
un jean	eine Jeans/ein Paar Jeans	**un T-shirt**	ein T-Shirt

* Wörter, die hier zur Vervollständigung zusätzlich erwähnt werden. Sie werden in den folgenden Lektionen nicht als bekannt vorausgesetzt.

---

¹ te souviens — ² essayé — ³ volé
⁴ étrangères — ⁵ accuse — ⁶ croyons
⁷ demi-heures

Vocabulaire

Leçon 9

APPROCHE

qui		der/die/das (Relativpronomen, Subjekt)
un train [ɛ̃trɛ̃]	Katharina aime les voyages en ~.	ein Zug
que		den/die/das (Relativpronomen, Objekt)
où	Le village ~ Gilles habite est dans les Alpes.	wo (Relativpronomen)
une gare [yngar]	Près de la ~, il y a la station de métro.	ein Bahnhof
un jardin [ɛ̃ʒardɛ̃]	Il y a des fleurs dans le ~ d'Elodie.	ein Garten
un cimetière [ɛ̃simtjɛr]	[F] – cimetière ←→ [E] = cemetery	ein Friedhof
un lac [ɛ̃lak]	[F] = lac ←→ [E] = lake	ein See
une île [ynil]	Dans la mer, il y a des ~[1].	eine Insel

 Dans une famille française

long/longue [lõ/lõg]	Le mois de février n'est pas ~[2].	lang
excité/excitée [ɛksite]	[F] = excité ←→ [E] = excited	aufgeregt
un dictionnaire [ɛ̃diksjɔnɛr]	[F] = dictionnaire ←→ [E] = dictionary	ein Wörterbuch
étonné/étonnée [etɔne]		erstaunt
faire la bise à qn	→ une bise	jdn auf die Wange küssen
avoir l'impression (f.) que ... [avwarlɛ̃prɛsjõ]	→ [E] = to have the impression that	den Eindruck haben, dass ...
une phrase [ynfraz]	Dans ma lettre, il y a dix ~[3].	ein Satz
un geste [ɛ̃ʒɛst]	[F] = un geste ←→ [D] = eine Geste	eine Geste
le vin	Vous buvez du ~ blanc ou du ~ rouge avec le bifteck?	der Wein
vouloir dire	Qu'est-ce que vous ~[4]?	meinen
gentil/gentille [ʒɑ̃ti/ʒɑ̃tij]	La corres de Carole est très ~[5].	nett/freundlich
une quiche [ynkiʃ]	La ~ est une spécialité française.	ein Speckkuchen
un fromage [ɛ̃frɔmaʒ]	Le camembert et le gruyère sont des ~[6].	ein Käse
hier [jɛr]	≠ demain	gestern
délicieux/délicieuse [delisjø/delisjøz]	La pizza que tu as faite est vraiment ~[7].	köstlich
la moitié [lamwatje]	~ de seize, c'est huit.	die Hälfte
être gêné/gênée [ɛtrəʒene]	Charlotte ~[8] parce qu'elle n'aime pas les oignons.	in Verlegenheit sein/sich genieren
cuit/cuite [kɥi/kɥit]	Le garçon: Comment voulez-vous la viande? Bien ~[9]?	gekocht/gebacken/durch
cuire qc [kɥir]	→ cuit, cuite	etw. kochen, backen; hier: etw. braten
plus [plys]	Le poulet n'est pas assez cuit; il faut le cuire beaucoup ~.	mehr
à la fin de ...	~ la semaine, madame Sabion est fatiguée.	am Ende von ...
une infusion [ynɛ̃fyzjõ]		ein Kräutertee
remarquer qc [rəmarke]	[F] = remarquer ←→ [E] = to remark	etw. (be)merken
une couette [ynkwɛt]	Peu de Français ont des ~[10] sur leur lit.	ein Federbett

---

[1] îles – [2] long – [3] phrases – [4] voulez dire – [5] gentille – [6] fromages – [7] délicieuse – [8] est gênée – [9] cuite – [10] couettes

Vocabulaire

En France
Paris

In Paris selbst leben ca. 2 Millionen Menschen, im Großraum Paris ca. 10,5 Millionen. Paris ist die Hauptstadt Frankreichs. Sie ist in 20 Bezirke gegliedert (ein Bezirk = *un arrondissement*). Paris hieß *Lutèce*, als es noch ein kleines gallisches Fischerdorf war. Erst die Römer gaben dem Ort im 4. Jahrhundert nach Christus seinen heutigen Namen.

La bise

In Frankreich ist die *bise* (Kuss auf beide Wangen) zur Begrüßung üblich zwischen Verwandten und guten Bekannten (auch bei Jugendlichen, jedoch selten zwischen Jungen).

 Activités

2	**une différence**	→ c'est différent	ein Unterschied
	un thé [ɛte]	Madame Garrigue boit ~ au citron à quatre heures.	ein schwarzer Tee
)*	**un truc** *(fam.)* [ɛtryk]	Quand tu ne sais plus un mot, tu peux dire «~».	ein Ding *(ugs.)*
	Comment est-ce que ça s'appelle en français?	→ s'appeler	Wie heißt das auf Französisch?
	répéter	→ une répétition	wiederholen
	moins vite [mwɛvit]		langsamer
3	**un appareil**	→ un appareil photo	ein Gerät/ein Apparat
	une machine		eine Maschine
	un instrument [ɛ̃nɛstrymã]		ein Instrument/ein Werkzeug
	un endroit [ɛ̃nãdrwa]	La permanence est ~ où on peut faire ses devoirs.	ein Ort
4	**être à la découverte de qc**	[F] = une dé**couv**erte ←→ [E] = a dis**cov**ery	etw. entdecken
	emmener qn [ãmne]		jdn (mit)nehmen

 Une promenade dans Paris

	une promenade	Hier, Jean-Luc a fait ~ dans le parc André Citroën.	ein Spaziergang
	se promener [səprɔmne]	= faire une promenade	spazieren gehen
	une imprimerie		eine Druckerei
	y	Tu vas à la boucherie? – Oui, j'~ vais.	dort/dorthin
	le RER [lɛrəɛr]	RER = Réseau Express Régional	*das regionale Express-Netz in Paris (Schnellbahnnetz)*
	une station (de métro)	→ une station de ski	eine Haltestelle
	descendre de qc [desãdr]	≠ monter	aus etw. aussteigen/hinuntergehen
	faire la queue [fɛrlakø]	Nous ~¹ devant le cinéma.	Schlange stehen
	un ascenseur [ɛ̃nasãsœr]	→ [L] = ascendo	ein Aufzug
	un escalier [ɛ̃nɛskalje]		eine Treppe
	un musée [ɛ̃myze]		ein Museum
	un tableau/des tableaux	Le ~ de la Joconde est au Louvre.	ein Gemälde/Gemälde
	un arrondissement [ɛ̃narõdismã]	A Paris, il y a 20 ~².	ein Stadtbezirk

---

* ⟨L⟩ = Lerntechnik – ¹ faisons la queue
² arrondissements

cent soixante-dix-sept

Vocabulaire

changer de qc [ʃãʒe]	Armelle ~¹ de métro pour aller à la discothèque.	etw. wechseln; *hier:* umsteigen
une ligne [ynliɲ]		eine (Metro-)Linie
une direction [yndirɛksjõ]	Eric part **en** ~ **de** Grenoble.	eine Richtung
le fric *(fam.)* [ləfrik]	= l'argent	das Geld/der Zaster/die Knete *(ugs.)*
s'inquiéter [sɛ̃kjete]		sich Sorgen machen/beunruhigt sein
tunisien/tunisienne [tynizjɛ̃/tynizjɛn]	[F] = tunisien ←→ [D] = tunesisch	tunesisch
comme ça		so
un couscous [ɛ̃kuskus]	Naïma a mis du poulet et des légumes dans son ~.	nordafrikanisches Gericht
le nord [lənɔr]	Lille est dans le ~ de la France.	der Norden
la menthe [lamãt]	Jean prépare une infusion avec de ~.	die (Pfeffer-)Minze
le thé à la menthe		Tee-Mischung aus afrikanischem (Grün-)Tee und frischer Pfefferminze
en	≠ y	daher/daraus/von dort
sentir	Les fleurs du marché ~² très bon.	riechen
les épices *(f., pl.)* [lezepis]	→ l'épicerie	die Gewürze
un bijou/des bijoux [ɛ̃biʒu/debiʒu]		ein Schmuckstück/Schmuck
africain/africaine		afrikanisch
un objet [ɛ̃nɔbʒɛ]		ein Gegenstand/Objekt
le cuir [ləkɥir]		das Leder
en (cuir)	Tu achètes une veste ~ ou en tissu?	aus (Leder)
un bracelet [ɛ̃braslɛ]		ein Armband
les affaires *(f., pl.)* [lezafɛr]	Aujourd'hui, Pierre range ses ~ dans sa chambre.	die Sachen
une seconde [ynsəgõd]	[F] = se**co**nde ←→ [D] = Se**ku**nde	eine Sekunde
un agent de police [ɛ̃naʒãdpɔlis]	Les vêtements des ~³ français sont bleus.	ein Polizist
avoir le droit de faire qc		das Recht haben etw. zu tun

B Activités

3 **les années vingt**		die zwanziger Jahre
6 **un chemin**	J'ai perdu mon ~. Où est le Louvre, s'il vous plaît?	ein Weg
se trouver	Les Champs-Elysées ~⁴ à Paris.	sich befinden
tout droit [tudrwa]	Continuez ~.	geradeaus
à droite *(f.)* [adrwat]		(nach) rechts
à gauche *(f.)* [agoʃ]	≠ à droite	(nach) links
tourner	→ [E] = to turn	abbiegen
7 **imaginer qc** [imaʒine]	→ [E] = to imagine	sich etw. denken/etw. erfinden
oublier qc [ublije]	N'~⁵ pas vos affaires!	etw. vergessen

---

¹ change – ² sentent – ³ agents de police
⁴ se trouvent – ⁵ oubliez

Vocabulaire

⟨8⟩ ce qui	was *(neutrales Relativpronomen als Subjekt)*
ce que	was *(neutrales Relativpronomen als Objekt)*
pauvre	arm
pour la première fois	zum ersten Mal
9 **familier/familière** [familje/familjɛr] → *(fam.)*	umgangssprachlich
⟨11⟩ une part [ynpar] → une partie	ein Stück; *hier:* ein Stück Quiche
un tiers [ɛ̃tjɛr] → un quart	ein Drittel

Révisions

Nach dem Weg fragen

– Pardon, madame,
  je cherche la gare.
  où est la gare, s'il vous plaît?
  pour aller à la gare, s'il vous plaît?

– Entschuldigen Sie, (meine Dame,)
  ich suche den Bahnhof.
  wo ist bitte der Bahnhof?
  wie komme ich bitte zum Bahnhof?

– D'abord, vous allez tout droit.
  Puis, vous prenez la première rue à droite.
  Après, vous tournez à gauche.
  Vous traversez la rue,
  vous continuez tout droit,
  et vous arrivez à la gare.

– Gehen Sie zunächst geradeaus.
  Nehmen Sie dann die erste Straße rechts.
  Danach gehen Sie nach links.
  Sie überqueren die Straße,
  Sie gehen weiter geradeaus,
  und Sie kommen am Bahnhof an.

– Merci, madame.

– Danke (, meine Dame).

Les moyens de transport*

* aller à pied	zu Fuß gehen	**un moyen de transport**	ein Verkehrsmittel
* **l'avion** *(m.)* [lavjɔ̃]	das Flugzeug	[ɛ̃mwajɛ̃dətrɑ̃spɔr]	
* le bateau	das Schiff	* **le tram**	die Straßenbahn
* le bus	der Bus	**le train**	der Zug
le métro	die Metro	**la voiture**	das Auto
* **la mobylette**	das Mofa	* **le vélo**	das Fahrrad
* **la moto**	das Motorrad		

* Wörter, die hier zur Vervollständigung zusätzlich erwähnt werden. Sie werden in den folgenden Lektionen nicht als bekannt vorausgesetzt.

Vocabulaire

Leçon 10

APPROCHE

Qui est-ce qui/que … ?		Wer/Wen … ?
une radio	Il y a ~ dans ta voiture?	ein Radio
emporter qc	→ emmener **qn**	etw. mitnehmen
un bateau/des bateaux [ɛ̃bato]		ein Boot/Boote
Qu'est-ce qui … ?		Was … ? *(Frage nach dem Subjekt)*
un pique-nique [ɛ̃piknik]	Pour le ~, nous avons mangé des sandwichs.	ein Picknick
intéresser qn [ɛ̃terese]	Ça m'intéresse. → C'est intéressant.	jdn interessieren
des vacances de rêve	→ le garçon/la fille de mes rêves	ein Traumurlaub
heureusement [ørøzmɑ̃]		glücklicherweise

 Sur la route des vacances

une route	La ~ d'Ornon est fermée à cause de la neige.	eine Straße
sur la route de …	La famille Le Gall est ~ Marseille.	auf dem Weg/der Straße nach …
louer qc [lwe]	On peut ~ une maison, mais aussi une voiture.	etw. mieten/ausleihen
ne … personne/personne ne	Je **ne** vois **personne** et **personne ne** me voit.	niemand
Il fait chaud.	Julie va à la mer parce qu'~ aujourd'hui.	Es ist warm. *(Wetter)*
content/contente [kɔ̃tɑ̃/kɔ̃tɑ̃t]		zufrieden/glücklich
faire du camping [fɛrdykɑ̃piŋ]	Cette année, les Berger ~[2] en Normandie.	zelten
charger qc	Les Moreau ont ~[3] leur voiture.	etw. (be)laden
une dernière fois	≠ une première fois	ein letztes Mal
une liste [ynlist]	la ~ des mots	eine Liste
ne … rien/rien ne	Il n'aime rien, rien ne lui plaît!	nichts
C'est le grand départ.		Jetzt beginnt der große Aufbruch.
la circulation [lasirkylasjɔ̃]	Le vendredi après-midi, il y a beaucoup de ~.	der Verkehr
un périphérique [ɛ̃periferik]	On prend le ~ jusqu'à l'autoroute.	eine Ringstraße
Rien ne va plus!		Jetzt geht/läuft nichts mehr!
un bouchon [ɛ̃buʃɔ̃]	Le dimanche soir, il y a des ~[4] à Paris sur le périphérique.	ein Stau
mettre (la radio)	Stéphane a ~[5].	*hier:* (das Radio) einschalten
une sortie	→ sortir	eine (Autobahn-)Ausfahrt
passer par Nantes		über Nantes fahren
s'arrêter [sarɛte]	Nous ~[6] pour le repas.	anhalten
pique-niquer	→ le pique-nique	ein Picknick machen
au fait [ofɛt]	~, tu viens ce soir au ciné?	übrigens

---

[1] appelle – [2] font du camping – [3] chargé – [4] bouchons – [5] mis la radio – [6] nous arrêtons

Vocabulaire

un panier [ɑ̃panje]	Ils ont pris ~ pour les courses.	ein Korb
Pas du tout!	Mais ~, ce n'est pas vrai!	Überhaupt nicht!
faire demi-tour [fɛrdəmitur]	Mme Nadal a oublié sa clé, elle doit ~.	(wieder) umkehren
une station-service [ynstasjɔ̃sɛrvis]	Sandrine a dû faire la queue à la ~.	eine Tankstelle
laisser qc à qn	Julie a ~[1] son adresse de vacances à Carole.	jdm etw. hinterlassen
espérer qc [ɛspere]	Martin ~[2] qu'il va faire beau.	etw. hoffen
énerver qn	Ce bouchon m'~[3] vraiment!	jdn nerven/aufregen
une plage [ynplaʒ]	Jean et Laure jouent au frisbee sur la ~.	ein Strand
décharger qc	≠ charger	etw. ausladen
monter qc		etw. hinaufbringen

 Activités

2 **ne … jamais** [nə … ʒamɛ]   Alice ne fait jamais la cuisine.   nie/niemals

Révision

La circulation – der Verkehr

la circulation	der Verkehr	faire de l'auto-stop	per Anhalter fahren
la route	die Straße	faire demi-tour	(wieder) umkehren
la rue	die Straße	rentrer	zurückkehren
une autoroute	eine Autobahn	une station-service	eine Tankstelle
un bouchon	ein Verkehrsstau		
un boulevard	eine breite Straße	un kilomètre	ein Kilometer
un chemin	ein Weg	un voyage	eine Reise
une voiture	ein Auto/Wagen	un train	ein Zug
le périphérique	Ringautobahn (in Paris)	le métro	die Untergrundbahn (in Paris)
une sortie	eine Autobahnausfahrt	la station	die (Metro-)Station
une carte	eine (Land-)Karte	prendre le bus/le métro/le train	den Bus/die Metro/den Zug nehmen
la direction	die Richtung		
* le vélo	das Fahrrad	changer de ligne	umsteigen
un minibus	ein Kleinbus	une ligne	eine (Metro-)Linie
une promenade	ein Spaziergang		

 Le journal de Julie

un journal/des journaux		*hier:* ein Tagebuch
le temps	Sais-tu ~ qu'il va faire demain?	das Wetter
un port [ɛ̃pɔr]	Dans le ~ de Nantes, il y a beaucoup de bateaux.	ein Hafen
se baigner [səbɛɲe]	Nous nous sommes ~[4] dans la mer.	baden
la marée basse [lamarebas]		die Ebbe
un feu/des feux		ein Feuer/Feuer
un feu d'artifice [ɛ̃fødartifis]	En France, il n'y a pas de ~ le 31 décembre.	ein Feuerwerk
un bal	Le 14 juillet, il y a des ~[5] dans les villages.	ein Tanzfest/ein Ball
les vieux *(m., pl.) (fam.)*	→ vieux/vieille	die Alten *(ugs.)*
se réveiller [sərevɛje]	Ils se sont ~[6], puis ils se sont levés.	aufwachen

[1] laissé – [2] espère – [3] énerve – [4] baignés – [5] bals – [6] réveillés

Vocabulaire

dehors [dəɔr]		draußen/hinaus
descendre l'escalier		die Treppe hinuntergehen
une journée	→ le jour	ein Tag/Tagesablauf
une crêperie [ynkrɛpri]	Dans ~, on mange des crêpes.	Restaurant, das hauptsächlich "crêpes" anbietet
une galette	Frank a mangé ~ au gruyère et une crêpe au sucre.	salzige Crêpe aus Buchweizenmehl
le cidre	On fait ~ avec des pommes de Bretagne.	der Cidre/Apfelwein
la voile [lavwal]	Guillaume aime beaucoup ~.	das Segel/Segeln
se passer	Le cours de voile s'est bien ~[1].	verlaufen/geschehen/sich ereignen
le vent [ləvã]	Aujourd'hui, ~ vient du nord.	der Wind
la planche à voile [laplãʃavwal]	Pour faire de ~, il faut savoir nager.	das Windsurfen/Surfbrett
bien s'amuser	Amusez-vous bien!	Spaß haben
l'eau (f.) [lo]		das Wasser
un Breton/une Bretonne [ɛ̃brətɔ̃/ynbrətɔn]	→ la Bretagne	ein Bretone/eine Bretonin
un idiot/une idiote [ɛ̃nidjo/ynidjɔt]		ein Idiot/eine Idiotin
sans doute [sãdut]	Alain va ~ aller en Provence, mais ce n'est pas encore sûr.	sicherlich/wahrscheinlich
une pierre [ynpjɛr]	Notre maison est en ~.	ein Stein
un menhir [ɛ̃menir]	Obélix porte toujours ~.	ein Menhir/Hinkelstein
la pêche		der Fischfang/die Fischerei
pendant que/qu'	~[2] Alain passe l'aspirateur, Laure fait la vaisselle.	während
Ohé!		Ahoi!
un pêcheur [ɛ̃pɛʃœr]	Ce ~ part pour trois jours sur son bateau.	ein Fischer
traverser qc [travɛrse]	Thierry ~[3] la route sans faire attention.	etw. überqueren
une baie [ynbɛ]	La mer est tranquille dans la ~.	eine Bucht
se lever		aufkommen (beim Wind)
le ciel [ləsjɛl]	~ est bleu ce matin.	der Himmel
devenir	La maison est ~[4] noire à cause de la pollution.	werden
énorme	Sur la route, il y a une circulation ~.	riesig
un orage		ein Gewitter
l'auto-stop (m.)		das Trampen
faire de l'auto-stop	Les jeunes ~[5] parce que ce n'est pas cher.	per Anhalter fahren
depuis que ...	~ nous faisons du camping, il fait beau.	seitdem ...
la pluie [laplɥi]	En été, ~ manque en Provence.	der Regen
gros/grosse [gro/gros]		dick; *hier:* schwer
un rhume [ɛ̃rym]	Sonia est malade, elle a la grippe et ~.	ein Schnupfen
pleuvoir/il pleut [pløvwar/ilplø]	→ la pluie	regnen/es regnet
une fenêtre	Sophie regarde la pluie par la ~.	ein Fenster
une lumière [ynlymjɛr]	Les ~[6] de Paris sont belles la nuit.	ein Licht
une cabane au fond du jardin [ofɔ̃dyʒardɛ̃]	Les enfants ont fait ~ dans le jardin.	eine (kleine) Hütte (ganz) am Ende des Gartens
s'approcher de qc/qn	→ une approche	sich etw./jdm nähern
une voix [ynvwa]	Céline Dion a une belle ~.	eine Stimme
une porte [ynpɔrt]		eine Tür
trempé/trempée	Aujourd'hui, il a plu et Aurélie est ~[7].	durchnässt

---

[1] passé – [2] pendant qu' – [3] traverse – [4] devenue – [5] font de l'auto-stop – [6] lumières – [7] trempée

Vocabulaire

un job [ɛ̃dʒɔb]		ein Job/eine Arbeit *(ugs.)*
un rôle [ɛ̃rol]	Gérard Depardieu a déjà joué beaucoup de ~¹.	eine Rolle
le tournage (d'un film)		die Dreharbeit (zu einem Film)
une sorte (de)	→ D = Sorte	eine Art
célèbre	Jacques Prévert est ~ en France.	berühmt
une région [ynreʒjõ]	→ E = region → L = regio	eine Region/ein Gebiet
un siècle [ɛ̃sjɛkl]	le vingtième ~	ein Jahrhundert
une tente [yntɑ̃t]	Patrick a acheté ~ à deux places.	ein Zelt
surpris/surprise	→ une surprise	überrascht

 *Activités*

3 un «fest-noz» [ɛ̃fɛstnoz]		ein traditionelles bretonisches Fest
4 mauvais/mauvaise [movɛ/movez]	Ça va mal, j'ai eu une ~² journée.	schlecht/schlimm *(Adj.)*
le soleil [ləsɔlɛj]	≠ la pluie	die Sonne
un nuage [ɛ̃nɥaʒ]	Quand il fait beau, le ciel est sans ~³.	eine Wolke
une tempête [yntɑ̃pɛt]	F = une tempête ←→ E = a tempest	ein Sturm
Quelle température fait-il?		Wie warm/kalt ist es?
un degré		ein Grad
⟨6⟩ une collection		eine Sammlung
7 un parking [ɛ̃parkiŋ]	Ta voiture est dans le garage ou sur le ~?	ein Parkplatz
⟨9⟩ la sieste [lasjɛst]	Après le repas, Agnès fait ~.	der Mittagsschlaf
redescendre	→ descendre	noch einmal herunter-/hinuntergehen
11 officiel/officielle [ɔfisjɛl]	Une carte postale n'est pas une lettre ~⁴.	offiziell
un timbre [ɛ̃tɛ̃br]	Marc fait une collection de ~⁵.	eine Briefmarke
un prénom	«Caroline» est ~.	ein Vorname
un nom	«Drouet» est ~.	ein Nachname
un numéro [ɛ̃nymero]	Tu habites à quel ~ de la rue Duranton?	eine Nummer
un code postal [ɛ̃kɔdpɔstal]	Le ~ de Paris commence par 75.	eine Postleitzahl
Vive … ! [viv]		Es lebe(n) … !
un syndicat d'initiative [ɛ̃sɛ̃dikadinisjativ]		ein Fremdenverkehrsamt
une colonie de vacances		eine Ferienkolonie
une nationalité	En France, on peut avoir deux ~⁶.	eine Staatsangehörigkeit
un vélo	Hier, Pierrick a fait du ~ pour aller à Carnac.	ein Fahrrad
d'avance [davɑ̃s]	→ avant	im voraus

---

¹ rôles – ² mauvaise – ³ nuages
⁴ officielle – ⁵ timbres – ⁶ nationalités

cent quatre-vingt-trois

Vocabulaire

Révisions

Briefe schreiben

Halle, le 1er février	Halle, den 1. Februar
Halle, le 2 février	Halle, den 2. Februar
(Ma) chère Nathalie,	(Meine) liebe Nathalie,
(Mon) cher Luc,	(Mein) lieber Luc,
Merci pour ta lettre.	Danke für deinen Brief.
(Est-ce que) tu vas bien?	Geht es dir gut?
Comment ça va?	Wie geht es dir?
Je vais (très) bien.	Mir geht es (sehr) gut.
Moi, ça va (très) bien.	
*Moi, en ce moment, ça ne va pas parce que …	Im Augenblick geht es mir nicht gut, weil …
Voilà pour aujourd'hui.	Das wär's für heute.
J'attends ta réponse.	Ich warte auf deine Antwort.
Réponds vite.	Antworte schnell.
*J'attends des nouvelles de …	Ich warte auf Neuigkeiten/Nachrichten von …
*J'attends de tes nouvelles.	Ich warte auf Neuigkeiten/Nachrichten von dir.
*Tu as le bonjour de mes parents.	Meine Eltern lassen dich grüßen.
*(Donne le) bonjour à tes parents.	Grüße deine Eltern.
A bientôt!	Bis bald!
*Amicalement …	Herzliche Grüße …

* Ausdrücke, die hier zur Vervollständigung zusätzlich erwähnt werden. Sie werden in Band 2 nicht als bekannt vorausgesetzt.

Pour commencer une lettre officielle

Mesdames, Messieurs, …	Sehr geehrte Damen und Herren, …
Chère Madame/Cher Monsieur, …	Sehr geehrte Damen und Herren, …

Pour terminer une lettre officielle

Meilleures salutations	Mit freundlichen Grüßen
Je vous prie de croire, Mesdames, Messieurs,/Monsieur,/Madame, à l'expression de mes sentiments les meilleurs.	

En France

La Bretagne

Als westlichste Region Frankreichs ragt die Bretagne 300 km in die meistbefahrene Schifffahrtsstraße der Welt, den Ärmelkanal (La Manche).

Dank seiner Randlage konnte sich der Westteil, le pays d'Armor (das Land des Meeres) seine kulturelle (bretonische Tänze, Trachten und Bräuche) und teilweise auch seine sprachliche Identität bewahren.

Frühgemüseanbau, Viehhaltung und Fischfang waren nach dem 2. Weltkrieg die Haupteinnahmequellen der Region. So ist Concarneau (25 000 Einwohner), als natürliche Festung auf einer Insel in einer Flussmündung errichtet, heute der wichtigste Thunfischhafen Frankreichs und wichtiger Veredelungsstandort für Fisch-, Gemüse- und Fleischprodukte. Bedingt durch die starke ausländische Konkurrenz gehen die Fischanlandungen jedoch kontinuierlich zurück. Dies wird kompensiert durch die immer größere Beliebtheit der Bretagne als Reiseziel: Überschaubare Badeorte, schmucke Ferienhäuser, saubere, durch die Gezeiten gereinigte Strände und ein reiches kulturelles Angebot haben in den 90er Jahren zahlreiche Touristen dazu veranlasst, sich der übertreuerten Mittelmeerküste ab- und der Atlantikküste, besonders der Bretagne, zuzuwenden.

Vocabulaire

Les vacances

une activité	eine (Freizeit-) Beschäftigung	partir	en Bretagne à Concarneau	in die Bretagne nach Concarneau fahren
l'air	die Luft	louer	une maison	ein Haus
le départ	die Abfahrt/der Aufbruch		un appartement une chambre	eine Wohnung ein Zimmer mieten
un lac	ein See			
la mer	das Meer/die See	habiter	dans une ferme	auf einem Bauernhof
la montagne	der Berg/das Gebirge		dans *un gîte rural	in einem Fremdenzimmer/einer Ferienwohnung auf dem Land
un parc	ein Park			
un restaurant	ein Restaurant			
une tente	ein Zelt		dans un hôtel	im Hotel wohnen
un touriste/une touriste	ein Tourist/eine Touristin			
les vagues (f.)	die Wellen	faire	du camping	zelten
les vacances	die Ferien		une promenade	spazieren gehen
passer les vacances	den Urlaub verbringen		de la voile	segeln
			de la planche à voile	surfen
un voyage	eine Reise		un pique-nique	ein Picknick machen
un week-end	ein Wochenende	aller	à la patinoire	auf die Eisbahn
visiter un château	ein Schloss		à la piscine	ins Schwimmbad
une église	eine Kirche		à la plage	an den Strand
un village	ein Dorf		à un concert	ins Konzert
une ville	eine Stadt		dans un café/au café	ins Café
*un musée	ein Museum besichtigen		au restaurant	ins Restaurant
			se baigner	schwimmen gehen

* Ausdrücke, die hier zur Vervollständigung zusätzlich erwähnt werden. Sie werden in Band 2 nicht als bekannt vorausgesetzt.

cent quatre-vingt-cinq **185**

LISTE DES MOTS

– Die Zahlen verweisen auf das erstmalige Vorkommen der Wörter.
z. B. **l'hiver** 4 C,2 der Winter = Lektion 4 C, Exercice 2.
un chien 4 ein Hund = Lektion 4, Approche.
– Das Zeichen 〈 〉 bedeutet, dass das Wort an dieser Stelle nur fakultativ eingeführt und in den folgenden Lektionen nicht vorausgesetzt wird.
– Grammatische Basiswörter (z. B. die Personalpronomen *je, tu, …*) sowie die Vokabeln der Teile *Le plaisir de lire* und *Supplément* werden in der folgenden Liste nicht aufgeführt.

A

à 1 A *verschiedene Bedeutungen,*
z. B.: in, nach
A vous. **1 A,** 3 Jetzt seid ihr dran.
à 2 heures **2 A** um 2 Uhr
de … à … **3** von … bis …
A bientôt! **4 A** Bis bald!
à … de … **6 C** … entfernt von …
à cause de 8 A wegen
abîmer qc 6 C etw. beschädigen/kaputt machen
un accent 4 A,2 ein Akzent
un accessoire 8 A ein Zubehör/Accessoire
accuser qn de qc 8 B jdn einer Sache beschuldigen
acheter qc 3 A,7 etw. einkaufen
une activité 1 A eine (Freizeit-)Beschäftigung; *hier:* eine Übung
une addition 8 B eine Rechnung *(im Restaurant)*
adorer qc 1 A etw. sehr gerne mögen
une adresse 3 A,3 eine Adresse
un/une adversaire 7 ein Gegner/eine Gegnerin
les affaires *(f., pl.)* **9 B** die Sachen
africain/africaine 9 B afrikanisch
l'âge *(m.)* **3 A** das Alter
Tu as quel âge? **3 A** Wie alt bist du?
un agent de police 9 B ein Polizist
agréable 5 A angenehm
Ah! … 1 B Ach! … *(Ausdruck der Überraschung)*
aider qn 5 B jdm helfen
ailleurs 7 C anderswo(hin)
aimer 1 A lieben/mögen
bien aimer **5 A** gerne mögen/sehr mögen
l'air *(m.)* **6 A** die Luft
l'alcool *(m.)* **7 B** der Alkohol
allemand/allemande 7 deutsch
l'allemand *(m.)* **4 A** das Deutsche/die deutsche Sprache
aller 3 B gehen/fahren
Ça va? / **1 B** Wie geht's? Geht's (dir) gut? / Es geht (mir) gut! *(ugs.)*
On y va!/? **1 B** Jetzt gehen wir!/Lasst uns gehen! (Gehen wir?)
Allez! **3 B** Los!/Nun!
Quelque chose ne va pas. **4 C** Da stimmt etwas nicht.

aller **5 B** *hier:* passen/stehen *(bei Kleidern)*
Vas-y! **7 A** Los!/Vorwärts!
aller chercher qc **7 C** etw. holen
Allô? 3 A Hallo? *(am Telefon)*
alors 2 B also/dann
Ça alors! **2 B** Na, so was! *(Ausdruck der Überraschung)*
Bon alors! **3 B** also gut
ou alors **8 A** oder auch
Et alors! **8 B** Na und!
l'altitude *(f.)* **6 B** die Höhe(-nlage)
une ambiance 8 A,1 eine Atmosphäre/Stimmung
un ami/une amie 4 ein Freund/eine Freundin
amuser qn jdn zum Lachen bringen
bien s'**amuser 10 B** Spaß haben
un an 3 A ein Jahr
avoir 18 ans **3 A** 18 Jahre alt sein
ancien/ancienne 5 B alt/ehemalig
l'anglais *(m.)* **4 C** das Englische/die englische Sprache
anglais/anglaise 7 englisch
un animal/des animaux 6 C ein Tier/Tiere
animé/animée 5 A belebt
une année 4 C,2 ein Jahr
les années vingt **9 B,**3 die zwanziger Jahre
l'anniversaire *(m.)* **4 C,**2 der Geburtstag
une (petite) **annonce 5 B** eine (Klein-)Anzeige
un anorak 8 ein Anorak
un antiquaire 5 B ein Antiquitätenhändler
août *(m.)* **4 C,**2 August
un apéritif 3 B ein Aperitif
un appareil 9 A,3 ein Gerät/ein Apparat
un appareil photo 2 ein Fotoapparat
un appartement 3 B eine Wohnung
appeler qn 6 B jdn rufen
je m'appelle **1 A** ich heiße
Comment est-ce que ça s'appelle en français? 〈**9 A,**2〉 Wie heißt das auf Französisch?
appeler qn **3 A** jdn anrufen
apporter qc 2 C etw. (mit)bringen
apprendre qc 4 C etw. lernen
une approche 2 eine Annäherung; *hier:* Lektionsteil: Einführung

s'approcher de qc/qn 10 B sich etw./jdm nähern
après 2 B nach/danach/später
l'après-midi *(m.)* **2 B** der Nachmittag/nachmittags
un/une architecte 5 A ein Architekt/eine Architektin
l'argent *(m.)* **5 B** das Geld
une armoire 3 B ein Schrank
s'arranger 8 B besser werden *(Situation, Problem)*
s'arrêter 10 A anhalten
arriver de/à 3 (an)kommen von/in
un arrondissement 9 B ein Stadtbezirk
un feu d'artifice 10 B ein Feuerwerk
un ascenseur 9 B ein Aufzug
un aspirateur 3 B ein Staubsauger
passer l'aspirateur **3 B** Staub saugen
assez (de) 7 C genug *(bei Mengen)*
attendre qc/qn 4 B auf etw./jdn warten
attention 1 B Pass auf/Passt auf! *(hier ironisch gemeint)*
faire attention à qc **6 A,**3 auf etw. aufpassen
au fait 10 A übrigens
Au revoir! 1 B Auf Wiedersehen!
aujourd'hui 2 B heute
aussi 1 A auch
l'auto-stop *(m.)* **10 B** das Trampen
faire de l'auto-stop **10 B** per Anhalter fahren
l'automne *(m.)* **4 C,**2 der Herbst
une autoroute 6 A eine Autobahn
un autre/une autre 5 B,4 ein Anderer/eine Andere
autre 8 B anderer/andere/anderes *(Adj.)*
autrichien/autrichienne 7 österreichisch
une avalanche 6 A,3 eine Lawine
d'avance 10 B,11 im Voraus
avant 6 A vorher/vor *(zeitlich)*
avec 2 A mit
Et avec ça? **7 B** Kommt noch was dazu?/Sonst noch etwas?
l'avis *(m.)* **5 B** die Meinung/Ansicht
être de l'avis de … **5 B** gleicher Meinung sein wie …
à mon avis **5 B** meiner Meinung nach
un avocat 3 B eine Avocado
avoir 2 A haben

Liste des mots

il y a **2 A** es gibt
avoir cours 2 A Unterricht haben
avoir faim *(f.)* **2 C** Hunger haben
avoir rendez-vous avec qn 3 A sich mit jdm treffen
Tu as quel âge *(m.)?* **3 A** Wie alt bist du?
avoir 18 ans 3 A 18 Jahre alt sein
avoir le temps de faire qc 3 A Zeit haben etw. zu tun
avoir envie de faire qc 3 A Lust haben etw. zu tun
avoir besoin de qc 5 B etw. brauchen
avoir raison 5 B Recht haben
avoir honte 6 A sich schämen
avoir mal à qc 6 B etw. tut jdm weh
Elle a froid. 6 B Ihr ist kalt.
en avoir marre de faire qc *(fam.)* **8 B** die Nase voll haben etw. zu tun *(ugs.)*
avoir le droit de faire qc 9 B das Recht haben etw. zu tun
avril *(m.)* **4 C**, 2 April

B

le baby-sitting 5 A das „Babysitting"
faire du baby-sitting 5 A als Babysitter/Babysitterin tätig sein/Baby sitten
le bac 6 A Schulabschluß, der dem deutschen Abitur entspricht
passer le bac 6 A das Abitur machen
une baguette 1 B, 2 ein Baguette *(frz. Stangenweißbrot)*
une baie 10 B eine Bucht
se baigner 10 B baden
un bal 10 B ein Tanzfest/ein Ball
une banane 7 B eine Banane
un bateau/des bateaux 10 ein Boot/Boote
le bazar 3 B die Unordnung/das Chaos
une BD = une bande dessinée 1 A ein Comicheft
beau/bel/belle 8 A schön
 il fait beau **8 B** das Wetter ist schön
beaucoup 1 A sehr
 ne … pas beaucoup **4 B**, 3 nicht viel
 beaucoup **5 A** viel
 beaucoup (de) **7 C** viel *(bei Mengen)*
belge 7 belgisch
Ben … *(fam.)* = Eh bien **4 B** *(Ausdruck des Zögerns oder der Verlegenheit) (ugs.)*
avoir besoin de qc 5 B etw. brauchen

une bêtise 7 B eine Dummheit
bien 1 B, 6 gut *(Adverb)*
 ou bien **2 B** oder auch
 bien **4 A** gut/viel *(Adv.)*
 bien aimer **5 A** gerne mögen/sehr mögen
Bien sûr! 1 Natürlich!/Klar!
bientôt 4 A bald
 A bientôt! **4 A** Bis bald!
une bière 7 C ein Bier
un bifteck 3 B ein Beefsteak
un bijou/des bijoux 9 B ein Schmuckstück/Schmuck
une bise 6 B, 1 ein (Wangen-)Kuss
 Grosses bises! **6 B**, 1 Viele Grüße/Küsse!
 faire la bise à qn **9 A** jdn auf die Wange küssen
une blague 6 B ein Witz/ein Scherz
 La bonne blague! **6 B** Das ist aber witzig! *(ironisch)*
blanc/blanche 8 weiß
bleu/bleue 6 B blau
bloquer qc/qn 7 A etw./jdn blockieren/sperren
Bof! *(fam.)* **1 A** Na ja! *(ugs.) (Ausdruck der Gleichgültigkeit)*
boire qc 7 B etw. trinken
une boisson 7 B ein Getränk
une boîte 7 B eine Schachtel, Dose
Bon, … 8 A So, …
Bon alors! 3 B Also gut!
bon/bonne 5 A gut
 Bonne chance! **5 B**, 3 Viel Glück!
le bonheur 3 A, 4 das Glück
Bonjour! 1 A Guten Tag!
un bonnet 6 B eine Mütze
Bonsoir! 7 A Guten Abend!; hier: Auf Wiedersehen!
une boucherie 3 B eine Fleischerei/Metzgerei
un bouchon 10 A ein Stau
une boulangerie 3 B eine Bäckerei
un boulevard 1 A eine breite Straße
un boulot *(fam.)* **5 A** eine Arbeit *(ugs.)*
 «métro-boulot-dodo» **5 A** frz. Ausdruck, der das stressige Leben von Paris bezeichnet.
 Au boulot! *(fam.)* **8 A** An die Arbeit! *(ugs.)*
une bouteille 7 B eine Flasche
une boutique 8 A ein kleiner Laden
un bracelet 9 B ein Armband
branché/branchée *(fam.)* **5 A** „in" *(ugs.)*
Bravo! 5 B, 4 Bravo!
Bref, … 7 C Kurzum, …
un Breton/une Bretonne 10 B ein Bretone/eine Bretonin
une brochure 4 A eine Broschüre
le bronze 7 A die Bronze
le brouillard 6 B der Nebel

le bruit 4 B der Lärm/das Geräusch
 un bruit d'enfer *(fam.)* **4 B** ein Höllenlärm *(ugs.)*
un bureau/des bureaux 5 A ein Büro/Büros

C

ça 1 B das/es
 Ça va?/! *(fam.)* **1 B** Wie geht's? Geht's (dir) gut? / Es geht (mir) gut! *(ugs.)*
 Ça alors! **2 B** Na, so was! *(Ausdruck der Überraschung)*
 Ça marche? *(fam.)* **5 B** Klappt es?/Wie läuft's? *(ugs.)*
 tout ça **5 B** all das/das alles
 Pas ça! *(fam.)* **6 A**, 4 Das nicht! *(ugs.)*
une cabane 10 B eine (kleine) Hütte
cacher qc 3 B etw. verstecken
un cadeau/des cadeaux 7 B ein Geschenk/Geschenke
un café 4 C, 3 ein Kaffee
 un café **2 B**, 2 eine Kneipe
 un cybercafé **6** ein Lokal, in dem auch Computer mit Internet-Anschluss stehen.
le calme 6 A die Ruhe
calme 6 C ruhig/still
un camembert 3 B ein Camembert *(ein Käse aus der Normandie)*
faire du camping 10 A zelten
un canon à neige 6 C eine Schneekanone
une carte 2 B, 5 eine (Spiel-/Land-)Karte
une carte postale 5 B eine Postkarte
un carton 8 A ein Karton
une cassette 2 eine Kassette
un catalogue 8 A ein Katalog
une catastrophe 3 A eine Katastrophe
à cause de 8 A wegen
une cave 5 ein Keller
un CD/des CD 2 C, 2 eine CD/CDs
le CDI = le Centre de Documentation et d'Information 4 A Dokumentations- und Informationsstelle einer Schule *(befindet sich oft in der Bibliothek)*
ce 6 A es/das
ce/cet/cette/ces 8 dieser/diese/dieses/diese(pl.) *(Demonstrativbegleiter)*
ce qui ⟨9 B, 8⟩ was *(neutrales Relativpronomen als Subjekt)*
ce que ⟨9 B, 8⟩ was *(neutrales Relativpronomen als Objekt)*
célèbre 10 B berühmt
un cent I 7 B ein Cent (100 cents = 1 €)
un centime I 7 B ein Cent (100 centimes = 1 €)

Liste des mots

une chaîne de télévision 5 A ein Fernsehsender
une chaise 3 B ein Stuhl
une chambre 3 B ein (Schlaf-)Zimmer
un championnat 7 eine Meisterschaft
la chance 5 B das Glück
   Bonne chance! 5 B, 3 Viel Glück!
changer de qc 9 B etw. wechseln; *hier:* umsteigen
chanter qc 6 A, 4 etw. singen
un chapeau/des chapeaux 5 B ein Hut/Hüte
charger qc 10 A etw. (be)laden
un château/des châteaux 4 C ein Schloss/Schlösser
chaud/chaude 6 B heiß/warm
   un chocolat chaud 6 B eine heiße Schokolade
   Il fait chaud. 10 A Es ist warm. *(beim Wetter)*
une chaussure 5 B ein Schuh
un chemin 9 B, 6 ein Weg
cher/chère 2 C teuer
cher/chère 4 B lieber/liebe *(Anrede im Brief)*
   aller chercher qc 10 B etw. holen
chercher qc/qn 2 A etw./jdn suchen
Chéri! (m.)/**Chérie!** (f.) 7 C Liebling! *(hier: ironisch gemeint)*
chez qn 2 C bei jdm
un chien 4 ein Hund
un chiffre 2 eine Ziffer
les chips (f., pl.) 7 C die Kartoffelchips
le chocolat 1 A die Schokolade
   un pain au chocolat 1 A *eine Art Schokocroissant*
   un chocolat chaud 6 B eine heiße Schokolade
choisir 5 B (aus)wählen
Chouette! (fam.) 1 A Prima!/Klasse! (ugs.)
Chut! 4 A, 2 Psst!
le cidre 10 B der Cidre/Apfelwein
le ciel 10 B der Himmel
un cimetière 9 ein Friedhof
le cinéma 1 A das Kino
la circulation 10 A der Verkehr
un citron 7 B, 4 eine Zitrone
une classe 4 A eine Klasse
classique 8 A klassisch
une clé 5 B ein Schlüssel
un client/une cliente 7 B, 4 ein Kunde/eine Kundin
un club 4 B *eine Freizeit- (bzw. hier: Theater-)Gruppe in einer Schule*
le coca 7 C die/das Cola
un code 4 C ein Kode
un code postal 10 B, 11 eine Postleitzahl
un cœur 8 A ein Herz
un coin 8 B eine Ecke

une collection 8 A eine Kollektion
   une collection 10 B, 6 eine Sammlung
le collège 1 A das „Collège" *(weiterführende Schule für alle 11-15-jährigen Schülerinnen und Schüler; etwa die Sekundarstufe I)*
un/une collègue 4 A ein Kollege/eine Kollegin
une colonie de vacances 10 B, 11 eine Ferienkolonie
un combat 7 A ein Kampf
combien 4 C, 2 wie viel
   On est le combien? 4 C, 2 Den Wievielten haben wir heute?
   Ça fait combien? 7 B Wie viel kostet das?/Was macht das?
commander qc 6 B etw. bestellen
comme 3 A wie *(beim Vergleich)*
   comme 2 C, 4 als
   savoir comme … 6 B wissen wie (sehr) …
   comme ça 9 B so
commencer qc 6 B etw. anfangen/beginnen
   commencer à faire qc 6 B anfangen/beginnen etw. zu tun
Comment …? 1 A, 3 Wie …?
   Comment est-ce que ça s'appelle en français? ⟨9 A, 2⟩ Wie heißt das auf Französisch?
comprendre qc 4 C etw. verstehen
un concert 2 C ein Konzert
content/contente 10 A zufrieden/glücklich
continuer à faire qc 6 C fortfahren/weitermachen
contre 7 A gegen
C'est cool! (fam.) 6 A, 4 Das sieht locker/cool aus!/Das ist „voll" gut! (ugs.)
un copain/une copine (fam.) 1 A ein Freund/eine Freundin
copier qn/qc 8 B jdn/etw. nachmachen/kopieren
un correspondant/une correspondante = un corres/une corres 4 A ein Brieffreund/eine Brieffreundin
une couette 9 A ein Federbett
une couleur 8 eine Farbe
un couloir 3 B ein Flur
la cour 4 B der (Schul-)Hof
le cours 2 A der Unterricht/die Unterrichtsstunde
   avoir cours 2 A Unterricht haben
les courses (f., pl.) 3 B die Einkäufe/Besorgungen
   faire les courses 3 B Einkäufe machen/einkaufen gehen
un couscous 9 B *nordafrikanisches Gericht*
un cousin/une cousine 3 B, 6 ein Cousin/eine Cousine
coûter 5 B kosten

une crêpe 1 A ein Pfannkuchen
une crêperie 10 B *Restaurant, das hauptsächlich „crêpes" anbietet*
crevé/crevée (fam.) 6 B erschöpft/fertig (ugs.)
croire qn/qc 8 B jdm/etw. glauben
un croissant 2 ein Croissant/(Butter-)Hörnchen
un croque-monsieur 6 B *mit Käse überbackener Schinkentoast*
le cuir 9 B das Leder
cuire qc 9 A etw. kochen/braten; *hier:* etw. braten
la cuisine 2 die Küche
   faire la cuisine 3 A kochen
cuit/cuite 9 A gekocht/gebacken/durch
un cybercafé 6 *ein Lokal, in dem auch Computer mit Internet-Anschluss stehen*

D

d'abord 5 B zuerst/zunächst
D'accord?/! 2 A Einverstanden?/!/O.K.
une dame 8 A, 4 eine Dame/Frau
danois/danoise 7 dänisch
dans 1 A in
   dans la rue 3 A, 7 auf der Straße
la danse 1 A der Tanz/das Tanzen
danser 7 C tanzen
une date 4 C, 2 ein Datum
de 1 A von
   de … à … 3 von … bis …
   à … de … 6 C … entfernt von …
décembre (m.) 4 C, 2 Dezember
décharger 10 A ausladen
décider de faire qc 6 A etw. zu tun beschließen
être à la découverte de qc 9 A, 4 etw. entdecken
décrire qn/qc 8 B, 5 jdn/etw. beschreiben
un degré 10 B, 4 ein Grad
dehors 10 B draußen/hinaus
déjà 2 A, 3 schon
le déjeuner 3 A das Mittagessen
délicieux/délicieuse 9 A köstlich
demain 6 A morgen
demander qc à qn 4 A jdn um etw. bitten/fragen
demi/demie 3 halb/halbe
   trois heures et demie (f.) 3 halb vier
   une demi-heure 8 B, 4 eine halbe Stunde
   faire demi-tour 10 A (wieder) umkehren
le départ 6 B, 2 der Anfang/die Abfahrt/der Aufbruch
   C'est le grand départ. 10 A Jetzt beginnt der große Aufbruch.
se dépêcher 8 B sich beeilen
depuis 4 A seit

Liste des mots

depuis que ... 10 B seitdem ...
le dernier/la dernière 6 A der/die/das letzte
une dernière fois **10 A** ein letztes Mal
derrière 3 B hinter
descendre de qc 9 B aus etw. aussteigen/hinuntergehen
descendre l'escalier **10 B** die Treppe hinuntergehen
une descente 6 eine Abfahrt
un design 8 A ein Design
qn est **désolé 6 A** es tut jdm Leid
un dessert 3 A ein Nachtisch
dessiner qc 8 A etw. zeichnen
détester qc/qn 5 A etw./jdn hassen
deux = 2 1 B zwei
devant 2 C vor *(örtlich)*
devenir 10 B werden
devoir faire qc 6 A etw. tun müssen
les devoirs *(m., pl.)* **4 B** die (Haus-)Aufgaben
un dictionnaire 9 A ein Wörterbuch
une différence 9 A,2 ein Unterschied
différent/différente 4 B,5 anders/unterschiedlich
difficile 4 A schwer/schwierig
dimanche *(m.)* **3 A** Sonntag/am Sonntag
dire qc à qn 4 B jdm etw. sagen
on dit **1 B,6** man sagt/so wird etwas ausgedrückt
Dis donc! **6 A,5** Sag mal!
Il faut dire que ... **6 C** Man muss sagen, dass ...
vouloir dire **9 A** meinen
une direction 9 B eine Richtung
une discothèque = une disco 5 B,4 eine Diskothek
une discussion 5 A,3 eine Diskussion
discuter 2 A,3 (miteinander) reden/sich unterhalten
discuter de qc **8 A,2** etw. besprechen/über etw. diskutieren
une dizaine 7 B ungefähr/ca. zehn
un docteur 6 B,4 ein Doktor
le dodo *(fam.)* **5 A** das Schlafen *(ugs.)*
«métro-boulot-dodo» **5 A** *frz. Ausdruck, der das stressige Leben von Paris bezeichnet.*
donc 6 B also/folglich
Dis donc! **6 A,5** Sag mal!
donner qc à qn 2 C jdm etw. geben
dormir 5 schlafen
sans **doute 10 B** sicherlich/wahrscheinlich
avoir le **droit** de faire qc **9 B** das Recht haben etw. zu tun
à **droite** *(f.)* **9 B,6** (nach) rechts

E

l'eau *(f.)* **10 B** das Wasser
une école 4 A eine Schule
un/une écologiste 6 C ein Umweltschützer/eine Umweltschützerin
écouter qc/qn 3 A,4 etw. (an)hören/jdm zuhören
écrire qc à qn 4 B jdm etw. schreiben
une église 7 B eine Kirche
Eh bien! 2 A Nun gut!
l'électricité *(f.)* **5 B** die Elektrizität
un élève/une élève 4 A ein Schüler/eine Schülerin
être **éliminé 7 A** ausscheiden (müssen)
emmener qn 9 A,4 jdn (mit)nehmen
un emploi du temps 4 A ein Stundenplan
un employé/une employée 8 A ein Angestellter/eine Angestellte
emporter qc 10 etw. mitnehmen
en 1 B in
en français *(m.)* **1** auf Französisch
en avoir marre de faire qc *(fam.)* **8 B** die Nase voll haben etw. zu tun *(ugs.)*
en (cuir) **9 B** aus (Leder)
en plus 5 A zudem/außerdem
en 9 B daher/daraus/von dort
encore 2 A noch
un endroit 9 A,3 ein Ort
énervé/énervée 7 A aufgeregt/genervt
énerver qn 10 A jdn nerven/aufregen
un enfant 4 ein Kind
un bruit d'**enfer** *(fam.)* **4 B** ein Höllenlärm *(ugs.)*
enfin 6 B endlich/schließlich
énorme 10 B riesig
ensemble 4 C zusammen/gemeinsam
ensuite 7 C dann/danach/außerdem
entendre qc 4 B etw. hören
bien s'entendre avec qn **8 B** sich mit jdm gut verstehen
un entraîneur 7 ein Trainer
entre 6 C zwischen
entrer (dans) 2 A betreten
l'envie *(f.)* **3 A** die Lust
avoir envie de faire qc **3 A** Lust haben etw. zu tun
envoyer 4 A jdm etw. schicken/senden
une épicerie 3 B ein (kleines) Lebensmittelgeschäft
les épices *(f., pl.)* **9 B** die Gewürze
une équipe 7 eine Mannschaft
un escalier 9 B eine Treppe
descendre l'escalier **10 B** die Treppe hinuntergehen

un Espagnol/une Espagnole 7 C ein Spanier/eine Spanierin
espérer qc 10 A etw. hoffen
un espion/une espionne 8 B ein Spion/eine Spionin
un espoir 7 eine Hoffnung; *hier:* ein Hoffnungsträger
l'esprit 7 der Geist
avoir l'esprit sportif **7** eine sportliche Einstellung haben/fair sein
essayer qc 8 B etw. an-/ausprobieren
essayer de faire qc **8 B,7** versuchen etw. zu tun
Est-ce que ... ? 2 B *Frageformel*
et 1 A und
un étage 7 C,3 ein Stockwerk/eine Etage
une étagère 3 B ein Regal
etc. 4 C usw.
l'été *(m.)* **1 A** der Sommer
étonné/étonnée 9 A erstaunt
étranger/étrangère 8 B ausländisch/fremd; *hier:* ein Ausländer/eine Ausländerin
être 1 B,3 sein
c'est **1 A** das ist
il/elle est de **1 A** er/sie ist/kommt aus
qn est désolé **6 A** es tut jdm Leid
C'est l'horreur! **6 B** Es/Das ist schrecklich!
C'est à qui? **7 B,4** Wer ist an der Reihe?/Bitte schön!
les études *(f., pl.)* **5 A** das Studium
faire des études **5** studieren
un étudiant/une étudiante 5 A ein Student/eine Studentin
Euh ... 1 A Äh ... *(Ausdruck des Zögerns)*
l'euro *(m.)* **= € 5 B** der Euro *(europ. Währungseinheit)*
excité/excitée 9 A aufgeregt
par **exemple = p. ex. 3 B** zum Beispiel
un exercice 2 A,2 eine Übung
une explication 8 B eine Erklärung/Erläuterung/Begründung
expliquer qc 4 C etw. erklären

F

facile 6 A einfach/leicht
avoir **faim** *(f.)* **2 C** Hunger haben
faire qc 2 B etw. tun/machen
Dix moins deux font huit. **2 A,2** Zehn minus zwei macht/sind acht.
faire du ski **2 C,4** Ski laufen/fahren
faire la cuisine **3 A** kochen
faire les courses **3 B** Einkäufe machen/einkaufen gehen
faire la vaisselle **3 B** (Geschirr) spülen
faire du français **4 A** Französisch lernen/haben
faire des études **5 A** studieren

Liste des mots

faire attention à qc **6 A**, 3 auf etw. aufpassen
Ça fait combien? **7 B** Wie viel kostet das?/Was macht das?
faire plaisir à qn **7 C** jdn (er)freuen
il fait beau **8 B** das Wetter ist schön
faire la bise à qn **9 A** jdn küssen *(bei der Begrüßung und beim Abschied)*
faire la queue **9 B** Schlange stehen
Il fait chaud. **10 A** Es ist warm. *(beim Wetter)*
faire du camping **10 A** zelten
faire demi-tour **10 A** (wieder) umkehren
au fait 10 A übrigens
familier/familière 9 B,9 umgangssprachlich
une famille 3 eine Familie
fatigué/fatiguée 5 A müde
il faut 3 B man muss
Il faut dire que … **6 C** Man muss sagen, dass …
Qu'est-ce qu'il vous faut? **7 B** Was darf es sein?/Was hätten Sie gern?
Il nous faut … **7 B** Wir brauchen …
faux/fausse 2 C,1 falsch
une femme 4 C eine Frau
une fenêtre 10 B ein Fenster
une ferme 6 A ein Bauernhof
fermer qc 3 B,3 etw. zumachen/schließen
un «fest-noz» 10 B,3 *ein traditionelles bretonisches Fest*
une fête 3 A,3 eine Fete/ein Fest
un feu/des feux 10 B ein Feuer/Feuer
un feu d'artifice **10 B** ein Feuerwerk
février *(m.)* **4 C**,2 Februar
une fille 1 B ein Mädchen
une fille **4** eine Tochter
un film 2 C ein Film
un fils 4 ein Sohn
la fin (de qc) 4 B das Ende (von etw.)
à la fin de … **9 A** am Ende von …
finir qc 5 B etw. fertig machen/beenden
finir par faire qc **5 B** schließlich/zuletzt etw. tun
le flamenco 7 C der Flamenco
une fleur 8 A eine Blume
une fois 6 B einmal/ein Mal
trente-six fois **6 B** x-mal
⟨ pour la première fois **9 B**,8 zum ersten Mal
une dernière fois **10 A** ein letztes Mal
au fond du jardin 10 B (ganz) am Ende des Gartens
une fondue 6 C eine Fondue
le foot *(fam.)* = **le football 1 A** der Fußball *(als Sportart) (ugs.)*
la forme 7 A die Kondition/Form

formidable 5 A hervorragend/erstklassig
un foyer 6 A,2 ein (Studenten-)Heim
le français 1 die französische Sprache
faire du français **4 A** Französisch lernen/haben
français/française 7 französisch *(Adj.)*
en français *(m.)* **1** auf Französisch
un frère 4 ein Bruder
le fric *(fam.)* **9 B** das Geld/der Zaster/die Knete *(ugs.)*
un frigo *(fam.)* **2** ein Kühlschrank *(ugs.)*
un frimeur/une frimeuse 7 A ein Angeber/eine Angeberin
un frisbee 2 ein Frisbee
les frites *(f.)* **4 B** Pommes frites
froid/froide 6 B kalt
Elle a froid. **6 B** Ihr ist kalt.
un fromage 9 A ein Käse
un fruit 7 B eine Frucht
le funk 5 B,7 Funk

G

gagner qc 7 etw. gewinnen
gagner qc **8 A** etw. verdienen
gai/gaie 8 A fröhlich
une galette 10 B *salzige Crêpe aus Buchweizenmehl*
un garage 5 B eine Garage
un garçon 2 C,3 ein Junge
un garçon (de café) **6 C**,2 ein Kellner
Garçon! **8 B** Herr Ober!
garder qn 5 A jdn betreuen/auf jdn aufpassen
une gare 9 ein Bahnhof
à gauche *(f.)* **9 B**,6 (nach) links
être gêné/gênée 9 A in Verlegenheit sein/sich genieren
Génial! *(fam.)* **1 A** Großartig!/Genial! *(ugs.)*
les gens *(m., pl.)* **4 C** die Leute
gentil/gentille 9 A nett/freundlich
la géo *(fam.)* = **la géographie 6** die Erdkunde/Geografie
un geste 9 A eine Geste
un gîte 6 *eine Unterkunftsmöglichkeit für Touristen*
grand/grande 5 A groß
gratuit/gratuite 5 B kostenlos
une grippe 6 B,4 eine Grippe
gris/grise 8 grau
gros/grosse 10 B dick; *hier:* schwer
Grosses bises! **6 B**,1 Viele Grüße/Küsse!
un groupe 1 eine (Musik-)Band
le gruyère 7 B der Greyerzer (Käse)
une guitare 2 B eine Gitarre

H

Ha! ha! ha! 1 B Ha! Ha! Ha! *(Ausdruck des Lachens)*
s'habiller 8 B sich anziehen
habiter 1 A wohnen
la viande hachée 7 B das Hackfleisch
le hard rock 5 B,7 Hard Rock
Hé! 8 B He!
un hébergement 6 C eine Unterkunft
les herbes de Provence *(f., pl.)* **7 C** die Kräuter der Provence
une heure 3 A eine Stunde
à 2 heures **2 A** um 2 Uhr
Il est quelle heure? **3** Wie spät ist es?
une demi-heure **8 B**,4 eine halbe Stunde
heureusement 10 glücklicherweise
hier 9 A gestern
l'histoire *(f.)* **1 A** die Geschichte
le hit-parade 5 B,7 die Hit-Parade
l'hiver *(m.)* **4 C**,2 der Winter
hollandais/hollandaise 7 holländisch
un homme 8 A,5 ein Mann
avoir **honte** *(f.)* **6 A** sich schämen
un hôpital/des hôpitaux 3 ein Krankenhaus/Krankenhäuser
C'est **l'horreur!** **6 B** Es/Das ist schrecklich!
hors 6 A,3 außer(halb)
un hôtel 5 A ein Hotel
l'huile *(f.)* **7 B** das Öl

I

ici 2 B hier
une idée 2 A eine Idee
un idiot/une idiote 10 B ein Idiot/eine Idiotin
il y a 2 A es gibt
il y a deux ans **8 A** vor zwei Jahren
une île 9 eine Insel
imaginer qc 9 B,7 sich etw. denken/etw. erfinden
un immeuble 5 A ein (Miets-)Haus
l'important *(m.)* **7 B** das Wichtige; *hier:* das Wichtigste
avoir **l'impression** *(f.)* que … **9 A** den Eindruck haben, dass …
une imprimerie 9 B eine Druckerei
une infirmerie 4 B ein Krankenzimmer/eine Krankenstation
une information 4 A eine Auskunft/Information
une infusion 9 A ein Kräutertee
s'inquiéter 9 B sich Sorgen machen/beunruhigt sein

Liste des mots

un instrument 9 A,3 ein Instrument/ein Werkzeug
intéressant/intéressante 4 A interessant
intéresser qn 10 jdn interessieren
Internet 6 Internet
une interro *(fam.)* = une interrogation **4 B** eine Klassenarbeit
une invitation 2 C eine Einladung
inviter qn 6 jdn einladen
italien/italienne 7 italienisch

J

ne … jamais 10 A,2 nie/niemals
janvier *(m.)* **4 C**,2 Januar
japonais/japonaise 7 japanisch
un jardin 9 ein Garten
  au fond du jardin **10 B** (ganz) am Ende des Gartens
jaune 8 gelb
un jean 8 eine Jeans
jeudi *(m.)* **4 B**,4 Donnerstag
un jeune/une jeune 2 A ein Jugendlicher/eine Jugendliche
jeune 5 B jung/jugendlich
un job 10 B ein Job/eine Arbeit *(ugs.)*
le jogging 7 A das Jogging/Joggen
joli/jolie 5 A schön/hübsch
jouer 2 B spielen
  jouer de qc **2 B** *(ein Instrument)* spielen
  jouer à qc **2 B** *(eine Sportart/ein Spiel)* spielen
un jour 4 B,3 ein Tag
  un jour **5 B** *hier:* eines Tages
un journal/des journaux 2 eine Zeitung/Zeitungen
  un journal **10 B** *hier:* ein Tagebuch
un journaliste/une journaliste 2 A ein Journalist/eine Journalistin
une journée 10 B ein Tag/Tagesablauf
le judo 1 A das Judo
un/une judoka 7 ein/e Judoka
juillet *(m.)* **4 C**,2 Juli
juin *(m.)* **4 C**,2 Juni
junior 7 jugendlich/Junioren-/Jugend-
un jus 7 C ein Saft
jusque/jusqu' … 5 A bis …
juste 8 B genau/gerade *(Adv.)*
Justement! 2 A Eben.

K

un kilo = un kilogramme 7 B ein Kilo
un kilomètre = un km 6 A ein Kilometer
un kiwi 7 B eine Kiwi

L

là 2 B da/dort
un lac 9 ein See
laisser 7 C lassen
  laisser tranquille **7 C** in Ruhe lassen
  laisser qc à qn **10 A** jdm etw. hinterlassen
une langue 4 C eine Sprache
le 6 B es/das
  sans le savoir **6 B** ohne es zu wissen
une leçon 1 eine Lektion
un légume 3 B ein Gemüse
le lendemain 8 B am nächsten Tag
une lettre (de) 4 A ein Brief (aus)
se lever 8 B aufstehen **10 B** aufkommen
libre 3 A frei
une ligne 9 B eine (Metro-)Linie
la limonade 7 C die Limonade
lire qc 4 B etw. lesen
une liste 10 A eine Liste
un lit 3 A ein Bett
un litre 7 B,2 ein Liter
un livre 3 B ein Buch
loin 6 A weit
long/longue 9 A lang
louer qc 10 A etw. mieten/ausleihen
un loyer 5 A eine Miete
une lumière 10 B ein Licht
lundi *(m.)* **4 B**,4 Montag
un lycée 6 A entspricht der Sek. II/der Oberstufe des Gymnasiums

M

une machine 9 A,3 eine Maschine
madame = Mme 1 B Frau *(in der Anrede)*
mademoiselle = Mlle 1 B,6 Fräulein *(in der Anrede)*
un magasin 5 A ein Laden/Geschäft
un magnétophone 2 ein Kassettenrekorder
  un magnéto *(fam.)* **5** *Abkürzung von „un magnétophone"*
mai *(m.)* **4 C** Mai
maintenant 1 B jetzt
mais 1 A aber
une maison 3 B ein Haus
mal 1 B,6 schlecht *(Adverb)*
  pas mal **4 C** nicht schlecht/ziemlich gut
  avoir mal à qc **6 B** etw. tut jdm weh
malade 4 B krank
maman *(f.)* **2 C** Mama/Mutti
mamie *(f.) (fam.)* **3 A** Oma *(ugs.)*
manger qc 3 etw. essen
manquer à qn 5 A jdm fehlen

un marchand/une marchande 7 B ein Händler/eine Händlerin
le marché 7 B der Markt
  un marché aux puces **7 B** ein Flohmarkt
marcher 5 B gehen; *hier:* funktionieren/klappen
  Ça marche? *(fam.)* **5 B** Klappt es?/Wie läuft's? *(ugs.)*
mardi *(m.)* **4 B**,4 Dienstag
la marée basse 10 B die Ebbe
une marque 8 A eine Marke
en avoir marre de faire qc *(fam.)* **8 B** die Nase voll haben etw. zu tun *(ugs.)*
marron 8 braun
mars *(m.)* **4 C**,2 März
les maths *(f., pl.) (fam.)* **=** les mathématiques **1 A** Mathe *(ugs.)*/Mathematik
le matin 3 A morgens/vormittags
  du matin au soir **8 A** den ganzen Tag *(ohne Unterbrechung)*
mauvais/mauvaise 10 B,4 schlecht/schlimm *(Adj.)*
un mec *(fam.)* **6** ein Typ/ein Kerl *(ugs.)*
une médaille 7 A eine Medaille
un médecin 6 A,4 ein Arzt/eine Ärztin
même 6 sogar
  quand même **5 B**,4 trotzdem/dennoch
  ne … même pas **6 B** nicht (ein)mal
un menhir 10 B ein Menhir/Hinkelstein
la menthe 9 B die (Pfeffer-)Minze
  le thé à la menthe **9 B** Tee-Mischung aus afrikanischem (Grün-)Tee und frischer Pfefferminze
la mer 1 A das Meer/die See
merci 1 A danke
mercredi *(m.)* **2 A** Mittwoch
  le mercredi **2 B** jeden Mittwoch/mittwochs
la mère 3 die Mutter
un métier 5 A ein Beruf
un mètre = 1 m 6 B ein Meter
un métro 5 A eine Metro/U-Bahn
  «métro-boulot-dodo» **5 A** *frz. Ausdruck, der das stressige Leben von Paris bezeichnet*
mettre qc 7 B etw. legen/setzen/stellen
  se mettre **8 B** sich hinsetzen
  mettre (la radio) **10 A** *hier:* (das Radio) einschalten
un meuble 6 A ein Möbelstück
midi *(m.)* **3** zwölf Uhr (mittags)
un minable *(fam.)* **7 C** eine „Niete", eine „Null" *(ugs.)*
un minibus 7 A ein kleiner Bus
le minitel 3 A,3 entspricht dem deutschen Btx
minuit 3 zwölf Uhr (nachts)
une minute 2 A eine Minute

Liste des mots

la misère 4 C das Elend/die Not
moche *(fam.)* 8 hässlich *(ugs.)*
la mode 1 A die Mode
un modèle 8 A ein Muster/eine Vorlage/ein Modell
moi 1 A ich *(betont)*
moins 2 A,2 minus/weniger
  moins vite ⟨9 A,2⟩ langsamer
un mois 4 A ein Monat
la moitié 9 A die Hälfte
le monde 4 C die Welt/Erde
  tout le monde 6 C alle/jeder
un moniteur/une monitrice 6 ein (Ski-)Lehrer/eine (Ski-)Lehrerin
monsieur = M. 1 B,6 Herr *(in der Anrede)*
une montagne 6 ein Berg/Gebirge
monter qc 10 A etw. hinaufbringen
monter sur qc 6 A,3 auf etw. steigen/etw. besteigen
montrer qc à qn 2 C jdm etw. zeigen
un mot 2 ein Wort
motivé/motivée 7 motiviert
une mousse au chocolat 2 C,3 eine Mousse au chocolat *(eine Schokoladencreme)*
un musée 9 B ein Museum
un musicien/une musicienne 5 B ein Musiker/eine Musikerin
la musique 1 A die Musik

N

nager 2 B schwimmen
une nationalité 10 B,11 eine Staatsangehörigkeit
la nature 1 A die Natur
ne … pas/n' … pas 3 nicht
  ne … plus/n' … plus 3 A nicht mehr
  ne … plus de 3 B kein(e) … mehr
  ne … pas beaucoup 4 B,3 nicht viel
  ne … même pas 6 B nicht (ein)mal
  ne … pas (de) 7 C kein *(bei Mengen)*
  ne … personne/personne ne 10 A niemand
  ne … rien/rien ne 10 A nichts
  ne … jamais 10 A,2 nie/niemals
la neige 6 der Schnee
  un canon à neige 6 C eine Schneekanone
neiger 6 A,5 schneien
Noël 6 C,3 Weihnachten
noir/noire 6 A schwarz
un nom 4 B,4 ein Name
  un nom 10 B,11 ein Nachname
Non. 1 A Nein.
  …, non? 1 A …, oder?
le nord 9 B der Norden
noter qc 2 B etw. notieren/aufschreiben
nouveau/nouvel/nouvelle 8 A neu
la nouvelle/le nouveau 1 B *hier:* die Neue (Schülerin)/der Neue (Schüler)
novembre *(m.)* 4 C,2 November
un nuage 10 B,4 eine Wolke
une nuit 6 B eine Nacht
nul/nulle 1 A wertlos
  C'est nul! *(fam.)* 1 A Das ist wertlos!/Das kann man vergessen! *(ugs.)*
un numéro 10 B,11 eine Nummer

O

un o-soto-gari 7 A *Judowurftechnik*
un objet 9 B ein Gegenstand/Objekt
octobre *(m.)* 4 C,2 Oktober
un office de tourisme 6 C ein Fremdenverkehrsamt
officiel/officielle 10 B,11 offiziell
Oh! 1 B Ach!
Oh là là! 1 B So so! … /Hoho … ! *(man ahnt etwas voraus)*
Ohé! 10 B Ahoi!
un oignon 7 B eine Zwiebel
on 1 B wir/man
  on dit 1 B,6 man sagt/so wird etwas ausgedrückt
un oncle 3 B ein Onkel
un orage 10 B ein Gewitter
une orange 7 B eine Orange
  orange 8 orange *(die Farbe)*
un ordinateur 1 A ein Computer
une ordonnance 6 B,4 ein (medizinisches) Rezept
organiser qc 7 A,2 etw. organisieren/planen
ou 2 A oder
  ou bien 2 B oder auch
  ou alors 8 A oder auch
où 1 B wo
  d'où 1 B woher
  où 9 wo *(Relativpronomen)*
Ouais! *(fam.)* 7 A Ja! *(ugs.)*
oublier qc 9 B,7 etw. vergessen
Ouf! 4 B Uff!/Puh! *(Ausdruck der Erleichterung)*
Oui. 1 B Ja.
ouvrir qc 6 A etw. öffnen/aufmachen

P

une page 4 B,3 eine Seite
le pain 4 C das Brot
  un pain au chocolat 1 A *eine Art Schokocroissant*
un panier 10 A ein Korb
un panneau/des panneaux 6 B ein Schild/Schilder
un pantalon 8 eine Hose
papa *(m.)* 2 C Papa/Vati
un paquet 7 B ein Paket
par 5 B pro/je
par exemple = p. ex. 3 B zum Beispiel
par terre 2 B auf den/dem Boden
un parc 2 B ein Park
parce que/parce qu' … 3 A weil …
Pardon! 3 A,5 Verzeihung!/Entschuldigung!
les parents *(m., pl.)* 3 B die Eltern
un Parisien/une Parisienne 6 C ein Pariser/eine Pariserin
un parking 10 B,7 ein Parkplatz
parler de qn/qc à qn 4 A mit jdm über etw./jdn sprechen
une part ⟨9 B,11⟩ ein Stück; *hier:* ein Stück Quiche
participer à qc 7 an etw. teilnehmen
une partie 7 A,1 ein Teil
partir 5 weggehen/-fahren/aufbrechen
partout 4 C überall
Pas du tout! 10 A Überhaupt nicht!
pas mal 4 C nicht schlecht/ziemlich gut
Pas ça! *(fam.)* 6 A,4 Das nicht! *(ugs.)*
passer (chez qn) 7 B (bei jdm) vorbeigehen
  passer l'aspirateur 3 B Staub saugen
  passer des vacances 6 Urlaub verbringen
  passer le bac 6 A das Abitur machen
  passer par Nantes 10 A über Nantes fahren
  se passer 10 B verlaufen/geschehen/sich ereignen
Patate! *(fam.) (f.)* 4 C *hier:* Trottel! *(Schimpfwort) (ugs.)*
une patinoire 6 C eine Eisbahn
la pause (de midi) 4 C die (Mittags-)Pause
pauvre ⟨9 B,8⟩ arm
payer qc à qn 7 B jdm etw. zahlen
la pêche 10 B der Fischfang/die Fischerei
un pêcheur 10 B ein Fischer
pendant 4 A,3 während
pendant que/qu' 10 B während
penser (à qn/qc) 4 B (an jdn/etw.) denken
perdre qc 6 B etw. verlieren
le père 3 der Vater
un périphérique 10 A eine Ringstraße
la permanence *(f.)* 4 B Arbeitsraum für Schüler/innen, wenn sie keinen Unterricht haben

Liste des mots

une personne 6 C eine Person
ne … personne/personne ne
10 A niemand
petit/petite 5 A klein
le petit déjeuner 3 das Frühstück
un peu 5 A ein wenig/ein bisschen
un peu (de) **7 C** ein bisschen/etwas *(bei Mengen)*
la peur 6 B die Angst
avoir peur de qc/qn **6 B** Angst vor etw./jdm haben
peut-être 3 A vielleicht
une photo 2 ein Foto
une phrase 9 A ein Satz
la physique 5 A die Physik
un piano 2 B,5 ein Klavier
une pièce 5 B ein Zimmer/ein Raum
un pied 6 A,4 ein Fuß
C'est le pied! *(fam.)* **6 B** Das ist Spitze! *(ugs.)*
une pierre 10 B ein Stein
un pique-nique 10 ein Picknick
pique-niquer 10 A ein Picknick machen
une piscine 2 ein Schwimmbad
une piste 6 eine Piste
le ski de piste **6** (der) Abfahrtslauf
un pisteur 6 B ein Pistenwart
une pizza 2 C eine Pizza
la place 5 B,7 der Platz/der Raum
une plage 10 A ein Strand
plaire à qn 8 B jdm gefallen
s'il te plaît/s'il vous plaît **3 A,5** bitte (schön)
le plaisir 6 A das Vergnügen/der Spaß
faire plaisir à qn **7 C** jdn (er)freuen
la planche à voile 10 B das Windsurfen/Windsurfbrett
un plâtre 6 A,4 ein Gips(-verband)
pleuvoir/il pleut 10 B regnen/es regnet
la pluie 10 B der Regen
plus 9 A mehr
plus **2 A,**2 plus/und
ne … plus de **3 B** kein(e) … mehr
en plus **5 A** zudem/außerdem
plus tard **5 B** später
ne … plus (de) **7 C,**5 kein … mehr
le poker 6 A,4 Poker
un agent de **police 9 B** ein Polizist
la pollution 4 C die (Umwelt-)Verschmutzung
une pomme 7 B ein Apfel
une pomme de terre 3 B eine Kartoffel
un pont 2 eine Brücke
un port 10 B ein Hafen
une porte 10 B eine Tür
porter qc 5 B etw. tragen

poser qc 2 B etw. (hin)legen/(hin)stellen
poser une question **2 B** eine Frage stellen
possible 7 A möglich
Ce n'est pas possible! **7 A** Das darf/kann doch nicht wahr sein!
un poulet 3 B ein Hähnchen
pour 2 A für
pour faire qc **5 B** um etw. zu tun
pour la première fois ⟨9 B,8⟩ zum ersten Mal
Pourquoi? 1 B Warum?
Pourquoi pas? 2 A Warum nicht?; *hier: Name einer Schülerzeitung*
pourtant 8 A dennoch/trotzdem
pouvoir 5 B können
pouvoir faire qc **5 B** etw. tun können
préférer qc 5 A etw. bevorzugen/lieber mögen
le premier/la première … 4 C,2 der/die/das erste …
pour la première fois ⟨9 B,8⟩ zum ersten Mal
prendre qc 4 C etw. nehmen
un prénom 10 B,11 ein Vorname
préparer qc 2 A etw. vorbereiten
près (de) 5 A in der Nähe (von)
présenter qc à qn 7 jdm etw. vorstellen
un présentoir 8 A ein Verkaufsregal/ein Verkaufsständer
prévenir qn 9 B jdn warnen/benachrichtigen
le printemps 4 B,5 der Frühling
un problème 3 B ein Problem
prochain/prochaine 7 nächster/nächste/nächstes
un/une prof (fam.) = un professeur 1 B ein Lehrer/eine Lehrerin *(ab dem „Collège")*
programmer qc 4 C etw. programmieren
un projet 5 A ein Projekt/ein Vorhaben
une promenade 9 B ein Spaziergang
se promener 9 B spazieren gehen
proposer qc 2 B etw. vorschlagen
un/une propriétaire 6 A ein Besitzer/eine Besitzerin
un marché aux **puces 7 B** ein Flohmarkt
puis 6 dann
pur/pure 6 A rein

Q

Qu'est-ce que … ? 2 Was … ?
Qu'est-ce que c'est? **2** Was ist das?
Qu'est-ce qui … ? 10 Was … ? *(Frage nach dem Subjekt)*

Quand … ? 3 A,7 Wann … ?
quand 4 B wenn/jedes Mal wenn
quand **6 A** als
quand même 5 B,4 trotzdem/dennoch
un quart 3 ein Viertel
… et quart *(m.)* **3** Viertel nach …
… moins le quart **3** Viertel vor …
un quartier 2 ein (Stadt-)Viertel
Que … ? 2 C Was … ?
… que/qu' 4 B …, dass *(Konjunktion)*
que 9 den/die/das *(Relativpronomen, Objekt)*
ce que ⟨9 B,8⟩ was *(neutrales Relativpronomen als Objekt)*
quel(s)/quelle(s) 8 welcher/welche/welches *(Fragebegleiter)*
Il est quelle heure? **3** Wie spät ist es?
quelqu'un = qn 5 B jemand
quelque chose = qc 4 A etwas
Quelque chose ne va pas. **4 C** Da stimmt etwas nicht.
une question 2 B eine Frage
poser une question **2 B** eine Frage stellen
faire **la queue 9 B** Schlange stehen
Qui … ? 3 A,7 Wer … ? *(Fragepronomen)*
ce qui ⟨9 B,8⟩ was *(neutrales Relativpronomen als Subjekt)*
Qui est-ce **1 B** Wer ist es/das?
C'est à qui? **7 B,**4 Wer ist an der Reihe?/Bitte schön!
Qui est-ce qui/que … ? **10** Wer/Wen … ?
qui 9 der/die/das *(Relativpronomen, Subjekt)*
une quiche 9 A ein Speckkuchen
quitter qn/qc 8 A jdn/etw. verlassen
Quoi? 7 A,1 Was?

R

raconter qc à qn 5 A jdm etw. erzählen
une radio 10 ein Radio
avoir **raison 5 B** Recht haben
ranger qc 3 B etw. aufräumen
rapide 7 A schnell
réagir 5 B reagieren
recevoir 6 C bekommen; *hier:* empfangen
la récréation = la récré *(fam.)* **4 B** die Pause *(in der Schule)*
redescendre 10 B,9 noch einmal herunter-/hinuntergehen
réfléchir 5 B überlegen
regarder qc 2 B etw. (an)sehen/(an)schauen
le reggae 1 A der Reggae
une région 10 B eine Region/ein Gebiet

Liste des mots

remarquer qc 9 A
etw. (be)merken
rencontrer qn 2 B jdn treffen
un rendez-vous 2 A ein
Treffpunkt/eine Verabredung
Rendez-vous … 2 A *hier:* Wir
treffen uns …
avoir rendez-vous avec qn 3 A
sich mit jdm treffen
rendre qc à qn 4 B jdm etw. zu-
rückgeben
la rentrée 1 B der Schulbeginn
(nach den Sommerferien)
rentrer 3 A (nach Hause) gehen/
kommen
repartir 5 A abfahren/zurückfah-
ren/-gehen
un repas 3 A,4 ein Essen/eine
Mahlzeit
répéter 〈9 A,2〉 wiederholen
une répétition 5 B eine Probe
répondre à qn 4 B,3 jdm antwor-
ten
une réponse 2 B eine Antwort
un reportage 2 A ein Bericht/eine
Reportage
le RER 9 B *das regionale Express-
Netz in Paris (Schnellbahn-
netz)*
résister à qn/qc 7 A jdm/etw. Wi-
derstand leisten
un restaurant = un resto *(fam.)*
5 A ein Restaurant
le reste 7 B der Rest/die übrigen
Sachen
rester 3 B bleiben
le retour 4 C die Rückkehr/Rück-
fahrt
rétro *(fam.)* 5 B im Stil der zwanziger Jahre *(ugs.)*
réussir (à faire qc**)** 7 A gelingen
(etw. zu tun)/etw. fertig bringen
un rêve 6 C,2 ein Traum
des vacances de rêve 10 ein
Traumurlaub
se réveiller 10 B aufwachen
revenir 5 A zurückkommen
rêver 8 A träumen
Je rêve! 8 A Ich glaub', ich träume!/Ich träume wohl!
Au **revoir**! 1 B Auf Wiedersehen!
le rhum 7 B der Rum
un rhume 10 B ein Schnupfen
ne … **rien/rien ne** 10 A nichts
Rien ne va plus! 10 A Jetzt geht/
läuft nichts mehr!
rigoler *(fam.)* 2 C lachen *(ugs.)*
Tu rigoles! 7 C Das soll doch
wohl ein Witz/Scherz sein!
le rock 1 A die Rockmusik
le roi 4 C der König
un rôle 10 B eine Rolle
rouge 6 B rot
une route 10 A eine Straße
sur la route de … 10 A auf dem
Weg/der Straße nach …

une rue 1 A eine Straße
dans la rue 3 A,7 auf der Straße
le rugby 7 das Rugby

S

un sac 2 eine (Schul-) Tasche
une saison 4 C,2 eine Jahreszeit
une salade 2 C ein Salat
une salle 1 B ein (Klassen-)Raum
une salle à manger 7 C ein Ess-
zimmer
une salle de bains 3 A ein Bade-
zimmer
une salle de séjour 3 B ein Wohn-
zimmer
Salut! *(fam.)* 1 Hallo! *(ugs.)*
Salut! *(fam.)* 1 B,6 *hier:* Tschüss!
samedi *(m.)* 2 C Samstag
un sandwich 8 B ein Sandwich/
ein belegtes Baguette
sans 2 C ohne
sans le savoir 6 B ohne es zu
wissen
sans doute 10 B sicherlich/wahr-
scheinlich
une sauce 7 B,3 eine Soße
sauf 7 C außer
savoir qc 6 A etw. wissen
savoir comme … 6 B wissen wie
(sehr) …
savoyard/savoyarde 6 C aus
Savoyen/savoyardisch
la science-fiction 1 A Sciencefic-
tion
une seconde 9 B eine Sekunde
le sel 7 C das Salz
un «self» *(fam.)* 4 B *eine Kantine
mit Selbstbedienung (ugs.)*
une semaine 4 A,2 eine Woche
sentir 9 B riechen
septembre *(m.)* 4 C,2 September
seulement 4 A nur
Si. 3 A Doch.
si 4 B ob *(indirekte Frage)*
si 8 B wenn/falls *(Bedingung)*
un siècle 10 B ein Jahrhundert
la sieste 10 B,9 der Mittagschlaf
une situation 5 A,2 eine Position/
Situation; *hier:* eine Szene
le ski 2 C,4 das Skifahren/der Ski
faire du ski 2 C,4 Ski laufen/fahren
le ski de fond 6 (der) Langlauf-
(ski)
le ski de piste 6 (der) Abfahrtslauf
skier 6 A,4 Ski fahren
un skieur/une skieuse 6 A,3 ein
Skifahrer/eine Skifahrerin
une sœur 4 eine Schwester
un soir 2 C ein Abend
ce soir *(m.)* 2 C heute Abend
du matin au soir 8 A den ganzen
Tag *(ohne Unterbrechung)*
le soleil 10 B,4 die Sonne

une solution 5 A,3 eine Lösung
sonner 1 B klingeln
une sorte (de) 10 B eine Art
une sortie 10 A eine
(Autobahn-)Ausfahrt
sortir 5 ausgehen
sous 3 B unter
se **souvenir de** qc 8 B sich an etw.
erinnern
souvent 2 B oft
les spaghettis *(m., pl.)* 7 B die
Spaghetti
les spaghettis à la bolognaise 7 B
Spaghetti bolognese
un/une spécialiste 4 B ein Spezia-
list/eine Spezialistin
une spécialité 4 B eine Spezialität
le sport 1 A Sport
un sportif/une sportive 7 B ein
Sportler/eine Sportlerin
avoir l'esprit sportif 7 eine sportliche Einstellung haben/fair sein
un stage 5 A ein Praktikum
une station de ski 6 ein Skiort
une station (de métro) 9 B eine
Haltestelle
une station-service 10 A eine
Tankstelle
le stress 1 A der Stress
un style 6 C ein Stil/eine Art
un stylo 2 ein Kugelschreiber
le sucre/un sucre 7 B der Zucker/
ein Stück Zucker
suisse 7 schweizerisch
Super! *(fam.)* 1 A Super!/Klasse!
(ugs.)
un supermarché 5 A ein Super-
markt
sur 2 A über *(ein Thema)*
sur 2 B auf/über *(örtlich)*
sûr/sûre 8 B sicher
«surfer» 4 C "surfen" *(durchs
Internet)*
surpris/surprise 10 B überrascht
une surprise 2 C eine Überraschung
surtout 1 A vor allem
un surveillant/une surveillante
4 B ein Betreuer/eine Betreuerin
von Schülern/innen
surveiller qc/qn 6 A,3 etw./jdn
überwachen
sympa *(fam.)* = sympathique 1 A
nett *(ugs.)*
un syndicat d'initiative 10 B,11
ein Fremdenverkehrsamt

T

un T-shirt 5 B ein T-Shirt
une table 2 C,3 ein Tisch
un tableau/des tableaux 3 B,3 eine (Wand-)Tafel/(Wand-)Tafeln
un tableau/des tableaux 9 B ein
Gemälde/Gemälde
se **taire** 8 B schweigen

Liste des mots

taper qc 4 C etw. (ein)tippen
un tapis 7 ein Teppich
tard 3 A spät
  plus tard 5 B später
une tartine 5 A *eine Scheibe Brot mit Butter bzw. Marmelade*
une tasse 6 B eine Tasse
la technologie 4 C Technologie *(als Unterrichtsfach)*
la télé *(fam.)* = **la télévision** 3 das Fernsehen *(ugs.)*
  une chaîne de télévision 5 A ein Fernsehsender
le téléphone 3 A das Telefon
téléphoner à qn 5 mit jdm telefonieren
un télésiège 6 ein Sessellift
Quelle **température** *(f.)* fait-il? 10 B,4 Wie warm/kalt ist es?
une tempête 10 B,4 ein Sturm
le temps 3 A die Zeit
  avoir le temps de faire qc 3 A Zeit haben etw. zu tun
  de temps en temps 5 A von Zeit zu Zeit/ab und zu
  le temps 10 B das Wetter
tenir qc 5 A etw. halten; *hier:* bewirtschaften
  Tiens! 1 B Da!/Sieh mal!
  Tenez! 5 B Da!/Nehmt!/Nehmen Sie!
le tennis 1 A das Tennis
une tente 10 B ein Zelt
terminer qc 8 B etw. vollenden/beenden
une terrasse 8 B eine Terrasse
par terre 2 B auf den/dem Boden
une tête 2 C ein Kopf
un texte 1 A ein Text
un thé 9 A,2 ein schwarzer Tee
  le thé à la menthe 9 B *Tee-Mischung aus afrikanischem (Grün-)Tee und frischer Pfefferminze*
un théâtre 4 B ein Theater
Tiens! 1 B Da!/Sieh mal!
un tiers ⟨9 B,11⟩ ein Drittel
un timbre 10 B,11 eine Briefmarke
un tissu 8 A ein Stoff
toi 1 A,3 du *(betont)*
une tomate 7 B eine Tomate
tomber 6 B (hin)fallen
toujours 3 A immer
  toujours 5 immer noch
un tour 7 A eine Runde *(beim Sport)*
un/une touriste 2 B,2 ein Tourist/eine Touristin
le tournage (d'un film) 10 B die Dreharbeit (zu einem Film)
tourner 9 B,6 abbiegen
tout 5 B alles
  tout ça 5 B all das/das alles
  tout le monde 6 C alle/jeder
  Pas du tout! 10 A Überhaupt nicht!

tout à coup 6 B plötzlich
tout de suite 5 sofort
tout droit 9 B,6 geradeaus
tout près (de) 5 A ganz in der Nähe (von)
être en train de faire qc 8 B gerade dabei sein etw. zu tun
un train 9 ein Zug
tranquille 7 A ruhig
  être tranquille 7 A beruhigt sein
  laisser tranquille 7 C in Ruhe lassen
un travail/des travaux 6 A eine Arbeit/Arbeiten
travailler 2 B,4 arbeiten
traverser qc 10 B etw. überqueren
trempé/trempée 10 B durchnässt
très 1 A sehr
trois = 3 1 B drei
la 3ᵉ F = la troisième F 1 B *entspricht der 9. Klasse. Klassenbezeichnung: F*
trop 4 A zu (sehr)/zu viel
  trop (de) 7 C zu viel *(bei Mengen)*
un trottoir 8 B ein Gehweg/Bürgersteig
trouver qn/qc 2 B etw./jdn finden
  se trouver 9 B,6 sich befinden
un truc *(fam.)* ⟨9 A,2⟩ ein Ding *(ugs.)*
tunisien/tunisienne 9 B tunesisch

U

un uchi-mata 7 A *Judowurftechnik*
un = 1 1 eins
une université 5 A eine Universität
une usine 5 B eine Fabrik

V

les vacances *(f., pl.)* 4 B,5 die Ferien
  passer des vacances 6 Urlaub verbringen
  des vacances de rêve 10 ein Traumurlaub
une vague 1 A eine Welle
faire la vaisselle 3 B (Geschirr) spülen
Vas-y! 7 A Los!/Vorwärts!
un vélo 10 B,11 ein Fahrrad
un vendeur/une vendeuse 8 B,9 ein Verkäufer/eine Verkäuferin
vendre qc à qn 7 B jdm etw. verkaufen
vendredi *(m.)* 4 B,4 Freitag
venir 5 A kommen
  venir de faire qc 8 B gerade etw. getan haben
le vent 10 B der Wind
le ventre 7 C,4 der Bauch

un verre 7 C ein Glas
vers 7 C gegen *(Uhrzeit)*
vert/verte 8 grün
une veste 5 B eine Jacke
un vêtement 8 A ein Kleidungsstück
la viande 7 B das Fleisch
  la viande hachée 7 B das Hackfleisch
vide 5 B leer
une vidéo 2 C ein Video/eine Videokassette
la vie 4 C,5 das Leben
vieux/vieil/vieille 8 A alt
les vieux *(m., pl.) (fam.)* 10 B die Alten *(ugs.)*
un village 6 ein Dorf
une ville 4 C eine Stadt
le vin 9 A der Wein
violet/violette 8 lila
une visite 4 B,5 ein Besuch
visiter qc 2 A etw. besichtigen
Vite! 2 A Schnell!
Vive … ! 10 B,11 Es lebe(n) … !
voilà 1 A hier ist/hier sind
la voile 10 B das Segel/Segeln
  la planche à voile 10 B das Windsurfen/Windsurfbrett
voir qc 6 A etw. sehen
  Voyons! 8 A Mal sehen!/Schauen wir mal!
un voisin/une voisine 4 B,2 ein Nachbar/eine Nachbarin
une voiture 5 B ein Auto
une voix 10 B eine Stimme
voler qc à qn 8 B jdm etw. stehlen
vouloir 5 B wollen
  je voudrais 6 B ich möchte gern/ich hätte gern
  vouloir dire 9 A meinen
vous 1 B ihr/Sie
un voyage 4 A eine Reise
vrai/vraie 2 C,1 richtig/echt/wahr
vraiment 5 B,4 wirklich *(Adv.)*

W

un week-end 3 A,5 ein Wochenende

Y

y 9 B dort/dorthin
  On y va!/? 1 B Jetzt gehen wir!/Lasst uns gehen! (Gehen wir?)
  il y a 2 A es gibt

Z

zéro = 0 3 A,3 null
Zut! *(fam.)* 7 C Mist! *(ugs.)*

Liste des mots

Prénoms masculins

Alain [alɛ̃] **5A**,5
André [ɑ̃dre] **6C**,5
Anthony [ãtəni] **4C**
Boris [bɔris] **2B**,5
Christophe [kristɔf] **2B**,2
Damien [damjɛ̃] **4C**
David [david] **5A**
Eric [erik] **6C**
Etienne [etjɛn] **4C**
Florian [flɔrjã] **9B**,3
Franck [frãk] **3A**,6
François [frãswa] **3**
Frédéric [frederik] **1A**
Gabriel [gabrijɛl] **5A**
Gilbert [ʒilbɛr] **3B**
Gilles [ʒil] **6**
Grégory [gregɔri] **10B**,3
Guillaume [gijom] **10A**,2
Jacques [ʒak] **3B**,4
Jean [ʒã] **6C**,5
Jean-Luc [ʒãlyk] **9A**,5
Jérémy [ʒeremi] **5A**,2
Julien [ʒyljɛ̃] **3A**,6
Laurent [lɔrã] **8A**
Luc [lyk] **6**
Marc [mark] **1A**
Mario [marjo] **9B**,9
Martin [martɛ̃] **5A**,5
Michel [miʃɛl] **5A**
Olivier [ɔlivje] **1A**
Patrick [patrik] **7A**
Philippe [filip] **6C**,4
Pierre [pjɛr] **2A**
Pierrick [pjɛrik] **10B**
Sébastien [sebastjɛ̃] **10**
Simon [simõ] **4**
Stéphane [stefan] **7C**
Thierry [tjeri] **6C**
Tino [tino] **8A**
Vincent [vɛ̃sã] **7A**
Yves [iv] **5A**,5

Prénoms féminins

Agnès [aɲɛs] **10B**,7
Alice [alis] **2B**
Anne [an] **3A**,6
Armelle [armɛl] **6A**,4
Astrid [astrid] **7A**
Aurélie [ɔreli] **1A**
Carole [karɔl] **1B**
Caroline [karɔlin] **10B**,3
Céline [selin] **4C**
Charlotte [ʃarlɔt] **2B**,2
Christine [kristin] **3**
Chrystelle [kristɛl] **6B**,3
Elodie [elodi] **4**
Fleur [flœr] **6C**,2
Florence = Flo [flɔrãs/flo] **1A**
Françoise [frãswaz] **9B**,9
Gaëlle [gaɛl] **10B**,3
Irène [irɛn] **7A**
Isabelle [izabɛl] **6C**
Julie [ʒyli] **7B**
Katharina **9**
Laure [lɔr] **4**
Lucie [lysi] **5A**
Magali [magali] **2B**,5
Marine [marin] **10B**,7
Mélanie [melani] **10**
Naïma [naima] **4C**
Nathalie [natali] **2A**
Sandra [sãdra] **7B**
Sandrine [sãdrin] **6C**
Sonia [sɔnja] **8A**
Sophie [sɔfi] **3A**,7
Yasmina [jasmina] **3A**,6

Noms de famille

Arlain [arlɛ̃] **8A**
Barroc [barɔk] **4C**
Berger [bɛrʒe] **6C**
Bouchon [buʃõ] **5A**
Drouet [drwɛ] **3**
Dufrêne [dyfrɛn] **3A**,3
Duparc [dypark] **5A**
Dupré [dypre] **4A**
Garrigue [garig] **1B**
Gauthier [gotje] **6C**
Le Gall [ləgal] **3A**,3
Lebœuf [ləbœf] **7B**,4
Le Goff [ləgɔf] **10B**
Maille [maj] **6C**
Martin [martɛ̃] **7C**,7
Mazel [mazɛl] **6C**
Mercier [mɛrsje] **10A**
Moreau [mɔro] **2C**
Nadal [nadal] **3A**,3
Renaud [rəno] **5B**,3
Riffonneau [rifɔno] **4A**
Rocher [rɔʃe] **1B**
Sabion [sabjõ] **5A**
Tisserand [tisrã] **6A**

Noms de villes

Alkmaar [alkmar] **7**
l'Alpe d'Huez [lalp(ə)dɥɛz] **6**
Amsterdam [amstɛrdam] **7A**,3
Berlin [bɛrlɛ̃] **7A**,3
Bern [bɛrn] **7A**,3
Bourg d'Oisans [burdwazã] **6A**
Bruxelles [bryksɛl] **7A**,3
Caen [kã] **5A**
Carnac [karnak] **10B**
Chartres [ʃartr] **10A**
Châteaudun [ʃatodɛ̃] **10A**
Cologne [kɔlɔɲ] **4A**,2
Concarneau [kõkarno] **10A**
Copenhague [kɔpənag] **7A**,3
Le Faouët [ləfawɛt] **10B**
Graz **7A**,3
Grenoble [grənɔbl] **6A**
La Membrolle [lamãbrɔl] **5A**
Lannion [lanjõ] **10B**,7
Lille [lil] **7**
Londres [lõdr] **7A**,3
Louvain [luvɛ̃] **7A**,3
Marseille [marsɛj] **1B**
Milan [milã] **7A**,3
Montréal [mõreal] **3B**,6
Nantes [nãt] **10A**
Neuchâtel [nøʃatɛl] **7**
Orléans [ɔrleã] **5A**
Ornon [ɔrnõ] **6**
Paris [pari] **1A**
Parkminster [parkminstœr] **7**
Pont-Minaouët [põminawɛt] **10B**
Rennes [rɛn] **10B**
Rome [rɔm] **7A**,3
Rouen [rwã] **10B**,3
Salzbourg [saltsbur] **6B**
Skagen [skagœn] **7**
Stockholm [stɔkɔlm] **5A**
Tours [tur] **5A**
Versailles [vɛrsaj] **4C**
Vienne [vjɛn] **7A**,3

Noms géographiques

l'Afrique [lafrik] **9B** Afrika
l'Algérie *(f.)* [lalʒeri] **9B** Algerien
l'Allemagne *(f.)* [lalmaɲ] **4A** Deutschland
les Alpes *(f.,pl.)* [lezalp] **6** die Alpen
l'Angleterre [lãglətɛr] **7** England
l'Autriche [lotriʃ] **7** Österreich
la Belgique [labɛlʒik] **7** Belgien
Belleville [bɛlvil] **9B** *ein Viertel von Paris*
la Bourgogne [laburgɔɲ] **10B**,11 Burgund
la Bretagne [labrətaɲ] **10** die Bretagne
le Danemark [lədanmark] **7** Dänemark
la France [lafrãs] **1B**,4 Frankreich
l'Italie *(f.)* [litali] **7** Italien
le Maghreb [ləmagrɛb] **9B** der Maghreb *(eine Region bestehend aus Marokko, Algerien, Tunesien)*
le Maroc [ləmarɔk] **9B** Marokko
la Martinique [lamartinik] **1A** *französische Insel der Kleinen Antillen*
le Massif de l'Oisans [ləmasifdəlwazã] **6C** *ein Bergmassiv in den Alpen*
la Normandie [lanɔrmãdi] **5A** die Normandie
les Pays-Bas [lepeiba] **7** die Niederlande
le Pic Blanc [ləpikblã] **6B** *eine Bergspitze in den Alpen*
la pointe de Beg-Meil [lapwɛ̃tdəbɛgmɛj] **10B** *eine Landzunge in der Bretagne*
La Pointe du Raz [lapwɛ̃tdyraz] **10** *eine Landzunge in der Bretagne*

196 cent quatre-vingt-seize

Liste des mots

le Portugal [ləpɔrtygal] **7** Portugal
la Provence [laprɔvɑ̃s] **10 A** die Provence
la Seine [lasɛn] **4 C** die Seine (Fluss in Frankreich)
la Suisse [lasɥis] **7** die Schweiz
le Togo [lətɔgo] **5 A** Togo
la Tunisie [latynizi] **9 B** Tunesien

Noms divers

Abesses [abɛs] **9 B** *Metrostation in Paris*
Andreas Neubauer **7** *ein Judoka*
l'Aquaboulevard *(m.)* [lakwabulvar] **2 B** *Name eines Schwimm- und Freizeitzentrums*
l'Aquarium [lakwarjɔm] **10 B** *ein Aquarium in Form eines Museums*
l'Arc de Triomphe *(m.)* [larkdətrijɔ̃f] **9** *der Triumpfbogen von Paris*
Astérix [asteriks] **2 C,**2 *Name des Haupthelden einer berühmten frz. Comicstrip-Reihe*
«Astérix le Gaulois» [asteriksləgolwa] **10 B** *Titel eines Comichefts von Astérix und Obélix*
«Autoroute FM» [ɔtɔrutɛfɛm] **10 A** *ein Radiosender speziell für Straßenverhältnisse*
«Avalanche» [avalɑ̃ʃ] **1 A** *hier: Name einer Musikband (wörtlich: Lawine)*
«Bel ami» [bɛlami] **8 A** *Name eines Cafés*
les «Bêtises de Cambrai» [lebɛtizdəkɑ̃brɛ] **7 B** *Bonbons: Spezialität von Cambrai (in der Nähe von Lille)*
le café Balard [ləkafebalar] **2 B,**2 *Name einer Kneipe*
le café Beaubourg [ləkafebobur] **3 B,**6 *Name einer Kneipe*
le Café de la plage [ləkafedlaplaʒ] **10 B,**3 *Name einer Kneipe*
le «Café des skieurs» [ləkafedeskjœr] **6 C,**3 *Name einer Kneipe*
le café «Rocher Soleil» [ləkaferɔʃesɔlɛj] **6 B** *Name einer Kneipe*
«Canal Plus» [kanalplys] **5 A** *ein privater Fernsehsender*
le Centre d'Animation «Espace Cévennes» [ləsɑ̃tr(ə)danimasjɔ̃ɛspasevɛn] **2 B,**5 *Name eines Jugend- und Freizeithauses*
le Centre Pompidou [ləsɑ̃tr(ə)pɔ̃pidu] **1 A** *das Centre Pompidou (Kunst- und Kulturzentrum in Paris)*
le Centre sportif L.U.C. [ləsɑ̃tr(ə)spɔrtifɛlyse] **7 A** *ein Sportzentrum*
les Champs-Elysées [leʃɑ̃zelize] **9** *große Allee im Zentrum von Paris*
le château de Kerjean [ləʃatodəkɛrʒɑ̃] **10 B,**6 *Name eines Schlosses in der Bretagne*
Châtelet [ʃatəlɛ] *Metrostation in Paris*
«Chez Lulu» [ʃelyly] **6 C,**2 *Name eines Restaurants*
«Chez Saïd» [ʃesaid] **9 B** *Name eines nordafrikanischen Restaurants*
le collège André Citroën [ləkɔlɛʒɑ̃dresitrɔɛn] **1 B,**2 *ein „Collège" in Paris, im 15. „Arrondissement"*
«Diorix» [djɔriks] **8 A,**5 *Name einer Modemarke*
l'Eglise Notre-Dame [legliznɔtrədam] **7 B** *eine Kirche namens Notre-Dame*
Emmaüs [emays] **5 B** *wohltätige Organisation, die z.B. Entrümpelungen ausführt.*
le Foyer International [ləfwajeɛ̃tɛrnasjɔnal] **7 A** *Name eines Jugendheims in Lille*
le gîte des Meunier [ləʒitdemønje] **6 C** *Name einer Unterkunft*
la Grande Arche de la Défense [lagrɑ̃darʃdəladefɑ̃s] **9** *futuristisches Bauwerk (in Form eines Bogens), 1989 gebaut*
Javel [ʒavɛl] **9 B** *Metrostation in Paris*
la Joconde [laʒɔkɔ̃d] **9 B** *Mona Lisa*
le journal «Judo» [ləʒurnalʒydo] **7** *Name der Judozeitschrift*
«L'Albatros» [lalbatros] **10 B** *Name einer Diskothek*
«La Leçon» [laləsɔ̃] **4 B** *ein Theaterstück von Ionesco*
«Le Troadec» [lətroadɛk] **10 B** *Name einer „Crêperie"*
«Les Marmottes» [lemarmɔt] **6 B** *Name eines Restaurants*
Louvre [luvr] **9 B** *Metrostation in Paris*
le Louvre [ləluvr] **4 C** *Museum in Paris (u.a. Gemälde, Skulpturen, Altertumssammlungen)*
Mairie des Lilas [mɛridelila] **9 B** *Metrostation in Paris*
Marion du Faouët [marjɔ̃dyfawɛt] **10 B** *Name eines Films über „Marion du Faouët"*
Montmartre [mɔ̃martr] **9 B** *ein Viertel von Paris*
Notre-Dame [nɔtr(ə)dam] **9** *Kathedrale im Zentrum von Paris*
Obélix [ɔbeliks] **10 B** *Freund von Astérix*
le parc André Citroën [ləparkɑ̃dresitrɔɛn] **2 B** *Name eines Parks im 15. „Arrondissement"*
la place aux Oignons [laplasozɔɲɔ̃] **7 B** *Name eines Platzes in Lille*
la place de la vieille Bourse [laplasdəlavjɛjburs] **7 B** *Name eines Platzes in Lille*
le pont d'Avignon [ləpɔ̃daviɲɔ̃] **6 C,**4 *berühmte Brücke in Avignon*
«Pourquoi pas» **2 A** *Name einer Schülerzeitung*
la Pyramide du Louvre [lapiramid(ə)dyluvr] **9** *Pyramide aus Glas, die im Hof des Louvre steht*
le Quartier Latin [ləkartjelatɛ̃] **5 A** *ein Viertel von Paris*
Robin des Bois [rɔbɛ̃debwa] **10 B** *frz. Ausdruck für Robin Wood*
la rue Balard [larybalar] **1 A** *Name einer Straße*
la rue des Cévennes [larydesevɛn] **1 A** *Name einer Straße*
la rue du Sentier [larydysɑ̃tje] **8 A** *Name einer Straße*
la rue Duranton [larydyrɑ̃tɔ̃] **5 B** *Name einer Straße*
la rue Mercier [larymɛrsje] **3 A,**3 *Name einer Straße*
la rue Saint-Charles [larysɛ̃ʃarl] **1 A** *Name einer Straße*
le Sacré-Cœur [ləsakrekœr] **9** *eine Kirche von Paris*
«Tartuffe» [tartyf] **4 C** *Theaterstück von Molière*
Tintin [tɛ̃tɛ̃] **1 A** *Comic-Figur; auf Deutsch: Tim*
Toni Mattern [tɔnimatɛrn] **7** *Name eines Judotrainers*
Tour Eiffel [turɛfɛl] **9 B** *Metrostation in Paris*
la tour Eiffel [laturɛfɛl] **9** *der Eiffelturm*
«Sonia Arlain» [sɔnjaarlɛ̃] **8 A** *eine Marke (Kleider)*

Noms de personnes connues

Patrick Bruel [patrikbrɥɛl] **10 B,**3 *frz. Popstar und Schauspieler, geb. 1959*
Gérard Depardieu [ʒerardəpardjø] **2 C** *berühmter frz. Filmschauspieler, geb. 1948*

cent quatre-vingt-dix-sept

Liste des mots

Céline Dion [selindjõ] **9A**,5 *franko-kanadische Sängerin*
Eugène Ionesco [øʒɛnjɔnɛsko] **4B** *frz. Schriftsteller, 1912–1994*
Louis XIV [lwikatɔrz] **4C** *Ludwig XIV., 1638-1715, König von Frankreich von 1643 bis 1715*
Molière [mɔljɛr] **4C** *frz. Dramatiker, 1622-1673*
Jacques Prévert [ʒakprevɛr] **9B**,7 *frz. Dichter, 1900-1977*

Vocabulaire

Comment est-ce qu'on écrit ce mot? Wie schreibt man dieses Wort?
Ça s'écrit en/avec … Das schreibt man in/mit …

rue Balard	s'écrit **en deux mots**.	baguette	s'écrit avec **deux 't'**.
rue	s'écrit avec **une minuscule**.	café	s'écrit avec **'e' accent aigu**.
Balard	s'écrit avec **une majuscule**.	très	s'écrit avec **'e' accent grave**.
grand**s**-parents	s'écrit avec **un trait d'union**.	allô	s'écrit avec **'o' accent circonflexe**.
l'hôtel	s'écrit avec **'l' apostrophe**.	ça	s'écrit avec **'c' cédille**.

On écrit 'tu aimes' avec (un) 's'. Man schreibt … mit (einem 's').
Epelez le mot… Buchstabiert das Wort…!

Les lettres de l'alphabet:

A [a]	D [de]	G [ʒe]	J [ʒi]	M [ɛm]	P [pe]	S [ɛs]	V [ve]	Y [igrɛk]
B [be]	E [ə]	H [aʃ]	K [ka]	N [ɛn]	Q [ky]	T [te]	W [dubləve]	Z [zɛd]
C [se]	F [ɛf]	I [i]	L [ɛl]	O [o]	R [ɛr]	U [y]	X [iks]	

Les signes de ponctuation:

le point	der Punkt	la virgule	das Komma
le point d'interrogation	das Fragezeichen	les deux points	der Doppelpunkt
le point d'exclamation	das Ausrufezeichen	les guillemets [gijmɛ]	die Anführungszeichen

D'autres expressions utiles en classe

Weitere Redewendungen, die im Unterricht nützlich sind.

• Pour parler au professeur

Je ne comprends pas le mot …/l'expression …/la phrase … à la ligne …	Ich verstehe das Wort …/den Ausdruck …/den Satz … in der Zeile … nicht.
Qu'est-ce que cela veut dire?	Was heißt das?
Que veut dire le mot …/l'expression …/la phrase …?	Was heißt das Wort …/der Ausdruck …/der Satz …?
Je ne sais pas.	Ich weiß nicht.
Est-ce que vous pouvez répéter, s'il vous plaît?	Können Sie bitte wiederholen?
Est-ce que vous pouvez expliquer … encore une fois?	Können Sie bitte … noch einmal erklären?
Est-ce que vous pouvez parler moins vite, s'il vous plaît?	Können Sie bitte langsamer sprechen?
Comment est-ce qu'on dit … en français?	Wie sagt man … auf Französisch?
Est-ce qu'on peut dire aussi …?	Kann man auch … sagen?
Comment est-ce qu'on prononce …?	Wie spricht man … aus?
Comment est-ce qu'on écrit …?	Wie schreibt man …?
Est-ce que vous pouvez traduire …, s'il vous plaît?	Können Sie bitte … übersetzen?
Qu'est-ce qu'on a comme devoirs?	Was haben wir als Hausaufgaben auf?
J'ai encore une question.	Ich habe noch eine Frage.
Je n'ai pas fait mes devoirs.	Ich habe meine Hausaufgaben nicht gemacht.
J'ai oublié mon cahier/mon livre/mes affaires de français à la maison.	Ich habe mein Heft/mein Buch/meine Französischsachen zu Hause vergessen.

• Pour parler à ses camarades

Nous en sommes à quelle leçon/à quel paragraphe?	Bei welcher Lektion/welchem Abschnitt sind wir?
On en est à quelle page/à quelle ligne?	Auf welcher Seite/Bei welcher Zeile sind wir?
Est-ce que tu peux m'aider?	Kannst du mir helfen?
Est-ce que tu peux me donner …?	Kannst du mir … geben?
Est-ce que tu as … pour moi?	Hast du … für mich?
Comment est-ce qu'on fait cet exercice?	Wie macht man diese Übung?
Quel rôle est-ce que tu prends?	Welche Rolle übernimmst du?
Tu commences/continues/distribues les cartes?	Beginnst du/Machst du weiter/Teilst du die Karten aus?
Qui commence à jouer/à poser des questions?	Wer beginnt zu spielen/Fragen zu stellen?
C'est à toi maintenant.	Jetzt bist du dran.
Et puis (après), c'est à …	Und dann ist … dran.

• Pour corriger les fautes

Il y a une faute.	Da ist ein Fehler.
Tu as fait une faute/une faute de grammaire/de prononciation/de vocabulaire/d'accord.	Du hast einen Fehler/einen Grammatikfehler/einen Aussprachefehler/einen Wortschatzfehler/einen Angleichungsfehler gemacht.
Corrigez (la faute).	Verbessert (den Fehler).
Répète la phrase/le mot, s'il te plaît.	Wiederhole bitte den Satz/das Wort.
Répète encore une fois, s'il te plaît.	Wiederhole bitte noch einmal.
Fais la liaison, s'il te plaît.	Mach bitte die Bindung.
Est-ce que c'est correct?	Ist das richtig?
Non, c'est faux/ce n'est pas correct.	Nein, das ist falsch/das ist nicht richtig.
Révisez le vocabulaire de la leçon 9 B.	Wiederholt das Vokabular der Lektion 9 B.

Texte supplémentaire sur la cassette/le CD de l'élève, leçon 8 B: Fin de l'histoire (p. 94)

Une semaine plus tard, les vacances d'Aurélie sont déjà finies. Il est cinq heures du soir et elle arrive du collège. Elle a beaucoup de devoirs à faire. Alors, elle en a un peu marre de l'école aujourd'hui.
Elle va d'abord dans la cuisine, se prépare une tartine, puis se met à table pour manger et regarder le programme de télévision de ce soir.

Aurélie: Allô, oui …
Céline: Aurélie?
Aurélie: Oui, c'est moi.
Céline: C'est Céline.
Aurélie: Céline? Ça c'est sympa … Alors, toujours chez Sonia?
Céline: Oui, ça c'est arrangé! Attends. Je vais te raconter la fin de l'histoire … Tu sais, on achète toujours nos tissus en Italie. Alors, Sonia a téléphoné au fabricant … Et elle lui a demandé s'il a encore vendu le tissu de nos pantalons à quelqu'un …
Aurélie: En Italie? Tiens, tiens … Et alors, sa réponse?
Céline: Eh bien, elle n'a pas bien compris. Tu sais, elle parle mal italien … Alors, c'est Tino …
Aurélie: Non, c'est pas possible … L'espion, c'est Tino …
Céline: Mais non, attends, tu vas voir … Sonia a demandé à Tino de retéléphoner au fabricant et là, il lui a dit, en italien bien sûr, qu'il a un autre client à Paris depuis un an, et il lui a donne l'adresse: c'est une boutique du boulevard de Sébastopol, près du Centre Pompidou.
Tu te souviens de cette fille avec notre pantalon …? Eh bien, la boutique du boulevard de Sébastopol, c'est SA boutique … et tu sais qui est l'ami de la fille?
Aurélie: Non, mais tu vas me le dire …
Céline: C'est – Lau – rent! Eh oui, ma petite Aurélie. Notre cher Laurent …
Aurélie: Pas possible! … Il a copié votre collection de printemps pour sa copine …
Céline: C'est ça, et il lui a aussi donné l'adresse de notre fabricant de tissus! Sonia l'a mis tout de suite à la porte … et depuis qu'il est parti, l'ambiance est super au magasin … Alors, quand est-ce que tu reviens travailler dans notre équipe?
Aurélie: … et le collège, alors?

Vocabulaire:

un programme	ein Programm	retéléphoner	noch einmal telefonieren
une fabricant [ɛ̃fabrikɑ̃]	ein Fabrikant	mettre qn à la porte	jdn entlassen/hinauswerfen

Bildquellen

Archiv für Kunst und Geschichte, Berlin: 106.2; 128.2 (© Succession Picasso/VG Bild-Kunst, Bonn) – Baumann, Ludwigsburg: 79.1 – Bavaria Bildagentur, Paris: 67.1; 132.1 – Bayard Presse, Paris: 30.1; 99.3 – Chrystelle Biener, Stuttgart: 129.3 – Bizalion, Castillones: 72.1; 121.1 – Comité Régional du tourisme, Rhône-Alpes: 63.2 – Confiserie Afchain, Cambrai: 82.1 – François Debeauvais, Grenoble: 71.4 – Manfred Durchholz, Garching: 135.1 – Peter Engelmeier, München: 136.1 – Explorer, Paris: 62.2-4; 71.2; 88.1; 116.2 – F Productions, Paris: 122.1 – Focus, Hamburg: 137.1 – France soir, Paris: 140.1 – Gamma, Paris: 17.19; 74.2, 3; 76.1; 81.1; 100.1; 101.1, 4; 107.3; 114.1 – Hachette, Vanves: 98.4; 99.1 – Jerrican, Paris: 16.1; 17.8; 32.2-4; 70.2; 71.1; 101.2, 5, 7; 106.3; 112 – Jürgen Kleine, Ammerbuch: 45.1 – Klett-Archiv (Nathalie Dreesens-Drouard, Bernd Binkle): 26.1; 50.1; 82.2 – Liv' Editions, Le Faouët: 122.2; 123.1 – Marco Polo (F. Bouillot), Paris: 10.2; 11.1-4; 13.1-3; 15.2; 17.3, 9; 19.1, 2; 28.1-3; 32.1; 33.1-5; 38.1; 42.1-4; 43.1-4 – Marco Polo (Ph. Halle), Paris: 29.1-2; 70.1 – Danyel Mallacrier, Clermont-Ferrand: 74.1 – Mauritius, Stuttgart: Umschlag; 45.2; 129.2 – Jonathan Drake (Reuters) Max PPP: 129.4 – Le Monde, Paris: 140.2 – J.P. Noisillier, Grenoble: 62.1, 5, 6; 71.7 – Editions Perrin (Jérôme da Cunha), Paris: 98.1 – Editions Perrin, Paris: 98.2, 3; 99.2 – Rapho, Paris: 71.3, 5, 6; 90.2; 106.1; 128.1; 129.1 – SCOPE, Paris: 81.2; 101.3, 6; 102.1; 116.1, 3, 4; 117.1, 2 – Steinle, Stuttgart: 9.1; 10.1; 17.1, 2, 4-7, 10-18, 20 – Tony Stone, München: 8.1; 126.5 – Agence Top, Paris: 63.1; 87.1; 90.1; 102.2; 107.1 – Dr. Heiner Wittmann, Stuttgart: 107.2 – Zefa, Marburg: 101.8

Bedauerlicherweise konnten wir trotz aller Bemühungen nicht alle Nutzungsberechtigten ausfindig machen.

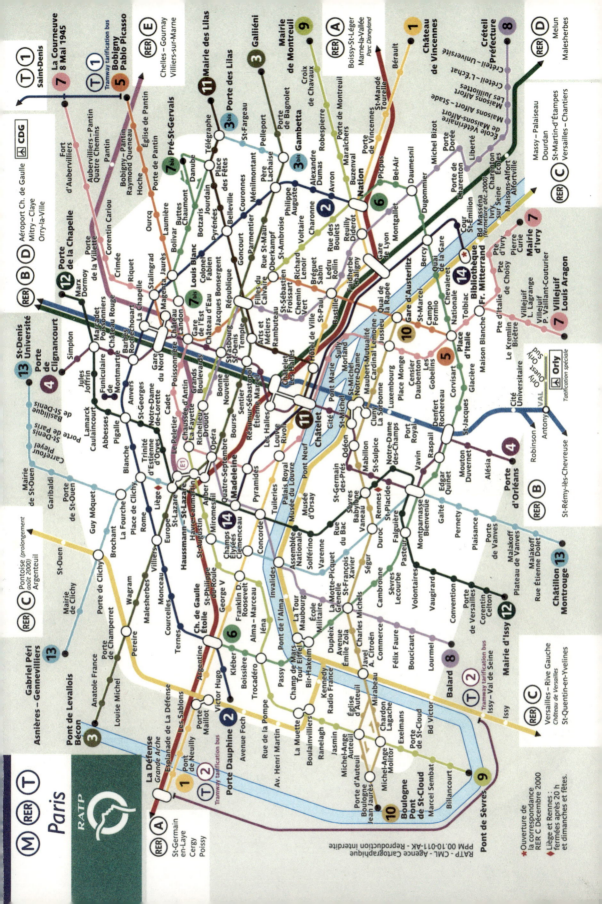

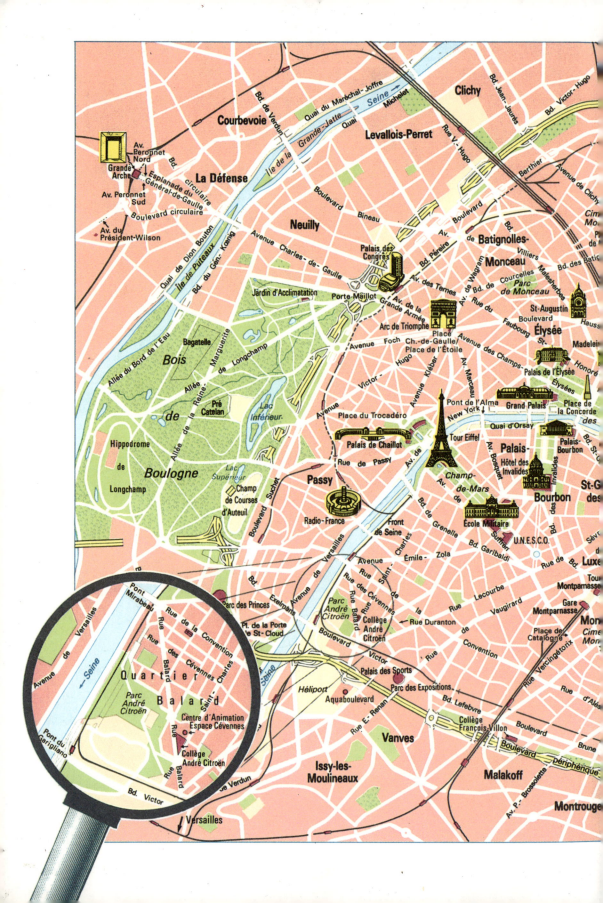